|辽宁大学亚洲研究中心资助出版优秀社会科学专著项目|

闫 海 王 月 等著

YINYING BEPS XINGDONG JIHUA DE
FANBISHUI TIXI GOUJIAN YANJIU

因应 BEPS 行动计划的反避税体系构建研究

中国政法大学出版社

2023·北京

声　明	1. 版权所有，侵权必究。
	2. 如有缺页、倒装问题，由出版社负责退换。

图书在版编目（CIP）数据

因应 BEPS 行动计划的反避税体系构建研究/闫海等著. —北京：中国政法大学出版社，2023.3
ISBN 978-7-5764-0883-6

Ⅰ.①因… Ⅱ.①闫… Ⅲ.①避税－税法－研究－中国 Ⅳ.①D922.220.4

中国版本图书馆 CIP 数据核字（2023）第 063226 号

出　版　者	中国政法大学出版社
地　　　址	北京市海淀区西土城路 25 号
邮寄地址	北京 100088 信箱 8034 分箱　邮编 100088
网　　　址	http://www.cuplpress.com（网络实名：中国政法大学出版社）
电　　　话	010-58908586（编辑部）58908334（邮购部）
编辑邮箱	zhengfadch@126.com
承　　　印	固安华明印业有限公司
开　　　本	720mm×960mm　1/16
印　　　张	14
字　　　数	240 千字
版　　　次	2023 年 3 月第 1 版
印　　　次	2023 年 3 月第 1 次印刷
定　　　价	69.00 元

◇ 作者分工

绪　论		闫　海	
第一章	第一节	王　月	鲁效池
	第二节	王　月	刘馨泽
	第三节	王　月	何佳伟
第二章	第一节	谌礼娇	刘嵩岩
	第二节	谌礼娇	孙苏琪
	第三节	谌礼娇	赵　晨
第三章	第一节	冯　硕	李英治
	第二节	冯　硕	苗　暖
	第三节	冯　硕	刘　洁
第四章	第一节	张春宇	李旭辉
	第二节	张春宇	兰　天
统　稿		闫　海	王　月
校　稿		王　月	张洪彬　杨新柳　顾铭颖

目录

CONTENTS

绪 论 ·· 001
  一、BEPS 行动计划及其发展 ·· 001
  二、因应 BEPS 行动计划的我国反避税体系发展 ······················ 006
  三、主要思路和基本内容 ··· 013

第一章　税收协定滥用的反避税规则 ·· 016
  第一节　主要目的测试 ··· 016
    一、主要目的测试概述 ··· 016
    二、主要目的测试的 BEPS 行动计划及各国经验 ······················ 022
    三、主要目的测试的主要目的 ·· 026
    四、主要目的的经济实质测试 ·· 028
    五、主要目的测试与利益限制条款的协调 ································ 030
  第二节　利益限制条款 ··· 032
    一、利益限制条款概述 ··· 032
    二、利益限制条款的 BEPS 行动计划与各国经验 ······················ 039
    三、利益限制条款的主客观测试 ··· 046
    四、利益限制条款的配套制度 ·· 047
  第三节　受益所有人认定 ·· 048
    一、受益所有人认定概述 ·· 048
    二、受益所有人认定的国际经验 ··· 053
    三、受益所有人认定的不利因素测试 ······································ 058

四、受益所有人认定的信息管理 ………………………………… 060

第二章 税收优惠滥用的反避税规则 ……………………………… 063
第一节 受控外国企业的认定 ………………………………… 063
一、受控外国企业认定概述 ……………………………………… 063
二、受控外国企业认定的 BEPS 行动计划和美国、欧盟经验 …… 066
三、受控外国企业认定的受控实体要素 ………………………… 071
四、受控外国企业认定的控制要素 ……………………………… 071
五、受控外国企业认定的地域要素 ……………………………… 074

第二节 受控外国企业税制的适用除外 …………………………… 076
一、受控外国企业税制适用除外概述 …………………………… 076
二、受控外国企业税制适用除外的 BEPS 行动计划和各国经验 … 079
三、受控外国企业税制适用的合理经营需要除外 ……………… 082
四、受控外国企业税制适用的积极经营除外 …………………… 085
五、受控外国企业税制适用的微量所得除外 …………………… 086

第三节 有害税收竞争的专利盒 …………………………………… 088
一、专利盒和类专利盒概述 ……………………………………… 088
二、规制有害税收竞争专利盒的 BEPS 行动计划和各国经验 …… 094
三、类专利盒的适用范围 ………………………………………… 103
四、类专利盒的实质性活动认定 ………………………………… 104

第三章 税收处理滥用的反避税规则 ……………………………… 106
第一节 混合实体错配安排 ………………………………………… 106
一、混合实体错配安排概述 ……………………………………… 106
二、反混合实体错配安排的 BEPS 行动计划和欧盟经验 ………… 110
三、国内税法反混合实体错配安排的规则 ……………………… 113
四、税收协定反混合实体错配安排的规则 ……………………… 118

第二节　金融工具混合错配安排 ··· 121
　一、金融工具混合错配安排概述 ····································· 121
　二、反金融工具混合错配安排的 BEPS 行动计划与各国经验 ······ 126
　三、金融工具的国内税法规则 ·· 129
　四、反金融工具混合避税安排的国际协调与合作 ·················· 133
第三节　资本弱化税制 ··· 139
　一、资本弱化税制概述 ·· 139
　二、资本弱化税制的 BEPS 行动计划及各国经验 ·················· 144
　三、资本弱化税制的适用范围 ·· 151
　四、资本弱化税制的债权性投资认定 ································ 153
　五、资本弱化税制的固定比率规则 ·································· 154
　六、资本弱化税制的超额利息处理 ·································· 158

第四章　基于征纳互动的反避税管理机制 ························· 161
第一节　单边预约定价 ··· 161
　一、单边预约定价概述 ·· 161
　二、单边预约定价的域外经验 ·· 166
　三、单边预约定价协议的内容和效力 ································ 173
　四、单边预约定价的程序规则 ·· 176
第二节　税收筹划强制披露 ·· 178
　一、税收筹划强制披露概述 ·· 178
　二、税收筹划强制披露的 BEPS 行动计划与各国经验 ············· 192
　三、税收筹划强制披露的基本规则 ·································· 201
　四、税收筹划强制披露的配套安排 ·································· 206

参考文献 ·· 208

绪 论

BEPS 是英文 Base Erosion and Profit Shifting（税基侵蚀与利润转移）的简称。税基侵蚀不是一个新概念，利润转移更是一个老话题，但在全球化背景下，随着信息、资本、技术、人力在全世界范围内的自由流动，纳税人经营模式从国别化经营向全球化经营转变，传统国际税收规则对此束手无策。跨国企业使用税收筹划人为地"消失"利润，各国税基遭受严重侵蚀，各国税收主权被弱化，广大纳税人的公平税负权利受到侵害，国际税收秩序处于失衡状态。根据经济合作与发展组织（Organization for Economic Co-operation and Development，OECD）统计，全球每年因 BEPS 发生的企业所得税流失约占总额的 4% 至 5%，即每年高达 1000 亿至 2400 亿美元。[1] 2008 年全球金融危机、2010 年欧洲债务危机之后，各国财政赤字高居不下、债务规模不断攀升，BEPS 也因此陷入"人人喊打"的地步。各国政府亟待通力合作，重塑国际税收秩序，抵制有害税收竞争，有效打击避税行为，为吸引并维持投资提供一个更具确定性的国际税收环境，经二十国集团（Group 20，G20）授权，OECD 启动 BEPS 行动计划。

一、BEPS 行动计划及其发展

OECD 在国际税收领域具有重要影响力，其应 G20 要求于 2013 年 2 月发布的《应对 BEPS》报告指出，BEPS 问题发生的原因众多，其中包括跨国企业进行恶意税收筹划，不同国内税收规则的交互作用，各国税务机关

---

[1] 参见"OECD/G20 Base Erosion and Profit Shifting Project：Explanatory Statement"，载 https://www.oecd.org/ctp/beps-explanatory-statement-2015.pdf，最后访问日期：2022 年 2 月 15 日。

之间缺乏透明度与合作,信息等征管资源的有限性等。[1]OECD 于 2013 年 7 月向 G20 莫斯科首脑峰会提交《应对 BEPS 的行动计划》,同年 9 月各国领导在 G20 圣彼得堡首脑峰会发布《圣彼得堡声明》予以公开背书,即 G20 委托 OECD 开展国际税收改革项目,国际税收规则的制定首次在国际政治舞台上占据如此显著的地位。为增强 BEPS 行动计划的合法性,除了 34 个 OECD 成员国,还包括中国在内 10 个非 OECD 的 G20 成员和其他 17 个发展中国家,共计 61 个国家共同参与 BEPS 行动计划的制定。[2]OECD 设置了雄心勃勃的两年计划表,并如期完成。2014 年财长和央行行长会议在亚凯恩斯发表"利润应在经济活动发生地和价值创造地征税"宣言,成为 BEPS 行动计划的基本原则。继 2014 年 9 月发布 BEPS 第 1、2、5、6、8、13、15 七项行动计划后,2015 年 9 月 OECD 财经事务委员会第 90 次会议在巴黎召开,200 多名与会代表审议并一致通过整合后的 15 项行动计划成果和一份解释性声明,在 10 月面向全球公布,并提交 G20 财长和央行行长会议审议,再交由 11 月 G20 安塔利亚首脑峰会获得批准。

(一)BEPS 行动计划的基本内容

基于解决 BEPS 问题的共同远景,OECD/BEPS 的 13 个 BEPS 最终报告提出相互关联的 15 项行动计划:第 1 项行动计划:应对数字经济的税收挑战(Action 1: Addressing the Tax Challenges of the Digital Economy);第 2 项行动计划:消除混合错配安排的影响(Action 2: Neutralising the Effects of Hybrid Mismatch Arrangements);第 3 项行动计划:制定有效受控外国企业规则(Action 3: Designing Effective Controlled Foreign Company Rules);第 4 项行动计划:对利用利息扣除和其他款项支付实现的税基侵蚀予以限制(Action 4: Limiting Base Erosion Involving Interest Deductions and Other Financial Payments);第 5 项行动计划:考虑透明度和实质性因素,有效打击有害税收实践(Action 5: Countering Harmful Tax Practices More Effectively, Taking into Account Transparency and Substance);第 6 项行动计划:防止协

---

[1] 参见 "Addressing Base Erosion and Profit Shifting",载 https://www.oecd.org/tax/addressing-base-erosion-and-profit-shifting-9789264192744-en.htm,最后访问日期:2022 年 2 月 12 日。

[2] 参见洪菡珑:"国际税收规则制定的合法性探究——以 BEPS 包容性框架为视角",载《财政科学》2021 年第 10 期。

定优惠的不当授予（Action 6：Preventing the Granting of Treaty Benefits in Inappropriate Circumstances）；第 7 项行动计划：防止人为规避构成常设机构（Action 7：Preventing the Artificial Avoidance of Permanent Establishment Status）；第 8~10 项行动计划：调整转让定价结果与价值创造相匹配（Actions 8-10：Aligning Transfer Pricing Outcomes with Value Creation）；第 11 项行动计划：衡量和监控 BEPS（Action 11：Measuring and Monitoring BEPS）；第 12 项行动计划：强制披露（Action 12：Mandatory Disclosure Rules）；第 13 项行动计划：转让定价文档和国别报告（Action 13：Guidance on Transfer Pricing Documentation and Country-by-Country Reporting）；第 14 项行动计划：使争议解决机制更有效（Action 14：Making Dispute Resolution Mechanisms More Effective）；第 15 项行动计划：制定用于修订双边税收协定的多边协议（Action 15：Developing a Multilateral Instrument to Modify Bilateral Tax Treaties）。

　　BEPS 行动计划的核心价值理念有三大目标：[1]（1）一致性，即协调各国税制、统一执法及适用标准；（2）实质性，即征税应当与"实质经济活动"和"价值创造"相互匹配；（3）透明性，即促进国际税收信息的透明化，并提高税收确定性。15 项行动计划落实三大目标形成体系化的应对 BEPS 举措（表 0-1）。

表 0-1　基于目标的 BEPS 行动计划体系[2]

目标	一致性	实质性	透明性
行动计划	2：消除混合错配安排的影响 3：制定有效受控外国企业规则 4：对利用利息扣除和其他款项支付实现的税基侵蚀予以限制	5：考虑透明度和实质性因素，有效打击有害税收实践（第 1 项要素享受优惠政策的实质性活动要求） 6：防止协定优惠的不当授予	5：考虑透明度和实质性因素，有效打击有害税收实践（第 1 项要素提升透明度） 11：衡量和监控 BEPS 12：强制披露 13：转让定价文档和国别报告

---

〔1〕参见陈清秀：《国际税法》，法律出版社 2017 年版，第 724~726 页。
〔2〕参见黄茂荣、葛克昌、陈清秀主编：《BEPS 行动方案与国际税法》，元照出版公司 2021 年版，第 49 页。

续表

目标	一致性	实质性	透明性
行动计划		7：防止人为规避构成常设机构 8~10：调整转让定价结果与价值创造相匹配	14：使争议解决机制更有效
	综合目标		
	第1项行动计划：应对数字经济的税收挑战		
	第15项行动计划：制定用于修订双边税收协定的多边协议		

（二）BEPS包容性框架和《BEPS多边公约》

BEPS的行动计划按实施要求和功能可以分为四大类（表0-2）：(1) 最低标准，约束性最强，需要对照标准修改国际税法和国内税法，并纳入统一监督执机制；(2) 强化标准，对现有国际规则的强化，促进各国采取趋同做法；(3) 最佳实践，针对相对远大目标，制定工作指引推荐各国使用，但约束性较弱；(4) 辅助工具，保障BEPS落实的评估、监督及多边机制。

表0-2 基于实施要求和功能的BEPS行动计划体系

类别	行动计划
最低标准	5：考虑透明度和实质性因素，有效打击有害税收实践 6：防止协定优惠的不当授予 13：转让定价文档和国别报告 14：使争议解决机制更有效
强化标准	7：防止人为规避构成常设机构 8-10：调整转让定价结果与价值创造相匹配
最佳实践	1：应对数字经济的税收挑战 2：消除混合错配安排的影响 3：制定有效受控外国企业规则 4：对利用利息扣除和其他款项支付实现的税基侵蚀予以限制 12：强制披露
辅助工具	11：衡量和监控BEPS 15：制定用于修订双边税收协定的多边协议

2015年在安卡拉举行的G20财长和央行行长会议公报指出,"BEPS项目的有效性将取决于其实施的广泛性和一致性",[1]BEPS《解释性声明》主张建立一个由OECD、G20成员国以及发展中国家平等参与的BEPS包容性框架。2016年1月1日,BEPS行动计划启动后,G20财长和央行行长会议核准OECD提议的关于全球落实BEPS项目的包容性框架,即OECD、G20以外的有关国家作为OECD财经事务委员会的扩大会议成员参与BEPS行动计划。BEPS包容性框架成员可以平等参与BEPS项目:(1)参与制定,通过参与决策制定和技术工作小组,对BEPS行动计划后续规则的形成产生直接影响;(2)鼓励实施,非OECD和G20国家和地区能够遵循已通过的标准并予以贯彻实施;(3)共同监督,参与BEPS的评估、监督等程序,确保各方遵守承诺,各个成员参与评审,促使审视各自税收体系并自我改进。此外,G20还委托国际货币基金组织(IMF)、联合国(UN)及世界银行集团(WBG)等联合开发工具箱和指南,帮助发展中国家解决BEPS问题。这些国际性组织也以观察员身份共同参与包容性框架建设。截至2021年11月,已有141个国家或地区加入BEPS包容性框架。

BEPS行动计划的四项最低标准实施涉及三千多部税收协定的修订,若每个税收协定均有缔约方重新谈判,将耗时10年至15年,[2]亟待建立迅速的执行机制。[3]OECD在2016年11月发布BEPS第15项行动计划的成果,即《实施税收协定相关措施以防止税基侵蚀和利润转移的多边公约》(The Multilateral Convention to Implement Tax Treaty Measure to Prevent Base Erosion and Profit Shifting,以下简称《BEPS多边公约》)及其《解释性声明》(Explanatory Statement of The Multilateral Convention to Implement Tax Treaty Measure to Prevent Base Erosion and Profit Shifting)。《BEPS多边公约》主要内容包括BEPS第2项行动计划消除混合错配安排的影响、BEPS第6项行动计划防止协定优惠的不当授予、BEPS第7项行动计划防

---

[1] "OECD/G20 Base Erosion and Profit Shifting Project: Explanatory Statement",载 https://www.oecd.org/ctp/beps-explanatory-statement-2015.pdf,最后访问日期:2011年2月15日。

[2] 参见[意]杰弗里·欧文斯:"BEPS行动计划前前后后",何振华、易明翔译,载《国际税收》2016年第4期。

[3] 参见吴仪:"《BEPS多边公约》的适用机制及对中外双边税收协定的影响",载《国际经济法学刊》2021年第4期。

止人为规避构成常设机构、BEPS 第 14 项行动计划使争议解决机制更有效的成果建议,以及公约缔约方可以作出保留和通知的选项。《BEPS 多边公约》缔约方通过作出保留或通知,确定公约对其现行税收协定及具体条款修订的范围。《BEPS 多边公约》文本于 2016 年 11 月 24 日在法国巴黎获正式通过,2017 年 6 月,包括中国在内的 67 个国家或地区签署了公约,另有 9 个国家或地区作出签署承诺,公约于 2018 年 7 月 1 日起生效。截至 2022 年 6 月 30 日,已有 97 个国家或地区签署《BEPS 多边公约》,涵盖税收协定 1800 个。[1]

二、因应 BEPS 行动计划的我国反避税体系发展

中国作为 G20 创始成员国积极参与 BEPS 项目,为确立和推动各项成果顺利完成作出了重要贡献,也为发展中国家、新兴经济体提升规则制定话语权、维护自身税收权益发挥了独特作用。[2] 2014 年在 G20 布里斯班首脑峰会上,习近平主席指出,"加强全球税收合作,打击国际逃避税,帮助发展中国家和低收入国家提高税收征管能力",进一步推动了 BEPS 项目的进程。2013 年至 2015 年,国家税务总局共参加 BEPS 项目相关会议 86 次,向 OECD 提交我国立场声明和建议 1000 多条,许多意见得到采纳并体现在最终成果中,特别是中国方案提出的"利润应在经济活动发生地和价值创造地征税"被 G20 接受,为 BEPS 行动计划奠定基调。

(一)因应 BEPS 行动计划的我国国内税法改革

2007 年《企业所得税法》[3] 第 47 条引入反避税和特别纳税调整条款,2018 年修正后的《个人所得税法》第 8 条也对此予以规定,与《企业所得税法》衔接与协调,此外在落实税收法定原则的"税制平移"中,各个税种实体法均有反避税及特别纳税调整的相关规定。这些构成了我国法

---

[1] 参见 "Signatories and Parties to The Multilateral Convention To Implement Tax Treaty Related Measures to Prevent Base Erosion and Profit Shifting",载 https://www.oecd.org/tax/beps/beps-mli-signatories-and-parties.pdf,最后访问日期:2022 年 2 月 17 日。

[2] 参见韩霖、高阳:"国际视野下税收协定的最新发展与展望——专访国家税务总局国际税务司副司长蒙玉英",载《国际税收》2017 年第 6 期。

[3] 《企业所得税法》,即《中华人民共和国企业所得税法》。为表述方便,本书中涉及我国法律文件直接使用简称,省去"中华人民共和国"字样,全书统一,后不赘述。

律层面应对 BEPS 问题的基本规范。2009 年国家税务总局出台《特别纳税调整实施办法（试行）》，对《企业所得税法》及其实施条例的原则性规定予以细化，关联申报、同期材料管理、转让定价方法、转让定价调查及调整、预约定价安排管理、成本分摊协议管理、受控外国企业管理、资本弱化管理、一般反避税管理、相应调整及国际磋商等反避税管理的基本内容被调整、补充、完善，形成了指导税务机关执法和企业遵从的程序性规定和操作规范。因应 BEPS 行动计划，我国积极推进国内相关税法改革，初步形成应对 BEPS 的反避税体系。

1. 加强特别纳税调整和一般反避税管理

《特别纳税调整实施办法（试行）》专设"第十章一般反避税管理"对一般反避税管理予以规定，但相关条款较为原则，对反避税实践的指引性不强。2014 年国家税务总局出台的《一般反避税管理办法（试行）》，进一步规范和明确了税务机关采取一般反避税措施的适用范围、判断标准、调整方法、工作程序、争议处理等相关问题，为税务机关一般反避税实施提供了较为明确的规程指引，有效维护了国家税收利益和纳税人合法权益。《一般反避税管理办法（试行）》第 5 条中规定的"税务机关应当以具有合理商业目的和经济实质的类似安排为基准，按照实质重于形式的原则实施特别纳税调整"，与"利润应在经济活动发生地和价值创造地征税"的 BEPS 行动计划基本原则保持一致。因此，《一般反避税管理办法（试行）》被认为是我国落实 BEPS 行动计划的第一枪。[1]在我国，税收协定滥用和非居民企业间接股权转让是一般反避税运用较为频繁的领域。[2]《一般反避税管理办法（试行）》引入 BEPS 第 6 项行动计划防止协定优惠的不当授予的相关建议，对税收协定滥用加以规制，[3]同时国家税务总局在 2019 年颁布《非居民纳税人享受协定待遇管理办法》对非居民纳税人享受协定待遇予以完善。因为非居民企业直接投资或转让中国财产与间接投资或转让中国财产的税收待遇存在较大差异，造成了非居民企业选择

---

[1] 参见高阳、贾兰霞："深入解读《一般反避税管理办法（试行）》——访国家税务总局国际税务司副司长王晓悦"，载《国际税收》2015 年第 1 期。

[2] 参见高阳、贾兰霞："深入解读《一般反避税管理办法（试行）》——访国家税务总局国际税务司副司长王晓悦"，载《国际税收》2015 年第 1 期。

[3] 参见霍军："BEPS 的中国治理方略"，载《经济研究参考》2018 年第 47 期。

通过间接投资或转让中国财产逃避税的政策漏洞，国家税务总局在 2009 年发布了《关于加强非居民企业股权转让所得企业所得税管理的通知》（国税函〔2009〕698 号），明确境外投资方通过滥用组织形式等安排间接转让中国居民企业股权，且不具有合理的商业目的，规避企业所得税纳税义务的，税务机关可以按照经济实质对股权转让交易予以重新定性和征税。为进一步明确有关间接股权转让的配套执行程序、集团内部间接转让中国应税财产交易安全港规则适用等问题，国家税务总局在 2015 年发布了《关于非居民企业间接转让财产企业所得税若干问题的公告》（国家税务总局公告 2015 年第 7 号），规范适用范围，明确合理商业目的的判断标准，设置企业重组的安全港，对不动产转让的税收问题予以明确，这是一般反避税条款在间接转让中国应税财产交易方面的具体应用。[1]

《特别纳税调整实施办法（试行）》第四章、第五章、第十一章分别对转让定价方法、转让定价调查及调整等予以规定，之后国家税务总局陆续发布《关于加强转让定价跟踪管理有关问题的通知》（国税函〔2009〕188 号）、《关于强化跨境关联交易监控和调查的通知》（国税函〔2009〕363 号）、《关于特别纳税调整监控管理有关问题的公告》（2014 年第 54 号）、《关于企业向境外关联方支付费用有关企业所得税问题的公告》（国家税务总局公告 2015 年第 16 号）等文件。因应 BEPS 行动计划要求，总结我国特别纳税调整的实践经验，国家税务总局在 2017 年发布《特别纳税调查调整及相互协商程序管理办法》对相关规定予以更新，即吸收 BEPS 第 8 项行动计划无形资产转让定价指引的创新性规定，将"价值贡献"作为无形资产超额利润分配的核心因素，例如将跨国企业协同效应认定为一项可比性分析因素，交易净利润法一般适用于不拥有"重大价值无形资产"企业的有形资产所有权或使用权的转让和无形资产使用权受让，企业仅拥有无形资产法律所有权而未对无形资产价值作出贡献的不应当参与无形资产收益分配。此外，BEPS 第 5 项行动计划充分考虑透明度和实质性因素，有效打击有害税收实践，我国就高新技术企业所得税优惠政策展开自我评估，虽然评估方法与 BEPS 行动计划所建议的关联法不完全一致，

---

〔1〕 参见韩霖、高阳："国际视野下税收协定的最新发展与展望——专访国家税务总局国际税务司副司长蒙玉英"，载《国际税收》2017 年第 6 期。

但采用的标准比关联法更为严格，因此自评结论和接受"有害税收实践论坛"主持的 BEPS 其他成员国同业审查结论相同，即我国高新技术企业所得税优惠政策不构成有害税收实践，不必要也不会改变此项所得税优惠政策。[1]

2. 完善转让定价文档和国别报告

BEPS 第 13 项行动计划转让定价文档和国别报告是 BEPS 成果的四项最低标准之一。《特别纳税调整实施办法（试行）》第二章、第三章分别对关联申报、同期资料管理加以规定。为履行关于最低标准的承诺，国家税务总局在 2016 年发布《关于完善关联申报和同期资料管理有关事项的公告》（国家税务总局公告 2016 年第 42 号），参考 BEPS 第 13 项行动计划转让定价文档和国别报告的建议，并结合我国反避税实践，对关联申报、同期资料等进一步明确，同时规定国别报告报送机制：（1）细化关联关系判定标准，对关联关系的判定标准进一步补充和完善；（2）补充明确了关联交易类型，对 BEPS 行动计划涉及的无形资产范围、集团资金池业务、金融资产转让等问题予以规定；（3）借鉴 BEPS 第 13 项行动计划，扩充了同期资料内容，明确同期资料包括主体文档、本地文档和特殊事项文档，同时明确了各文档的准备门槛、涵盖内容和准备时限。总之，为我国履行国别报告交换义务提供国内税法依据，国家税务总局在同年签署了《转让定价国别报告多边主管当局间协议》，我国正式加入国别报告多边交换框架。

3. 健全税收争议解决机制

BEPS 第 14 项行动计划使争议解决机制更有效也是 BEPS 成果的四项最低标准之一。《特别纳税调整实施办法（试行）》第十一章"相应调整及国际磋商对税收协定相互协商程序"进行了初步规定。国家税务总局在 2013 年颁布《税收协定相互协商程序实施办法》以规范与外国（地区）税务主管当局涉及税收协定的相互协商工作，但第 39 条明确指出："关于特别纳税调整的相互协商程序实施办法，另行规定。"2017 年颁布的《特别纳税调查调整及相互协商程序管理办法》则就特别纳税调整事项相关的相互协商程序予以具体规定，但涉及解释或执行税收协定条款的

---

[1] 参见霍军："BEPS 的中国治理方略"，载《经济研究参考》2018 年第 47 期。

相互协商程序，按照《税收协定相互协商程序实施办法》的有关规定执行，引入 BEPS 第 14 项行动计划中强制制裁除外的建议，提高相互协商程序的效率。

预约定价安排是预防税收争议、提高税收确定性的有效途径，《特别纳税调整实施办法（试行）》专设"第六章预约定价安排管理"对预约定价协议及其实施程序进行规定，但不够具体，且第 60 条关于税务机关对纳税人预约定价信息资料负有保密义务的规定，与 2016 年签订的单边预约定价安排信息定期交换这一 BEPS 最低标准相冲突。因应 BEPS 第 5、14 项行动计划的建议，2016 年《国家税务总局关于完善预约定价安排管理有关事项的公告》（国家税务总局公告 2016 年第 64 号，已被修改）对《特别纳税调整实施办法（试行）》相关规定进行了重大修订，明确了预约定价的适用范围、申请条件；进一步说明了不同类型预约定价谈签过程中涉及的各层级税务机关；规范优化了预约定价安排谈签及执行程序为预备会谈、谈签意向、分析评估、正式申请、协商签署和监控执行；调整并明确了预约定价安排的使用期间及追溯期；规范了单边预约定价安排的信息交换；明确了预约定价安排程序的暂停、终止情形及续签要求。为深化税务领域"放管服"改革，优化营商环境，促进税企合作，提高对跨境投资者的个性化服务水平和税收确定性，2021 年《国家税务总局关于单边预约定价安排适用简易程序有关事项的公告》（国家税务总局公告 2021 年第 24 号）就单边预约定价适用简易程序有关事项予以规定。

（二）因应 BEPS 行动计划的我国税收协定改革

在 2015 年 BEPS 行动计划发布后，我国与智利、肯尼亚、刚果（布）、印度、西班牙、阿根廷、意大利、新西兰等谈签或修订的税收协定纳入 BEPS 第 6 项行动计划的最低标准成果建议，在协定序言中增加"协定不为通过逃避税达到不征税或少征税的目的创造机会"的表述，澄清税收协定的意图并非鼓励逃避税，以及纳入用以应对税收协定滥用的主要目的测试条款等。BEPS 第 14 项行动计划争议解决机制更有效的最低标准，要求在税收协定中引入 2017 年 OECD 税收协定范本第 25 条相互协商程序第 1~3 款内容，包括允许纳税人向缔约双方中的任意一方提出相互协商请求、允许纳税人自不符合协定的征税行为第一次通知之日起 3 年内提起相互协商请求、相互协商所达成协议的执行不受国内法律时限规定的限制等。我国税务机关一直积极服务跨境企业，依法受理相关涉税争议案件的相互协商申请，在OECD相互协商程序第一阶段同行审议中获得"非常符合最低标准要求"的总体评价，反映我国BEPS行动计划转化的显著成效。[1]除四项最低标准外，我国近年来的税收协定还吸纳了一些非最低标准的BEPS行动计划建议，例如与刚果（布）、阿根廷、新西兰、意大利、印度等谈签或修订的税收协定约定有关税收透明体适用税收协定的条款、新双重居民企业加比规则等；前者有助于对合伙企业形式投资经营的跨境纳税人保持税收中性，从而应对择协避税风险；后者有助于解决以享受协定待遇为目的人为筹划选择居民国的问题。此外，国家税务总局发布的《关于税收协定中"受益所有人"有关问题的公告》（国家税务总局公告2018年第9号）废止了《关于如何理解和认定税收协定中"受益所有人"的通知》（国税函〔2009〕601号，以下简称601号文）、《关于认定税收协定中"受益所有人"的公告》（国家税务总局公告2012年第30号），对税收协定中股息、利息、特许权使用费条款中"受益所有人"身份判定予以重新规范。

《BEPS多边公约》是快速落实税收协定相关BEPS行动计划的重要法律工具之一。[2] 2015年，OECD牵头成立《BEPS多边公约》特别工作组，研究起草公约文本。我国当选为工作组第一副主席国，积极参与、组织公约文本的制定工作，并与其他一百多个国家进行了为期一年的集体谈判与磋商，为公约的制定作出了重要贡献。虽然《BEPS多边公约》的制定目的在于修订双边税收协定，但并不包括全球所有双边税收协定。根据《BEPS多边公约》第2条第1款第1项，其适用范围仅限于"被涵盖税收协定（Covered Tax Agreements）"，即须同时符合以下两项要求的税收协定：（1）《BEPS多边公约》缔约方之间签署，且已经生效的税收协定；（2）税收协定缔约双方均以作出通知的方式，将其纳入《BEPS多边公约》适用

---

[1] 参见韩霖、高阳："国际视野下税收协定的最新发展与展望——专访国家税务总局国际税务司副司长蒙玉英"，载《国际税收》2017年第6期。

[2] 参见韩霖、高阳："国际视野下税收协定的最新发展与展望——专访国家税务总局国际税务司副司长蒙玉英"，载《国际税收》2017年第6期。

范围。[1]《BEPS 多边公约》涵盖的 BEPS 行动计划成果建议，有些被列为最低标准，公约缔约方必须采纳；有些仅为政策建议，公约缔约方可以不予采纳。根据《BEPS 多边公约》不同条款的规定，公约缔约方可以通过不作保留或作出通知的方式采纳相关成果建议，也可通过作出保留或不作通知的方式不予采纳。通常而言，只有税收协定缔约双方均在《BEPS 多边公约》中采纳相关成果建议时，公约才对现行税收协定条款作出修改。我国向保存人 OECD 提交暂定"保留"和"通知"清单。在制定暂定立场文件中，我国全面梳理税收协定相关条款，根据我国暂定保留事项及对可替代条款的选择，依照兼容性条款的规定，列明税收协定中将被修改的条款序号，并已就此项通知内容与缔约方进行口头或书面沟通，确保双方对于被修改的条款理解一致。[2] 我国在《BEPS 多边公约》中采纳了两类成果建议：（1）BEPS 最低标准条款，包括协定应防止逃避税行为造成的不征税或少征税的序言内容，以及应对协定滥用的主要目的测试条款等；（2）我国近年签署的税收协定中通常纳入的其他 BEPS 成果建议，比如希望进一步发展经济关系并加强税收合作的序言内容、税收协定不限制居民国征税的规定、双重居民实体加比规则等。若税收协定缔约对方也在《BEPS 多边公约》中采纳了上述成果建议，则公约将对现行税收协定相应条款作出修改。

经国务院批准，我国于 2022 年 5 月 25 日向《BEPS 多边公约》保存人 OECD 交存了公约核准书。根据《BEPS 多边公约》第 34 条第 2 款规定，公约于 2022 年 9 月 1 日对我国生效。截至 2022 年 6 月 30 日，上述 100 个缔约伙伴国中的 47 个已完成《BEPS 多边公约》生效程序，并将与我国签署的税收协定纳入适用范围。根据《BEPS 多边公约》的规定，公约适用于上述 47 个税收协定。未来，随着更多的国家和地区签署《BEPS 多边公约》并完成生效程序，公约适用我国现行税收协定的范围将进一步扩大。

---

[1] 参见吴仪："《BEPS 多边公约》的适用机制及对中外双边税收协定的影响"，载《国际经济法学刊》2021 年第 4 期。

[2] 参见熊艳、刘小萌："《公约》主要条款解读"，载《国际税收》2017 年第 6 期。

三、主要思路和基本内容

本书聚焦针对税收协定滥用、税收优惠滥用、税收处理滥用等反避税规则和征纳互动反避税管理机制，因应 BEPS 行动计划的相关建议，借鉴有关国家的经验，总结我国法律发展和实践经验，构建我国反避税体系。

本书除绪论外，分为四章：

第一章税收协定滥用的反避税规则。各国通过签订税收协定避免重复征税，但税收协定相关条款被滥用也成为国际避税的主要方式，各国以及 BEPS 第 6 项行动计划形成主要目的测试为一般条款、利益限制条款和受益所有人规则为特别条款的反避税规则：（1）主要目的测试具有适用的简易性和打击的全面性，被我国等广泛应用。我国可以参照 BEPS 行动计划，借鉴欧盟、澳大利亚、印度等经验，进一步明确目的测试的主要目的，完善主要目的经济实质测试，协调与其他税收协定滥用反避税的关系。（2）利益限制条款针对择协避税行为进行一系列主观测试和客观测试，其起源自美国，经由 OECD 的推广，成为各国落实 BEPS 行动计划的重要举措。我国应当综合运用主要客观测试，完善相关配套制度，不断拓展利益限制条款的适用空间。（3）受益所有人规则是针对导管避税等设计的特别反避税条款，受益所有人认定是规则适用的前提。OECD、FATF 等国际组织不断推进国际税收、反洗钱等领域的受益所有人认定工作，美国、英国、加拿大等也存在较为丰富的司法实践。我国应当进一步改进受益所有人认定的不利因素测试，加强受益所有人统一识别、信息登记和信息共享管理。

第二章税收优惠滥用的反避税规则。一些国家和地区制造税收洼地以增强自身的国际竞争力，但纳税人滥用税收优惠已成为逃避税的重要途径之一，诸如传统意义上的受控外国企业和现代意义上的有害税收竞争专利盒。（1）受控外国企业的认定是受控外国企业税制适用的首要前提，具有重要的预警功能，主要包括受控实体、控制、地域范围三要素。我国可以参照 BEPS 行动计划，借鉴美国、欧盟等经验，丰富受控实体的类型，增加经济控制，完善共同控制测试，运用实际税额比较法进行税率要素认定,并且增设黑名单、灰名单。(2) 基于税收公平和税收中性的要求,受控外国企业税制设立实际经营、积极经营、特定经济活动、公司上市、微量所得、税率等除外规则,BEPS行动计划以及美国、德国、南非、阿根廷等对受控外国企业税制适用除外进行积极的探索,我国应当予以借鉴,进一步优化合理经营、积极经营、微量所得等除外适用规则。(3) 专利盒是一种作用在企业研发周期末端的税收优惠政策,具有激励创新和有害竞争的正负效应。近年来,BEPS行动计划对有害竞争专利盒予以高度重视,荷兰、德国、英国、美国等也因应相关要求调整专利盒政策。我国存在类专利盒,为了避免有害税收竞争,应当改进类专利盒的适用范围,健全类专利盒实质性活动的认定。

第三章税收处理滥用的反避税规则。不同客体、主体在不同国家乃至同一国家的税收处理存在差异,一些混合错配安排、资本弱化等避税手段正对此税收处理差异予以滥用。(1) 混合实体错配安排利用不同国家或地区对混合实体的不同税收处理进行的税收套利。我国可以借鉴BEPS行动计划和欧盟做法,明确混合实体在国内税法和税收协定的法律地位,统一国内外合伙企业税制,规范合伙人与合伙企业之间的关联交易,改进所得类型及其计算,税收协定增设透明实体规则。(2) 具有债权和股权双重性质的混合金融工具被纳税人用于混合错配安排,BEPS行动计划和美国、欧盟对此种避税予以专门规制。我国国内税法应当明确金融工具性质,加强重点征管,制定反金融工具混合错配规则,同时积极参与相关税收管辖权、分配规则的国际协调和税收情报国际合作。(3) 纳税人使用资本弱化手段,针对利息和股息的税收处理差异,人为地安排资本结构以减少应纳税额。借鉴BEPS行动计划和美国、德国、英国、俄罗斯的资本弱化税制,我国资本弱化税制可以明确适用范围、改进债权性投资认定、完善固定比例规则及改革超额利息处理。

第四章基于征纳互动的反避税管理机制。避税和反避税不是简单的猫鼠游戏,为避免税务机关陷入避税的信息不对称困境以及纳税人面对反避税的不确定性,应当建立单边预约定价、税收筹划强制披露等征纳互动的反避税管理机制。(1) 单边预约定价是纳税人与税务机关就其未来年度关联交易的定价原则和计算方法达成协议的系列活动。我国可以借鉴美国、日本和 OECD 的预约定价立法经验，进一步完善单边预约定价的关键性假设、费用条款和效力期限，并改革预备会谈、中小企业特别程序和争端解决程序。（2）税收筹划强制披露是最新发展的反避税管理手段，并且得到 BEPS 行动计划的大力推荐，在美国、英国、欧盟等得到应用。我国可以引入税收筹划强制披露，对适用范围、应披露安排、披露人、披露内容、披露时间、其他披露义务和法律后果加以规定，并且完善专门管理机构、信息工作平台、信息共享机制、跨境协调等配套安排。

第一章 税收协定滥用的反避税规则

第一节 主要目的测试

一、主要目的测试概述

（一）主要目的测试的概念

根据 BEPS 第 6 项行动计划第 1.1.2 条规定，主要目的测试（Principal Purpose Test，PPT 条款）是指："虽有本协议中其他条款的规定，如果在考虑了所有相关事实与情况后，可以合理地认为获取某项协定优惠是直接或间接产生此优惠的任何安排或交易的主要目的之一，则不能授权本协定中关于所得或财产的优惠，除非能够证明在此种情况下授予此优惠更符合本协定相关条款的宗旨与目的。"

PPT 条款是一种防止税收协定滥用的测试，是指税务机关认为一方或双方作出交易或安排的目的之一是直接或间接地获取税收协定利益，则税务机关有权否决此利益的授予。作为纳税人，若被税务机关否决了协定优惠，其可以通过证明授予协定优惠更符合协定的宗旨和目的来维护自己的利益。主要目的测试包括主观测试和客观测试两个部分：主观测试由税务机关负证明责任，在考虑了所有相关事实和情况后，得出获得利益是直接或间接导致此利益的任何安排或交易的主要目的之一的结论是否合理；客观测试需要由纳税人负证明责任，授予此利益符合税收协议相关条款的目的和宗旨。两者的关系为：若通过了主观测试，则此交易或安排就可以通过 PPT 条款；如果未能通过主观测试，可以以客观测试作为救济手段，通过客观测试后，则同样可以通过 PPT 条款，获取协定优惠。

因各国国情不同，对防止税收协定滥用的需求也不同，BEPS 第 6 项行动计划规定，各国为防止协定滥用，可以自由选择下列方式之一：（1）同时适用PPT条款和简略版利益限制条款（Limitation on Benefits Rule，LOB条款）；（2）单独适用PPT条款；（3）单独适用详细版LOB条款。[1]鉴于详细版LOB条款内容庞杂，在实践中难以实施，只有极少数国家愿意将其单独适用。PPT条款简单易于实施，又能最大限度地保证税基不被侵蚀，所以《BEPS多边公约》第7条将PPT条款规定为国际条约中的唯一默认选项，确立了其唯一最低标准的地位，即若此国没有其他反滥用措施或规定，则至少应当单独适用PPT条款作为反协定滥用的最低标准，以保证税基不被侵蚀。[2]

（二）主要目的测试的优点

1. 适用的简易性

PPT条款条文较为简单，在BEPS第6项行动计划仅有一款对其进行了规定，使之便于税务机关理解，具有很强的可执行性。在实践中，税务机关仅须根据现有材料，认为一方或双方作出交易或安排的目的之一是直接或间接地获取协定利益，就可以有效避免可能存在的税基侵蚀，即各国税务机关只需满足较低程度的证明标准就可以对PPT条款予以有效适用。与此相比，同样用于防止协定滥用的LOB条款在BEPS第6项行动计划则有六个条文加以规定，需要对双方进行合格居民测试、上市公司测试、所有权测试、税基侵蚀测试、衍生利益测试、积极商业测试等多个测试，以致条款较为冗长，税务机关的行政水平受到极大的考验，只有极个别国家才具有执行LOB条款的能力。实施PPT条款的税务机关仅须花费较小的行政成本，对简单的条文进行理解和执行，就能达到防止协定滥用的目的，这为绝大部分行政水平普通的国家保护税基提供了可行性。

2. 打击的全面性

PPT条款不是针对某一具体行为作出的规定，而是以满足若干要件为限定条件，将所有税收协定滥用行为均包含在内，条文较为原则和宽泛，

---

[1] 参见BEPS第6项行动计划"防止税收优惠的不当授予"的序言。

[2]《BEPS多边公约》第7.2规定："第1款应替代被涵盖税收协定的相关规定适用，或者在被涵盖税收协定无此类规定的情况下适用。相关规定用于明确，由于任何安排或交易，或与安排或交易相关的任何人，其主要目的或主要目的之一是获取被涵盖税收协定待遇，而拒绝给予本应按照被涵盖税收协定给予的全部或部分待遇。"

故此不但可以对常见的税收协定滥用行为加以规制,还可以对未来可能发生的协定滥用新型手段进行规制,以致其具有了其他条款不具备的兜底性和包容性的功能。不同于受益所有人规则只能规制简单的择协避税和LOB条款仅专注于规制择协避税的情形,PPT条款不仅可以规制简单的择协避税,还可以规制普通避税行为以及导管避税等特殊择协避税情形。PPT条款除了单独适用外,还可以与其他反滥用规则共同使用。BEPS第6项行动计划规定PPT条款可以和简化版LOB条款共同作用,对LOB条款不能涵盖的部分适用PPT条款予以补充,形成对税基较为完整的保护屏障。

鉴于PPT条款具有适用的简易性、打击的全面性等优点,PPT条款常常被发展中国家和发达国家视为解决跨国企业税收协定滥用的最重要和最可取的方法之一。

(三) 主要目的测试的缺点

1. 可预测性差

PPT条款的简化性决定了其存在笼统、模糊和不精确的特点。各国税务机关或法院根据自己的标准适用PPT条款时,由于来源国、居民国立场的差异,将给交易人纳税带来不确定性和危险。PPT条款的可预测性差主要体现在以下方面:(1) 就纳税人而言,获取协定利益是否为其主要目的之一,很难提前预测,要经由税务机关的个案分析、判断,这颇具有成文法公布前的"刑不可知,则威不可测"的意味,以纳税人立场缺乏可预测性。作为理性的经济人,纳税人进行一定税收筹划是合情合理的,PPT条款对于合理筹划和税收协定滥用的界限未加以明确规定,会使纳税人在经济活动时缺乏足够的安全感。(2) 就利益相关的第三人而言,其仅能判断当事人的交易目的,但却因当事人被否决税收协定优惠而受到影响。[1](3) 就税务机关而言,BEPS第6项行动计划和《BEPS多边公约》都未对如何判断主要目的作出具体规定,以致税收执法没有标准可供参照,由此导致两种结果:(1) 保守的税务机关可能会秉持谨慎态度,尽量不判定纳税人的主要目的之一为获取协定利益,以致部分避税行为得以通过,侵蚀本国税基;(2) 激进的税务机关因自由裁量权过大,可能会滥用执法权,

---

[1] See Luc De Broe, Joris Luts, "BEPS Action 6: Tax Treat Abuse", *Intertax*, 43 (2015), pp. 45~52.

打击本不属于 PPT 条款规制的合理商业行为，进而重伤纳税人的投资信心，使之对营商环境产生怀疑，最终影响当地经济社会发展。

2. 举证责任分配不合理

根据 PPT 条款规定，税务机关仅须初步认为纳税人的主要目的之一是获取税收优惠，即可否定协定利益的授予，纳税人则需要证明在此种情况下授予优惠更符合协定相关条款的宗旨与目的，若其无法提供有力证明，便要承担被否认授予协定利益的风险，这实质上是将举证责任分配给了纳税人。证明主要目的之一是获取协定利益的证明标准明显低于证明授予协定利益符合协定的宗旨与利益，处于强势地位并掌握足够的执法资源的税务机关仅须简单地达到"合理的推断"的证明标准，而处于弱势地位的纳税人要对十分不确定的宗旨和目的进行举证，这样的举证责任分配无疑是不合理甚至是失衡的。

3. 易引发税收纠纷

PPT 条款的概括性和模糊性会使不同国家或地区的税务机关根据当地习惯及自身主观理解对同一个税收协定的利益授予作出截然不同的裁判，因为对于获取税收利益是否为交易的主要目的之一，来源国和居民国的立场可能截然不同，从而作出不同判断，长此以往可能引发国际税收纠纷，造成不良的影响。

（四）我国主要目的测试的法制发展

1. 国内法

我国法律、法规并无 PPT 条款的专门规定，在个别法律、法规的个别条款提到了"合理商业目的""实质大于形式""经济实质"等字眼，表明我国已有此方面的意识。《企业所得税法》第 47 条规定："企业实施其他不具有合理商业目的的安排而减少其应纳税收入或者所得额的，税务机关有权按照合理方法调整。"此条提出了"合理商业目的"的概念，主张根据企业安排或交易的商业目的打击纳税人的避税行为，这乃是兜底条款，在其他条款无法规制时使用，属于一般反避税条款。然而，此条对于"合理商业目的"的界定标准及实施细则并未作任何说明。《企业所得税法实施条例》第 120 条对"合理商业目的"作了细化："企业所得税法第四十七条所称不具有合理商业目的，是指以减少、免除或者推迟缴纳税款为主要目的。"但仍未就如何实施、如何举证等进行规定，使之难以在实践中启用。《一般反避税管理办法（试行）》第2条规定："本办法适用于税务主管部门按照企业所得税法第四十七条、企业所得税法实施条例第一百二十条的规定，对企业实施的不具有合理商业目的而获取税收利益的避税安排，实施的特别纳税调整。"第2章到第5章分别规定了一般反避税实施时的立案、调查、结案和争议处理等相关事项，对一般反避税条款进行了一定程度的细化，但关于"合理商业目的"等概念仍不甚明了，导致此条在实践中也极为不确定。《特别纳税调整实施办法（试行）》同样未就具体规制的程序、标准及举证责任的分配进行详细规定，但是其在第93、94条提出了"实质大于形式""经济实质"等说法，[1]仍属于原则性规定，但为之后PPT条款的引入和细化做出了铺垫。

目前，我国国内法中与PPT条款相关的法律、法规主要是一般反避税条款，且处于一种原则化、模糊化的状态。一旦国内法律、法规与PPT条款发生冲突，根据国际公法规定，应优先适用税收协定PPT条款。我国国内法与PPT条款在反协定滥用方面的内在精神是一致的，因而国内法与PPT条款在通常情况下不会存在冲突，由于国内法的规定比PPT条款更加原则化，对PPT条款不能调整的避税行为，可以适用国内法对其进行规制，即将国内法作为PPT规制的兜底条款进行运用。[2]针对PPT条款和国内法存在的差异，可以参照PPT条款的协定滥用标准、证明责任、条款的解释技术对国内法进行补充，使二者最大限度做到协调一致。[3]

2. 税收协定

目前，我国大陆及港澳台地区共签订了109个避免双重征税协定，其中包括6个未生效的税收协定。其中，包含PPT条款的协定有24个，而将PPT条款作为单独反滥用条款涉及的国家包括捷克、法国、智利、肯尼

---

〔1〕《特别纳税调整实施办法（试行）》第93条规定，"税务机关应按照实质重于形式的原则审核企业是否存在避税安排……"第94条规定："税务机关应按照经济实质对企业的避税安排重新定性，取消企业从避税安排获得的税收利益。对于没有经济实质的企业，特别是设在避税港并导致其关联方或非关联方避税的企业，可在税收上否定该企业的存在。"

〔2〕参见王宗涛：《一般反避税条款研究》，法律出版社2016年版，第130~132页。

〔3〕参见李皓兰："我国防止税收协定滥用的规则梳理与立法反思"，载《税务研究》2018年第8期。

亚、刚果、阿根廷、新西兰、西班牙等。[1]

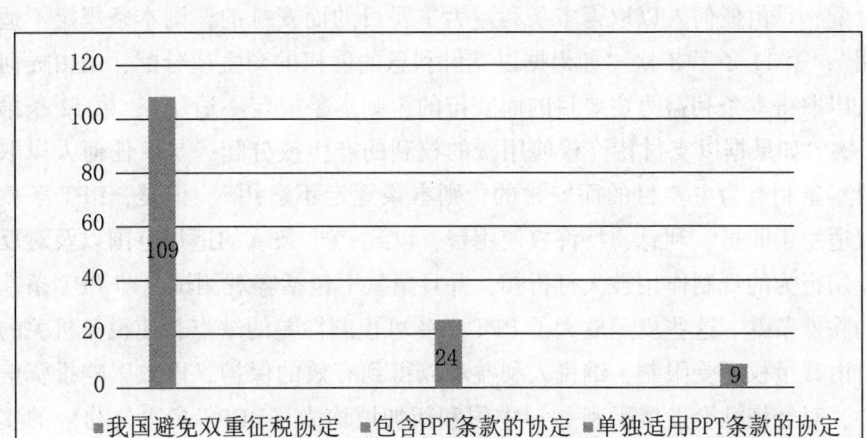

图1-1 我国PPT条款的签订情况

《BEPS多边公约》第7.1条已经明确将PPT条款规定为反协定滥用的唯一默认最低标准。我国是《BEPS多边公约》的签署国，随着越来越多的国家或地区加入《BEPS多边公约》，我国税收协定中PPT条款的适用将越来越普遍。

在2017年之前，我国签订生效的PPT条款并不完善，措辞也不统一，例如我国与捷克签订的税收协定第21条第1款规定："虽有本协定其他条款的规定，本协定规定的利益不得给予本不应获得但意在获得协定利益的任何缔约国一方公司。"此条款规定了"意在获得协定利益"的目的因素，但未规定"直接或间接获取协定利益"来限定利益范围，也未规定"更符合本协定相关条款的宗旨与目的"除外条款的客观测试。2017年1月1日中国—智利税收协定生效后，我国与智利、肯尼亚、刚果、阿根廷、新西兰、西班牙等国家签订的税收协定均采用了"主要目的或主要目的之一""直接或间接获取协定利益""条款的宗旨与目的"对PPT条款进行统一规定。

我国与新加坡的税收协定分别对股息、利息、特许权使用费规定了

[1] 参见 http://www.chinatax.gov.cn/chinatax/n810341/n810770/，最后访问日期：2022年1月2日。

PPT 条款：第 10 条第 6 款"如果据以支付股息的股份或其他权利的产生或分配，是由任何人以取得本条利益为主要目的而安排的，则本条规定不适用"；第 11 条第 8 款"如果据以支付利息的债权的产生或分配，是由任何人以取得本条利益为主要目的而安排的，则本条规定不适用"；第 12 条第 7 款"如果据以支付特许权使用费的权利的产生或分配，是由任何人以取得本条利益为主要目的而安排的，则本条规定不适用"。但是，PPT 条款仅适用于股息、利息、特许权使用费，以致 PPT 条款的适用范围以及对反滥用行为的规制作用被大打折扣，并且条款不包括客观测试，即 PPT 条款的除外条款。这些规定放大了 PPT 条款可预测性差的缺点，使税务机关的自由裁量权不受限制，纳税人利益难以得到有效的保护，以致影响投资信心，对经济社会发展不利。[1] 中国和新加坡均为《BEPS 多边公约》的签署国，并且中国和新加坡选择的立场均将单独适用 PPT 条款作为反协定滥用的唯一规则，所以随着《BEPS 多边公约》的生效，我国与新加坡的条款将被《BEPS 多边公约》第 7.1 条替代，统一变成完整版的 PPT 条款，PPT 条款将不仅适用于股息、利息、特许权使用费的部分，还适用于全部协定滥用的场合。

总之，随着《BEPS 多边公约》的签订和生效，在我国对外签订的税收协定中，未与我国约定 PPT 条款的《BEPS 多边公约》签订国将默认采纳 PPT 条款作为反滥用条款；已与我国约定 PPT 条款的国家将使 PPT 条款变得统一且完整。随着越来越多国家或地区签订《BEPS 多边公约》，未来我国将在越来越多的税收协定中加入 PPT 条款。

二、主要目的测试的 BEPS 行动计划及各国经验

（一）BEPS 行动计划的主要目的测试

BEPS 第 6 项行动计划是针对滥用税收协定行为所作的专门规制。为了应对 LOB 条款无法规制的导管融资安排等协定滥用行为，行动计划序言和第 1.1.1 款专门规定了 PPT 条款，并且在注释中对于该条款的基本理解作出了规定，以此指导对 PPT 条款的应用。

---

[1] 参见喻如慧、黄紫韵："BEPS 第 6 项行动计划主要目的测试规则研究"，载《国际法研究》2018 年第 6 期。

对于 PPT 条款，《BEPS 多边公约》沿袭了 BEPS 第 6 项行动计划的规定，第 7.1 条规定："虽有被涵盖税收协定的任何规定，如果在考虑所有相关事实和情况的基础上，可以合理认定任何直接或间接带来被涵盖税收协定待遇的安排或交易的主要目的之一是获得此待遇，则不应将此待遇给予相关所得或财产，除非可以确认，在这些情形下给予此待遇符合被涵盖税收协定相关规定的宗旨和目的。"《BEPS 多边公约》将 PPT 条款规定为国际条约中的唯一默认选项，确立了其唯一最低标准的地位，即成员国若无其他反滥用措施，则至少应当单独适用 PPT 条款。此条对应了 BEPS 第 6 项行动计划中 PPT 条款的规定，致力于使更多国家接受并采纳 PPT 条款，使反协定滥用可以参照统一的标准。此外，《BEPS 多边公约》在允许各国采用 PPT 条款作为最低标准外，自由决定是否对反协定滥用作出更严格的规定。

BEPS 第 6 项行动计划首次提出了"主要目的测试"的概念，相比于其他反协定滥用规则，PPT 条款更追求探究交易双方的交易目的，更加重视商业的真实存在，更支持实质大于形式的判断，加之其原则性措辞，对未来可能出现的其他新型协定滥用模式可以做出预先的应对。此条款由于自身的易实行性，提出后便得到众多国家采纳，为反避税执法能力不强的国家提出了具有可行性的方案。《BEPS 多边公约》对 BEPS 第 6 项行动计划的 PPT 条款予以确认，这使大部分国家统一将 PPT 条款加入税收协定当中，从而完善了国际税收体系，使国际税收规则趋于一致，减少了国际投资者的前期投资成本。

（二）欧盟的主要目的测试

欧盟作为拥有 27 个成员国且为发达国家和发展中国家共存的经济体，迄今为止除斯洛伐克和保加利亚两个国家选择适用简化版 LOB 条款以外，其余国家都选择单独适用 PPT 条款。

欧盟对 PPT 条款予以一定的本土化修改。PPT 条款与欧盟内部规则存在一定的冲突，主要体现在作为一个国与国之上的共同体，欧盟成员国经济往来的需求远远超过一般国家间的需求，PPT 条款虽然目的是保护税收，但在客观上确实会使一些交易的税收利益遭受到否决，阻碍跨国、跨域投资者的投资意愿。欧盟内部存在资本自由流动的原则，鼓励资本在欧盟内部自由流动,但纳税人之间的真实经济活动,虽然其主要目的之一是获取协定利益,但也符合资本自由流动原则的内在精神,所以站在资本自由流动原则的立场上,不能否定其协定利益的获取。由于冲突的存在,为了在保护税收的同时不阻碍经济社会的发展,欧盟对PPT条款予以一定本土化的改动:(1)欧盟将PPT条款中的"主要目的之一"更改为"主要目的或主要目的之一",此项修改意味着欧盟在判断是否滥用协定利益时可能不采取"之一"式的宽泛判断,只有在纳税人做出交易或安排的主要甚至唯一目的是获取协定利益时,才否定其利益获取。(2)欧盟将除外条款的"除非能够证明在此种情况下授予此优惠更符合本协定相关条款的宗旨与目的",改为"除非能够证明其反映了真实的经济活动,或能够证明在此种情况下授予此优惠更符合本协定相关条款的宗旨与目的"。[1]此项修改意味着欧盟在PPT条款客观测试之外,又加入了经济实质性测试的条款,即欧盟的PPT条款中包括改动后的主观测试、客观测试和经济实质测试三个部分,即只要纳税人的交易或安排反映了真实的交易活动,不是为了避税而人为设计而成,就可以被协议所认可。

虽然原始的PPT条款与欧盟的规则存在一定冲突,但经欧盟的本土化修改,考虑了当地的实际情况,使反滥用条款的确定性得到了加强,其绝大部分成员国都接受了修改后的PPT条款,使之成了欧盟成员国内部及对外签订反避税条款的一致之选。

(三)澳大利亚的主要目的测试

澳大利亚是《BEPS多边公约》第一批加入者,积极采纳PPT条款进行反协定滥用,在签署税收协定时绝大多数情况都单独适用PPT条款。[2]澳大利亚作为反避税国内法律相对健全的国家之一,在税收协定中优先选择适用PPT条款,可以证明PPT条款确有其优越性。澳大利亚的PPT条款在适用时也进行了本土化修改,其认为"主要目的之一"的判断标准较为严苛,故沿用其国内法中的"唯一或基本目的"标准。但是,税务机关

---

[1] European Commission, "Commission recommendation of 28 January 2016 on the Implementation of Measures against Tax Treaty Abuse", C, 2016, 3.

[2] 参见"Income Tax Treaties",载https://treasury.gov.au/tax-treaties/income-tax-treaties,最后访问日期:2021年7月25日。

进行税收协定滥用的判断，达到"唯一或基本目的"的证明标准较为困难，纳税人会以自己并非在澳大利亚而是在其他国家获取税收协定利益为目的作为抗辩，使行为达不到"唯一或基本目的"的标准，这不利于澳大利亚对税基的保护。因此，澳大利亚将此修改为与欧盟一样的"主要目的或主要目的之一"。唯此，PPT条款既能保证不过于严苛，也能有效实现税收保护，还能避免国内法与税收协定产生矛盾。修改后的PPT条款满足了澳大利亚的反协定滥用需求，作为曾经的OECD主席国，澳大利亚积极推动PPT条款在国际上的适用，可以预见的是未来澳大利亚将在更多的税收协定中适用PPT条款。

（四）印度的主要目的测试

印度是人口大国和发展中国家，迄今为止，印度签订的所有双边税收协定均同时包含PPT条款和简化版的LOB条款。[1]但是，印度并非初始就对税收协定的滥用进行严格管理，其对反滥用条款的态度经历了一个逐步引入、日渐严格的过程。

20世纪末、21世纪初印度与毛里求斯签订的税收协定规定，为毛里求斯居民在一定条件下提供免税优惠。随后，印度投资者将毛里求斯作为避税天堂，大量采用导管融资等方式避税。印度由于处于亟待发展的阶段，为了刺激投资、促进经济增长以加快本国发展，只能默许此种情况的发生。但是，印度的税基因此遭到侵蚀，财政出现巨大亏空。印度的税基侵蚀日益严重，开支却居高不下，伴随经济增长、国家发展，印度对于国际投资者的盲目依赖程度也有所下滑，印度因此在2016年修改了与毛里求斯的税收协定，取消了对毛里求斯居民一定条件下的免税优惠，并引入了PPT条款、LOB条款和真实商业测试作为税收协定的反滥用条款。2017年，印度签署了《BEPS多边公约》，选择了PPT条款和简化版LOB条款同时存在的方式作为税收协定的反滥用条款，其对税收协定滥用的态度由宽松放任转变为严格规制。当然，反税收协定滥用条款并非越严格越值得称赞，而应结合基本国情和立场，选择一个最现实可行又最有利于国家的

---

[1] 参见"Double Taxation Avoidance Agreements"，载https://search.incometaxindia.gov.in/pages/results.aspx?k=Double%20Taxation%20Avoidance%20Agreements，最后访问日期：2021年7月25日。

方式。

三、主要目的测试的主要目的

按照《BEPS多边公约》规定,纳税人做出交易或安排的"主要目的之一"是获取协定利益,则无法通过PPT条款。"主要目的之一"和"主要目的"并不相同,"主要目的"意味着只有纳税人的最根本目的是滥用税收协定才可以否决其协定利益,而"主要目的之一"意味着只要纳税人其中一个目的是滥用税收协定就无法通过PPT条款。《BEPS多边公约》规定的是"主要目的之一",就条文本身而言,"主要目的之一"使PPT条款变得严格,但也可能会侵害到纳税人的权益,所以应当考虑对其进行调整。此外,虽然PPT条款考量的是纳税人的目的,但不意味着纳税人的主观意图可以成为判断是否通过PPT条款的决定性因素,只有当客观方面的真实事件发生时,才可以否决其协定利益的获取。因此,在"主要目的之一"的判断中,纯粹的主观意图并不起决定性作用。

我国税收协定的PPT条款的标准并不统一,有的协定中规定"主要目的之一";有的协定中规定"主要目的";有的协定中规定"主要目的或主要目的之一"。这导致我国适用PPT条款出现混乱,也会使跨国投资者产生疑惑。此条款在世界范围内是富有争议的,对于纳税人而言,这一规定使得否定协定利益的门槛变得极低,使纳税人权益处于税务机关的自由裁量权之下,不利于纳税人利益的保护。纳税人在正常经营的基础上通常会选择税收更低的方案,这符合理性经济人的本能,也是合理的税收安排。但是,"主要目的之一"的规定会将这种安排视为应当否决协定利益的税收安排。对于同时包括税收目的和非税收目的的交易,若非税收目的超过税收目的,或者交易的最终目的是商业和经济目的,那么纳税人善意做出的合理税收安排不应被PPT条款所否决。[1]但是,在"主要目的之一"的规定下,纳税人证明自己的交易和安排没有将选择更低的税收方案作为自己的主要目的之一,这与理性经济人的思维路径相背离。采取PPT条款的国家大部分已将该条款修改为"主要目的或主要目的之一""唯一目的"

---

[1] See Marcus Livio Gomes, "The DNA of the Principal Purpose Test in the Multilateral Instrument", *Intertax*, 47 (2019), pp.66~90.

等表述，如果我国仍坚持"主要目的之一"的表述，就会形成我国的 PPT 条款比其他国家严苛的局面，不利于我国与世界经济的融合。另外，我国的 PPT 条款存在税务机关自由裁量权过大的问题，"之一"的规定是其主要原因。"主要目的之一"极易被滥用，是否属于"之一"也取决于税务机关的自由裁量权，这会使纳税人缺乏安全感，降低其投资的信心。

我国应将 PPT 条款的适用标准予以统一调整为"主要目的或主要目的之一"。因为纳税人进行经济活动做出纳税额更低的税收安排，符合理性经济人的正常想法，如果因此否定其协定利益，未免过于严苛。将 PPT 条款适用标准调整为"主要目的或主要目的之一"具有正当性：一方面，"主要目的或主要目的之一"符合《BEPS 多边公约》的价值取向。虽然《BEPS 多边公约》第 7.1 条对 PPT 条款规定的是"主要目的之一"，但第 7.2、7.4、7.5 条均规定的是"主要目的或主要目的之一"，[1] 并且在 PPT 条款的注释中，《BEPS 多边公约》认为不能轻易将交易或安排的"主要目的之一"认定为获取协定利益，这也表明了其谨慎的态度。另一方面，欧盟、澳大利亚以及世界很多国家都对 PPT 条款中的"主要目的之一"作出了修改，将其改为了"主要目的或主要目的之一"。此外，将是否属于"主要目的之一"的裁量权交于税务机关，也会加大其自由裁量权，容易发生权力的滥用。将 PPT 条款的适用标准调整为"主要目的或主要目的之一"可以限制税务机关的自由裁量权，增加该条款的确定性和可预见性。具言之，在通常情况的税收协定滥用与否的判断中，使用"主要目的"进行判断，只有纳税人的最根本目的是获取协定利益才能够否定其协定利

---

[1]《BEPS 多边公约》第 7.2 条规定，"相关规定用于明确，由于任何安排或交易，或与安排或交易相关的任何人，其主要目的或主要目的之一是获取被涵盖税收协定待遇，而拒绝给予本应按照被涵盖税收协定给予的全部或部分待遇"。第 7.4 条规定，"由于任何安排或交易，或与安排或交易相关的任何人，其主要目的或主要目的之一是获取被涵盖税收协定待遇，而拒绝给予本应给予的全部或部分待遇，如果根据被涵盖税收协定（可能被本公约修订）的上述规定，拒绝将被涵盖税收协定的某项待遇给予某人，则本该给予该项待遇的缔约管辖区一方主管当局，根据该人请求并经考虑相关事实和情况，确认在没有此类安排或交易的情况下应允许该人享受该项待遇，则仍应认为该人有权享受该待遇，或者可以就某项特定所得或财产享其他待遇。接到上述请求的缔约管辖区一方主管当局应在与缔约管辖区另一方主管当局协商后，才能拒绝缔约管辖区另一方居民根据本款提交的请求"。第 7.5 条规定，"第 4 款应适用于被涵盖税收协定（可能被本公约修订）中的下述规定，即因任何安排或交易，或与安排或交易相关的任何人，其主要目的或主要目的之一是获取被涵盖税收协定待遇，而拒绝给予本该给予的全部或部分待遇的规定"。

益。将"主要目的之一"作为PPT条款的兜底部分加以适用,只有当纳税人的行为明显带有恶意且适用"主要目的"无法对其进行有效规制时,才能够适用"主要目的之一"。对于"主要目的之一"应予以从严解释,当纳税人同时具有税收目的和非税收目的时,以理性经济人的立场在已有真实经济行为的情况下进行的合理税收规划,且经济行为的目的超过税收规划的目的时,不属于"主要目的之一"的范围,不适用PPT条款。我国应当与相关缔约国进行协商,及时更新双方的税收协定,消除适用上的差异,使调整后的规定统一适用于我国相关协定中,使我国的反滥用条款变得统一化和规范化。

四、主要目的的经济实质测试

就我国及各个国家和地区的PPT条款适用情况而言,PPT条款尚处于扩张期,并因其适用的简易性、打击范围的全面性而被广泛认同,且存在扩大适用的趋势。在反滥用条款发展初期,各国税收执法水平较低,PPT条款具有难以替代性。但是,PPT条款本身具有可预测性差、举证责任分配不合理、易引发税收纠纷等缺点,这就需要我国以现有的PPT条款为基础,对其加以改造和调整,使其在发挥优点的同时尽量克服其缺点。纵观世界各国相关规定,能满足此要求又符合我国税收实践的只有经济实质测试。简言之,经济实质测试是在实质重于形式的指导思想下,对交易或安排是否有经济实质进行考察,对是否会产生显著的非税利益进行考察,对是否会给纳税人带来经济效益、提高其经济地位进行考察。我国可以参考欧盟的做法,在PPT条款中客观测试之外引入经济实质测试,使我国PPT条款在具有易施行、打击面广的同时又不会因其模糊性打击投资者信心,进而影响到我国的经济社会发展。

虽然经济实质测试未在《BEPS多边公约》或我国国内法直接体现,但无论2017年OECD税收协定范本的注释,还是我国的国内法,都存在经济实质测试的相关表述。[1]经济实质测试符合BEPS行动计划的整体精神,

---

〔1〕参见"Model Tax Convention on Income and on Capital: Condensed Version",载https://read.oecd-ilibrary.org/taxation/model-tax-convention-on-income-and-on-capital-condensed-version-2014_mtc_cond-2014-en,最后访问日期:2022年6月8日。

即注重经济实质,重实质而轻形式。《特别纳税调整实施办法(试行)》第93、94条体现了"实质大于形式""经济实质"等说法:第93条规定,"税务机关应按照实质重于形式的原则审核企业是否存在避税安排……"第94条规定,"税务机关应按照经济实质对企业的避税安排重新定性,取消企业从避税安排获得的税收利益……"国家税务总局2018年发布的《关于税收协定中"受益所有人"有关问题的公告》中也规定,申请人的经济活动不构成实质性经营活动的,将对受益所有人的身份认定不利。[1]以上均说明我国早有经济实质测试的价值取向,只是未将其形成具体的条文。故此,在PPT条款中引入经济实质测试的规定符合我国国情,且由于我国国内法已有类似规定,我国反避税法律体系也将因此更加严密。

欧盟已将经济实质测试纳入PPT条款中,其将除外条款的"除非能够证明在此种情况下授予此优惠更符合本协定相关条款的宗旨与目的",改为"除非能够证明其反映了真实的经济活动,或能够证明在此种情况下授予此优惠更符合本协定相关条款的宗旨与目的"。我国可以借鉴此种修改方式,在PPT条款的客观测试之外,引入经济实质测试的条款,使PPT条款的确定性得到加强。具言之,在我国对外签订的税收协定PPT条款中,除了客观测试之外,另外引入"反映了真实的经济活动"的条款,并且在注释中对"真实的经济活动"进行界定。对此,我国可以参考英属维尔京群岛和开曼群岛关于经济实质测试的相关规定,将经济实质测试规定为:相关纳税人应当对交易的经济实质进行如实申报,首先要参考其交易或相关活动取得的相关收入水平;其次要发生足够的支出;最后要拥有人员、营业场所、不动产和生产经营设备等。[2]以上条款可以理解为交易方案体

---

[1] 国家税务总局《关于税收协定中"受益所有人"有关问题的公告》第2条规定:"判定需要享受税收协定待遇的缔约对方居民(以下简称'申请人')'受益所有人'身份时,应根据本条所列因素,结合具体案例的实际情况进行综合分析。一般而言,下列因素不利于对申请人'受益所有人'身份的判定:……(二)申请人从事的经营活动不构成实质性经营活动。实质性经营活动包括具有实质性的制造、经销、管理等活动。申请人从事的经营活动是否具有实质性,应根据其实际履行的功能及承担的风险进行判定。……"

[2] 参见蔡伟年、邓依雯:"避税天堂修法:英属维尔京群岛和开曼群岛的经济实质探析",载《国际税收》2019年第6期。

现的行为、人员、财务状况及以上所有所反映的经济实质。[1]纳税人通过经济实质测试的前提是必须税收和经济实质并存,且二者应当相互匹配,无论只有税收还是只有经济实质都不能通过经济实质测试。[2]此外,我国还应当在国内法中规定其配套制度,对经济实质测试的判断思路、判断标准、相关后果、程序期限、操作步骤等事项进行详细规定。

五、主要目的测试与利益限制条款的协调

PPT 条款与 LOB 条款是共存于《BEPS 多边公约》相邻条目中的反滥用条款,二者存在诸多相似之处,均被用以应对择协避税。在某些情形中,LOB 条款比 PPT 条款更具有针对性。在 BEPS 第 6 项行动计划和《BEPS 多边公约》中,对 PPT 条款的定义均包含"虽有本协议中其他条款的规定"的表述,由此赋予了 PPT 条款独立于其他税收利益授予条款的地位,但此处的"其他条款"是否包括其他反滥用规则并不明确。为保证 PPT 条款与 LOB 条款的协调适用,应将此处的"其他条款"解释为其他反滥用规则之外的条款,即 PPT 条款与包括 LOB 条款在内的其他反滥用条款之间并不完全独立,而是可以交叉适用,这是二者得以协调适用的基础。

(一)两者并存的适用关系

在我国与各国签订的税收协定中,中国—智利税收协定同时适用 PPT 条款和 LOB 条款,并且我国已经采取 PPT 条款作为反协定滥用的最低标准和兜底条款,随着《BEPS 多边公约》的发展,将会有越来越多的税收协定中同时存在 PPT 条款和 LOB 条款,所以应解决二者的协调问题。

结合 2017 年 OECD《税收协定范本》,我国 PPT 条款和 LOB 条款的关系应当参照一般条款和特殊条款的关系,PPT 条款具有补充 LOB 条款的作用,且 PPT 条款不会限制 LOB 条款的适用。换言之,若符合 LOB 条款,应当优先适用 LOB 条款,因为 LOB 条款具有明确性、具体性、可操作性

---

[1] 参见李金艳、胡尚华:"一般反避税规则的趋同与差异:基于加拿大、澳大利亚和新西兰司法实践的分析",载《国际税收》2021 年第 2 期。

[2] 参见高阳、贾兰霞:"深入解读《一般反避税管理办法(试行)》——访国家税务总局国际税务司副司长王晓悦",载《国际税收》2015 年第 1 期。

更强的特点，可以指引税务机关进行明确判断；若税收协定滥用形式较为新颖，不在 LOB 条款射程内，LOB 条款无法对其进行规制，则应当适用 PPT 条款。

PPT 条款和 LOB 条款的结果并非必然相同，存在以下两种可能：(1) 被 LOB 条款否决的条款必然会被 PPT 条款否决。如果协定利益被 LOB 条款否决，意味着利益授予必然不符合协定的目的，也无法通过 PPT 条款测试，故被 LOB 条款否决的交易或安排必然会被 PPT 条款否决；(2) 被 PPT 条款否决的交易或安排条款可能未被 LOB 条款否决。LOB 条款规制范围有限，只能针对择协避税的协定滥用行为，对于非择协避税的滥用行为则无法规制。申言之，某一新型非择协避税行为可能通过 LOB 条款，此时 PPT 条款具有兜底性，其探究纳税人的本质目的，因而交易或安排可能通过 LOB 条款但被 PPT 条款否决。

总之，PPT 条款具有兜底性和概括性，在 PPT 条款和 LOB 条款并存时，应当作为反滥用的一般条款加以适用，当 LOB 条款可以规制时，优先适用 LOB 条款；当出现 LOB 条款无法规制的特殊滥用行为时，应当补充适用 PPT 条款，且两个条款的结果不必然相同或相反。

（二）两者未来的选择方向

我国在未来签订税收协定应当坚持和扩大对 PPT 条款的适用。目前，我国对 PPT 条款的适用程度远远不够。虽然随着《BEPS 多边公约》对我国生效，我国与一些国家的税收协定自动更新为 PPT 条款，但仍存在与未签订《BEPS 多边公约》国家的税收协定未及时调整。我国应及时在对外税收协定中引入 PPT 条款，使 PPT 条款得以普遍存在，成为税收协定中的默认条款。税收协定中均引入 PPT 反滥用条款，有助于改善对协定滥用管制不力的情况。

我国应当在反避税体系中优先适用 PPT 条款。目前，我国国内法的反滥用条款与 PPT 条款存在重合之处，但并不完全相同。PPT 条款是《BEPS 多边公约》选定的反滥用条款，已被世界各国所接纳、采用。若优先适用国内法的反滥用条款，会因国内法与 PPT 条款的表述及内容差异，造成我国的反避税体系与世界脱节，不利于我国对外开放的大局。因此，国内法的反滥用条款与 PPT 条款相比，应当优先适用 PPT 条款。

虽然LOB条款具有诸多优点，PPT条款与LOB条款的结合也将是世界各国反协定滥用的新趋势，但两者结合会对一国税收执法水平提出较高要求。BEPS行动计划赋予各国对反滥用条款的自由选择权，但我国全面适用LOB条款的条件并不成熟：一方面，详细版LOB条款具有冗余、繁琐的特性，导致纳税人和税务机关的执法成本巨大，只有美国适用了详细版LOB条款，我国目前尚不具备适用条件；另一方面，简化版LOB条款也需要各级税务机关进行学习，时间成本和学习成本也不低，且只能应对择协避税。比较而言，PPT条款不存在上述问题，我国国内法已有与PPT条款相似的条文，且《BEPS多边公约》的PPT条款已成为各国普遍认同的反滥用条款，PPT条款是当下成本最低、执法难度最低、收益最大的优先选择。长期而言，随着税务机关执法水平的逐步提高，可以将PPT条款和简化版LOB条款进行本土化调整后共同作为我国的默认反滥用条款。唯此，我国反滥用条款将兼具PPT条款适用的简易性、打击范围的全面性和LOB条款的确定性和客观性，又避免详细版LOB条款的冗余、繁杂的缺点，可以增加我国税收执法的可操作性，减小税务机关的压力，形成一套完整的反滥用体系。

第二节　利益限制条款

一、利益限制条款概述

（一）利益限制条款的概念

"利益"是指在税收协定中，缔约国通过协商让步，基于公平互惠原则互相授予的税收优惠，"利益限制"则是对获取税收利益而设置的一定条件。[1]利益限制条款（Limitation on Benefits Rule，LOB条款）是指为防止非缔约国居民择协避税侵害本国利益，缔约国在税收协定设置的主观或客观测试规则。申言之，LOB条款的设置主体是税收协定的缔约国，设置目的是防止非缔约国居民择协避税侵害本国利益，规制对象是试图获取协定利益的非缔约国居民，规制手段是设置一系列主观测试和客观测试（表

---

[1] 参见陈宇、郭海英："利益限制条款及其在我国税收协定中的应用"，载《国际税收》2021年第7期。

1-1),纳税人只有通过测试规则才能享受协定利益。

表 1-1　LOB 条款部分主要测试规则[1]

主观测试规则	客观测试规则
积极经营活动测试	合格居民测试
税务局裁量测试	公开公司测试
运营总部测试	所有权与税基侵蚀测试
LOB 条款(广义的 LOB 条款)	衍生利益测试

在 LOB 条款的各项测试中,表面上主客观测试数量相当,但在实践中客观测试数量较多,主观测试相对较少,反映了 LOB 条款在实践中以客观标准为主的独特性。这些测试既有独立性又具协调性,每条规则既可以在税收协定中独立使用,又可以在组合使用时相互配合、相互协调,构成一套连环的反择协避税组合拳,产生"1+1>2"的效果。世界各国在实际应用中往往根据自身国情和需求将这些测试搭配使用,且不会全部应用,从而将协定利益授予税收来源国的善意居民。LOB 条款设置重重门槛对意图享受税收协定优惠的纳税居民加以考验,只有真正在缔约国拥有经营实体的纳税人才能通过诸多测试,并最终享受税收协定利益。在这些测试中,PPT 条款有些特殊,一般被认为属于广义上的 LOB 条款,狭义上的 LOB 条款则不包括 PPT 条款,且将之视为独立条款,在此所述 LOB 条款是指狭义上的 LOB 条款。

(二)税收协定中利益限制条款与相关制度的关系

1. 与主要目的测试的关系

PPT 条款基于交易的主要目的来判断纳税人是否滥用协定,属于一般反滥用规则。PPT 条款和 LOB 条款不论在性质、优势、局限性和适用领域,还是在 BEPS 行动计划和我国应用中都有很大区别,但两者同作为规制税收协定滥用的反避税措施,具有使用目的、价值追求的一致性(参见

---

[1] 根据美国税收协定范本及其技术性解释、OECD 税收协定范本及其注释、BEPS 第 6 项行动计划中的利益限制条款内容整理归纳。

表 1-2)。PPT 条款和 LOB 条款各有所长，相互补充，共同为建设和谐有序、健康发展的国际税收秩序添砖加瓦。[1]

表 1-2　LOB 条款和 PPT 条款的关系[2]

	LOB 条款	PPT 条款
性质	特别反滥用措施	一般反滥用措施
优势	客观性强；明确性强；针对性强	覆盖面广；适用性强；易于理解
局限性	难以全面应对所有的税收协定滥用情形，不具有普适性；客观测试标准复杂晦涩，不利于纳税人和税务机关的理解适用	主观性强；确定性弱；针对性低；对税务机关能力要求高
适用领域	择协避税	综合兜底
BEPS 行动计划	建议使用	唯一可以满足最低标准的条款
我国协定应用	5 个包含独立 LOB 条款	9 个包含独立 PPT 条款
联系	二者同为防止税收协定滥用的反避税措施，一方面 PPT 条款是 LOB 条款的补充；另一方面，二者偏重不同，在适用中不具有必然的一致性，未通过 PPT 条款不一定通不过 LOB 条款	

关于 LOB 条款和 PPT 条款的关系，2017 年 OECD 税收协定范本及其注释明确指出，PPT 条款是 LOB 条款的补充，不会限制 LOB 条款的使用，即 LOB 条款作为特别反滥用措施具有优先性。但是，未通过 LOB 条款测试不一定通不过 PPT 条款，相反地，纳税人即使被认定为 LOB 条款中"合格的人"，也可能无法通过 PPT 条款。[3]总之，应当优先适用 LOB 条款或其他特别反避税方法，PPT 条款仅适用特别反避税条款适用效力以外

---

[1] 参见李皓兰："我国防止税收协定滥用的规则梳理与立法反思"，载《税务研究》2018 年第 8 期。

[2] 根据国家税务总局官方网站公布文本整理归纳。

[3] 参见李娜："《多边公约》的挑战：如何进行主要目的测试"，载《国际税收》2019 年第 10 期。

的其他行为，且只有 LOB 条款或其他特别反避税条款无法使用时，才适用 PPT 条款。

2. 与受益所有人规则的关系

2018 年国家税务总局发布的《关于税收协定中"受益所有人"有关问题的公告》指出，受益所有人是指对所得或所得据以产生的权利或财产具有所有权和支配权的人。受益所有人的认定与 LOB 条款的"合格的人"测试存在异曲同工之妙，但测试设置更为简洁，具有普遍性和适配性。在 2015 年中国—智利税收协定中，为判定是否应当授予"受益所有人"资格，两国综合运用了《BEPS 多边公约》的简化版 LOB 条款。[1] LOB 条款和 PPT 条款的原则、理念可以运用于受益所有人的认定，虽助于受益所有人规则的发展和革新，但也使三者在实践中的区分和协调更加难以捉摸。

（三）我国税收协定中的利益限制条款

截至 2022 年 5 月，我国已与 109 个国家（地区）签署了避免双重征税协定，其中与 102 个国家（地区）的协定已生效，但独立包含 LOB 条款的仅有 5 个，分别为 1984 年中美（美国）税收协定、2005 年中墨（墨西哥）税收协定、2013 年中厄（厄瓜多尔）税收协定、2014 年中俄（俄罗斯）税收协定和 2015 年中智（智利）税收协定（表 1-3）。[2]

表 1-3 中国税收协定中独立 LOB 条款的比较

	中美协定	中墨协定	中厄协定	中俄协定	中智协定
签订时间	1984	2005	2013	2014	2015
条款位置	议定书	议定书	协定正文	协定正文	协定正文
条款形式	补充规定	补充规定	单独条款	单独条款	单独条款

---

[1] 参见《中华人民共和国政府和智利共和国政府对所得避免双重征税和防止逃避税的协定》第 10、11、12 条关于股息、利息、特许权使用费的征税条款。

[2] 参见 http://www.chinatax.gov.cn/chinatax/n810341/n810770/common_list_ssty.html，最后访问日期：2022 年 4 月 20 日。

续表

	中美协定	中墨协定	中厄协定	中俄协定	中智协定
条款内容	采纳的测试仅包含合格居民测试、上市公司测试、所有权和税基侵蚀测试及PPT规则		细化上市公司测试；增加慈善机构或其他免税实体可以被授予协定利益的规定；调整所有权和税基侵蚀测试；增加积极贸易或商业测试和"不相称的所得份额"的规定；增加税务局裁量测试		取消所有权测试中的时间约束；恢复主管税务当局相互协商规定和PPT条款；新增对所得归属于第三国常设机构规定
	LOB条款仅适用于股息、利息和特许权使用费	LOB条款适用于全文			
参考范本	美国税收协定范本		OECD税收协定范本		BEPS第6项行动计划
条款特点	采纳的测试较少，且没有具体的标准阐述		更具体细致，增加客观性和完整性		内容更加丰富详细，具有进步意义

总之，我国税收协定的谈签显现出鲜明的时代性和国际性，不同时期的LOB条款具有不同特点，且与国际税收发展息息相关，反映对不同范本的参考。

1. 参考美国范本的利益限制条款

1984年中美税收协定未规定LOB条款，条款以补充规定形式写入议定书，[1]缔约国可以审查第三国企业是否以获取协定优惠为目的而成为缔约国一方居民，以决定是否给予其税收优惠。与美国税收协定范本相比，条款更加简单宽松。中美协定中反滥用条款能否有效制约第三国居民择协避税存在争议，[2]因为我国对外国投资者征收较高的所得税，并且对外资

---

[1] 《中华人民共和国政府和美利坚合众国政府关于对所得避免双重征税和防止偷漏税的协定的议定书》第7条规定："双方同意，如果第三国的公司主要为享受本协定优惠的目的而成为缔约国一方公民，缔约国双方主管当局可经协商，不给予本协定第九条、第十条和第十一条的优惠。"

[2] See Senate Executive Report No. 99-7 Income Tax Agreement (and protocol) With The Government of The People's Republic of China, December 11, 1985.

企业审批较为严格，第三国居民在我国设立不以实际经营为目的的企业困难重重，遑论实施择协避税获取协定利益。[1]在1985年中美议定书中，[2]中美双方对LOB条款的适用主体、范围和标准都进行了扩大（表1-4）。

表1-4 中美税收协定议定书中LOB条款的比较

	1984年中美第一次议定书	1985年中美第二次议定书
适用主体	企业	增加个人和其他实体
适用范围	股息、利息和特许权使用费	全部协定
适用标准	主观标准	客观标准

2005年中墨税收协定也是以补充规定形式将LOB条款写入议定书第6条，中墨协定中的LOB条款与中美协定几乎相同，仅在适用范围上存在差别，中墨协定将适用范围扩大至整个税收协定。[3]2007年国家税务总局发布了《关于中墨两国政府税收协定及其议定书若干条文解释的通知》（国税函〔2007〕131号），指导正确适用议定书第6条中的LOB条款。

两个协定虽然签订时间不同，但LOB条款的补充规定形式相同，且都参照美国范本，同时又结合时代背景和我国国情予以宽松化处理。但是，先导的尝试难免存在不足之处，采纳的测试较少，且没有具体的标准阐述，不能发挥LOB条款明确、客观的优势，具有时代局限性，后续以议定书或通知的形式予以补充和完善。

2. 参考OECD税收协定范本的利益限制条款

不同于中美协定和中墨协定采取的议定书补充形式，在参考OECD税

---

[1] 参见翁晓建："中美税收协定反滥用条款述评"，载《国际税收》1996年第7期。
[2] 1984年4月30日在北京签订的《中华人民共和国政府和美利坚合众国政府关于对所得避免双重征税和防止偷漏税的协定的议定书》规定，缔约国一方居民的人，除符合下列条件外，不得按本协定的规定在缔约国另一方享受协定优惠：（1）该人50%以上的受益权益（在公司的情况下，为公司每种股份数额50%以上）是由缔约国一方居民的个人、美国公民、在缔约国一方公开上市公司以及缔约国一方、其行政机构或地方当局；（2）针对股息、利息、特许权使用费这三类所得，直接或间接支付给（1）项所述以外的人的所得不超过总所得的50%；（3）若该人是缔约国一方居民公司，并且其主要种类股票经常在公认的证券交易所交易；（4）拒绝给予协定优惠待遇的决定需要缔约国双方主管当局相互协商方可做出。
[3] 参见《中华人民共和国政府和墨西哥合众国政府关于对所得避免双重征税和防止偷漏税的协定的议定书》。

收协定范本的基础上，2013年中厄协定和2014年中俄协定直接在正文中约定了独立的LOB条款，包含公开公司测试、积极经营活动测试、所有权和税基侵蚀测试和税务局裁量测试，测试尽量保持规则的详细具体，增加了LOB条款的客观性和完整性。中厄协定及相关文件，均明确了采纳LOB条款防止第三国居民择协避税的目的，[1]无独有偶，中俄协定同样明确了LOB条款主要目的是防止协定滥用，缔约国可以运用主客观测试，判定纳税人与居民国之间的实际关系，侧重于对协定税收优惠主体的资格进行测试。[2]

3. 参考BEPS行动计划的利益限制条款

2015年中智协定中的LOB条款以单独条款形式规定在协定正文中，与之前税收协定不同的是，中智协定借鉴了BEPS第6项行动计划中关于反滥用税收协定的经验，其中最鲜明的表现就是条款名称表述上的一致性，[3]但并非所有的条款都完全一致，部分条款的结构有所差别，例如，"合格的人"的范围不包含大多数协定中都存在的享受养老基金的人。在条款内容上，中智协定有所增删，一方面重新增加了税务主管部门相互协商的规定，以及新增了对所得归属于第三国常设机构的规定；[4]另一方面取消了所有权测试的时间约束，条款只采用了公开公司测试、税务局裁量条款和主观目的测试。

中智协定是我国最后签订的包含独立LOB条款的税收协定，也是BEPS行动计划后第一个对外双边税收协定，在借鉴BEPS行动计划第6项规定的同时，也有部分条款与之略有不同，比之前4个协定中的独立LOB条款更完善，也更符合我国需求，具有鲜明的时代特征和借鉴意义。但是，中智协定距今已过去7年，在这期间我国未再出现含有LOB条款的新

---

[1] 参见《中华人民共和国政府和厄瓜多尔共和国政府对所得避免双重征税和防止偷漏税的协定》。

[2] 参见《中华人民共和国政府和俄罗斯联邦政府对所得避免双重征税和防止偷漏税的协定》。

[3] 《中华人民共和国政府和智利共和国政府对所得避免双重征税和防止逃避税的协定》中的名称为"第26条——享受协定优惠"，BEPS第6项行动计划中"第X条"名称为"享受协定优惠"，二者保持一致。

[4] 参见陈宇、郭海英：《利益限制条款及其在我国税收协定中的应用》，载《国际税收》2021年第7期。

协定。

二、利益限制条款的BEPS行动计划与各国经验

（一）美国税收协定中的利益限制条款

1. 美国税收协定中利益限制条款的发展

美国第一个具有LOB条款性质的规定是1945年美英双边税收协定。在该协定中，美英双方认识到跨国经营活动可能存在避税行为，开始注重考察纳税居民主观目的。此条款在内容上与现今繁复严密的LOB条款相去甚远，更像PPT条款，对避税行为起到的规制效果非常有限。但是，这是LOB条款最早可以追溯的起源，吹响了世界各国反避税行动的号角，避税行为开始受到注意并被有意识地规制，对LOB条款及其进一步发展具有重大意义。LOB条款第一次正式写入税收协定范本，是在1977年美国制定的第一个税收协定范本中，在之后的40多年间，美国税收协定范本经历了1981年、1996年、2006年和2016年四次更新，每次都离不开对LOB条款的完善与发展，反映当时世界上LOB条款的最新进展。

2. 美国2006年和2016年税收协定范本中利益限制条款

美国2006年税收协定范本的LOB条款是第22条"利益限制"，共有五款，主要内容如下：第1款规定税收协定的基本原则，即"合格的人"方能享受协定利益；第2款规定合格居民测试，通过列举明确何为"合格的人"；第3款规定积极经营活动测试，这是对第2款的替代，纳税人为积极经营活动获得的所得可以获得协定利益；第4款规定税务局裁量测试，这是对前两款的补充，纳税人可以向一方缔约国税务主管部门申请税务局裁量，即使不是"合格的人"，或未能通过积极经营活动测试，也可能享受协定优惠；第5款阐明相关术语，诸如"被认可的证券交易所""主要管理和控制地"等的具体含义。为填补2006年税收协定范本的漏洞，防止税基侵蚀，美国2016年税收协定范本侧重从来源国角度打击择协避税，LOB条款诸项测试趋于严格，纳税人通过LOB条款的一系列测试变得更为艰难（表1-5）。

表 1-5　2016 年美国税收协定范本的 LOB 条款更新情况

		合格居民测试	积极经营活动测试	衍生利益测试	总部公司测试
条款位置		第 22 条第 2 款	第 23 条第 3 款	第 22 条第 4 款	第 22 条第 5 款
测试主体	自然人	√	√	×	×
	企业	√	√	√	√
	其他实体	√	√	×	×
适用范围		全部所得	全部所得	全部所得	股息、利息
更新性质		调整原有测试规则	调整原有测试规则	新增测试规则	新增测试规则

不论是 2006 年税收协定范本还是 2016 年税收协定范本的 LOB 条款都是当时世界最为先进的反避税措施之一，迥然于模糊不清的受益所有人规则和 PPT 条款，尤其在 2016 美国税收协定范本中，针对 2006 年税收协定范本的 LOB 条款的不足，不仅加强了合格居民测试和积极经营活动测试，改革了所有权和税基侵蚀测试，还新增了更为包容、完善的衍生利益测试和总部公司测试：（1）强化了积极经营活动测试，"从来源国获取的所得与该项营业活动有关或附属于该营业活动"改为"从来源国获取的所得来自该营业活动或附属于该营业活动"，要求经营活动更具实质性；（2）更新了所有权和税基侵蚀测试，此项测试被提升至基础性、全局性的地位，欲通过其他测试均须先满足此项测试的要求，并且在增加了对接收方限制的同时，还扩大了测试主体的范围，提出了"被测试集团"的概念；（3）引入了衍生利益测试，测试首次见于范本，是本次更新的创新点之一，适用对象专门针对公司，适用范围为全部所得；（4）新设了总部公司测试，制定了 6 条详细标准，以判定纳税居民是否具有实质居民身份，但与其他测试不同，此测试的适用范围仅限于纳税人的股息、利息所得，一旦通过测试成为总部公司即可享有协定优惠，因而与前三项测试不同，以适当宽松化降低获取协定优惠的条件，体现了 2016 年税收协定范本对 2006 年税收协定范本更新的张弛有度，具有先进意义。

2. 对美国税收协定中利益限制条款的评析

美国是 LOB 条款的诞生地，并在其数十年的发展中一直扮演着先驱者的角色。自1989年美德协定后，美国与其他国家签订的税收协定大多数含有此条款。在美国的推动和影响下，LOB条款趋于完善，影响力也越来越大，OECD税收协定各个范本和各国税收协定中的LOB条款基本上以美国税收协定范本的LOB条款为基础。美国对LOB条款的开拓与创新主要归因于其是第二次世界大战后世界上最发达的国家之一，发达的国际经济活动催生了大量的避税行为，美国因此具有远超他国的强烈反避税需求，美国高效的税务机关和完善的税收制度也为LOB条款的成功应用乃至进一步发展提供了保障。但是，美国税收协定范本的LOB条款也引发了与欧盟的不协调性、影响吸引外资阻碍经济社会发展和实际执行时影响税务机关的效率等争议。

（二）OECD税收协定范本中的利益限制条款

1. OECD税收协定范本中利益限制条款的发展

2003年OECD税收协定范本的注释中第一次提到了LOB条款，条款的主要目的是解释受益所有人规则的某些情形，主要参考美国税收协定范本的LOB条款和英国实践中的PPT条款。2015年BEPS第6项行动计划防止协定优惠的不当授予向全世界推荐了LOB条款，建议OECD税收协定范本采纳LOB条款以打击滥用税收行为。2017年，OECD对税收协定范本进行更新，吸收了近些年LOB条款的发展成果，第一次将LOB条款纳入税收协定范本的正文，可以预见，在OECD的推动下，越来越多的税收协定将规定此条款。

2. BEPS第6项行动计划与2017年范本的利益限制条款

BEPS第6项行动计划参考2006年美国税收协定范本最新发展成果的同时，也充分考虑了各国的不同需求，主要内容分为借鉴美国经验的"详细版"和普适性更强的"简化版"两个版本，主要采纳了所有权和税基侵蚀测试、积极经营活动测试、衍生利益测试等，具言之：第1款规定当缔约国一方居民不满足第2款规定的"合格的人"的情形时，将否定授予其协定优惠；第2款以列举方式明确何为"合格的人"，具体包括个人（合格居民测试）、特定上市公司及其附属机构（公开公司测试）、达到特定所有权要求的其他机构（所有权和税基侵蚀测试）等；第3款规定积极经营活动测试，纳税人收入若是被认定为积极经营活动所得，即便不符合"合格的人",还是能够获得协定利益;第4款规定衍生利益测试,同等受益人若是直接或间接享有纳税人一定比例受益权(≥75%),即便不符合"合格的人",此纳税人仍可以获得协定利益;第5款规定自由裁量测试,缔约国税务主管部门可以自由裁量是否授予不符合上述要求的纳税人以协定优惠;第6款规定相关术语和定义。

此外,BEPS第6项行动计划为缔约国提供了三种方案,缔约国须根据自身情况自主选择其一,以满足OECD最低标准的要求(表1-6):

表1-6 满足OECD最低标准的三种选择方案

	PPT条款	LOB条款	特定反导管规则
方案一	√	×	×
方案二	√	√	×
方案三	×		√

2017年OECD税收协定范本与BEPS第6项行动计划一脉相承,同时参考了美国2016年税收协定范本,单列第29条规定了LOB条款,在架构上也继承了BEPS第6项行动计划中独创的两个版本,即"简化版"和"详细版":简化版LOB条款清晰易懂但不够准确有力,适合有意采纳LOB条款的国家在起步阶段使用;详细版LOB条款全面具体但晦涩复杂,适合在LOB条款使用上已有经验和能力的国家在成熟阶段采用。除了设置两个版本,OECD还给予了缔约国广泛的选择权,可以自主选用测试内容,从而增强了LOB条款的灵活性和普适性,有利于其被更多国家所接受。

3. 对OECD税收协定范本中利益限制条款的评析

与美国相比,OECD对LOB条款的态度较为谨慎,这与反择协避税的紧迫性、国家与国际组织的不同特点有关。作为一个统一的国家,美国各地利益需求一致,令行禁止,LOB条款能够得到广泛应用和高效执行。OECD是一个多国组成的国际组织,组织结构松散且复杂,各方面利益协调难度呈几何型上升,只能以建议、倡议形式推动条款的适用。换言之,美国税收协定的LOB条款类似于"硬法",而OECD税收协定范本的类似于"软法",以致OECD税收协定范本的LOB条款发展缓慢,需要层层铺垫、多方妥协,先以注释引入,再以BEPS行动计划试水,最终方能纳入正式范本。随着经济全球化，跨国经营活动频繁，客观环境发生巨变，各国纷纷意识到了择协避税的巨大危害，就 LOB 条款的积极作用达成了共识。

OECD 税收协定范本与美国税收协定的 LOB 条款在内容上存在较大差异。OECD 税收协定范本虽然参考了美国税收协定的 LOB 条款，并将其大部分内容纳入详细版 LOB 条款，但也根据实际情况做出了调整，最明显的就是规定详细版和简化版 LOB 条款两个版本。OECD 的双版本方案避免了过于严格且单一的规定，不是仅针对某一国家（地区）的情况，而是在为更多国家提供指导。[1] OECD 既希望推动各国在税收协定中采用 LOB 条款，又担心条款太过复杂，于是选择了折中之法。这与 OECD 税收协定范本中 LOB 条款前期的缓慢发展具有相同的内在逻辑，各国国情迥异，不能一概而论，条款适用需要一个过渡期。从 PPT 条款到简化版 LOB 条款、再至详细版 LOB 条款，这是客观规律所决定的，既不能一蹴而就，也不能停滞不前。自 OECD 倡导 LOB 条款以来，很多国家对之前签订的税收协定加以修改，并且新签订的协定也开始引入反滥用条款。但是，在措施选择上，OECD 建议的 LOB 条款却不受青睐，大部分国家仍采取 PPT 条款。[2]

作为新生事物，LOB 条款的发展不是也不可能一帆风顺，其在逐渐完善的同时也饱经争议，争议纷乱多样但最主要集中在两个方面：一方面是简化版 LOB 条款增强条款的普适性，使之为更多国家所接受，但简化了的 LOB 条款核心内容杂糅了 PPT 条款的部分特性，人为地牺牲了条款的确定性，存在舍本逐末之嫌，这方面争议以美国为代表，直击了 LOB 条款内容上的痛点；另一方面是 LOB 条款适用中的"水土不服"问题，例如，与欧盟法资本自由流动原则的冲突，又如妨碍发展中国家吸引跨国投资，与其国内法的立法原则和精神"不相容"，这方面争议则直击了 LOB 条款适用上的痛点。

（三）因应 BEPS 行动计划的利益限制条款发展

1. 各国对《BEPS 多边公约》中利益限制条款的落实

BEPS 行动计划推动了各国税收交流与合作的深入，希望共同努力形

---

[1] 参见陈宇、郭海英："利益限制条款及其在我国税收协定中的应用"，载《国际税收》2021 年第 7 期。

[2] 参见国家税务总局科研所课题组："BEPS 行动计划：世界主要国家采取的措施和中国立场"，载《税务研究》2016 年第 12 期。

成国际税收的新秩序。2017年《BEPS多边公约》中LOB条款的横空出世，不仅具有内容上的创新，在形式上也具有里程碑式的意义。在此之前，国与国之间的税收关系多以双边税收协定形式来协调，公约作为多边文件，打破了这种传统，给各国提供了一种新型税收关系模式。作为BEPS行动计划的落实成果，从双边到多边的跨越也意味着BEPS行动计划的圆满成功。各国对LOB条款的使用存在着不同态度，就一些发达国家和发展中国家的实践而言，此条款的发展并未如想象中那般顺利。

大多数发展中国家对LOB条款持保守和谨慎的态度。文莱、柬埔寨等发展中国家的国际经济往来有限，且无完善的税收政策和制度，打击择协避税的需求远小于吸引外资发展自身经济，所以对LOB条款的倡议可谓"无动于衷"。[1]巴西仅在与美国的税收协定中采用了LOB条款，在与俄罗斯、秘鲁、以色列、墨西哥、委内瑞拉签订的税收协定中仅采取了LOB条款的部分简单内容，即所有权测试和税务局裁量测试。印度曾经出于吸引外国投资的目的，选择容忍择协避税，但其与毛里求斯1982年签署的双边税收协定变成许多非缔约国居民的避税工具，造成印度的巨大损失。[2]印度因此改变了以前的态度，在2016年修订与毛里求斯的税收协定，加入了PPT条款和简化版LOB条款。我国选择通过PPT条款来处理税收协定滥用问题，与参与《BEPS多边公约》的大多数国家的选择保持一致。

大部分发达国家也倾向于采用PPT条款，仅美国主张使用LOB条款，作为LOB条款的发源地和发展者，其对条款的应用非常广泛，并见于大部分正式税收协定中。法国等大部分欧盟国家以单独PPT条款落实最低标准，并且将其作为常设规则，只有波兰将PPT条款作为临时措施适用。斯洛伐克、保加利亚两国则采用简化版LOB条款。此外，爱沙尼亚对此并未表明态度。加拿大目前也采用PPT条款，但表明具有暂时性和过渡性，将在今后以LOB条款补充使用，甚至直接取代PPT条款，但鉴于LOB条款对美国的特殊意义，加美税收协定采用的是LOB条款。澳大利亚在与不同

---

[1] 参见中国国际税收研究会编：《中国开放型经济税收发展研究报告（2017年度）——全球合作应对BEPS背景下中国企业"走出去"税收问题研究》，中国税务出版社2018年版，第135页。

[2] 2003年印度最高法院在"阿萨迪·巴乔·安道兰案"中，选择忽视纳税人的主要目的——利用税收协定避税，支持投资者利用印度与毛里求斯之间的双边税收协定进行择协避税的做法。

国家签署的税收协定中对反协定滥用条款的选择和应用呈现极大的灵活性：大部分协定采用了 PPT 条款，但对 PPT 条款的运用并不统一，PPT 条款的内容和范围可能相去甚远；PPT 条款+简化版 LOB 条款的形式见于澳智（智利）税收协定、澳日（日本）协定和澳德（德国）协定；详细版 LOB 条款则限于与美国的税收协定。由此可见，加拿大和澳大利亚与美国的税收协定中使用详细版 LOB 条款，并非两个国家的本意，乃是在美国一贯坚持下的妥协而已。

总之，大部分国家对新生的 LOB 条款持谨慎态度，仅美国一如既往地坚持使用 LOB 条款，乃至影响个别国家与美国谈签协定的政策选择，但影响范围极为有限。

2. 对各国落实利益限制条款情况的评析

各国对于《BEPS 多边公约》中 LOB 条款的落实，存在以下特点：(1) LOB 条款在实际应用中遇冷。虽然 BEPS 第 6 项行动计划和《BEPS 多边公约》强烈推荐 LOB 条款，但 LOB 条款未引起大部分国家的兴趣：一方面，这与 LOB 条款的内在缺陷有关，例如规制范围有限、执行成本过高等；另一方面，也与各国实际需求和执行能力的匹配度有关，众多国家对反择协避税的需求并不强烈，即便存在需求，内容简单、适用性强的 PPT 条款也足以满足，而且还符合 BEPS 行动计划的最低标准，可谓一举两得。由于 LOB 条款多处于起步阶段，复杂的测试使大部分国家望而却步。若对 LOB 条款理解不透彻或者执行不到位，一着不慎反而会取得反效果，LOB 条款适用因而费力不讨好。(2) PPT 条款已经成为主流选择。与 LOB 条款不同的是，PPT 条款作为一般性反滥用措施，应用范围广、执行成本低、内容简便易懂，适合大多数国家采用，加之《BEPS 多边公约》明确指出 PPT 条款是唯一可以满足最低标准的条款，对其在世界范围内的应用和推广起到重要作用。(3) LOB 条款仍有被广泛应用的前景。LOB 条款的作用和价值尚未得到普遍认识、认可，除了美国出于自身需求自发使用以外，其他国家基本是在 OECD 或者美国推动下被动地了解和接受。有关国家未真正理解 LOB 条款的内涵，以致实际应用中困难重重，对于经验不足或执行能力不足的国家并不是最好的选择。但是，LOB 条款是打击择协避税的有力工具，且其背后的法律本质对当今世界范围内反避税的意义深远。各国正处于不成熟的探索阶段，PPT 条款具有过渡性和兜底性，待时机成熟，将会有更多的国家逐步过渡到 LOB 条款。随着 LOB 条款的未来发展，若能克服自身内在缺陷，仍拥有广泛的应用前景。

三、利益限制条款的主客观测试

LOB 条款的应用可以分为客观测试和主观测试两大类。客观测试侧重检验居民的客观实际情况，主观测试则重视检验居民的主观动机。我国现有 5 个包含独立 LOB 条款的税收协定存在客观测试简单、主观测试模糊的问题：在客观测试方面，中美、中墨税收协定的 LOB 条款表述较为简洁，后续的中厄、中俄税收协定则能发现我国在 LOB 条款适用上的明显进步，但最近的中智税收协定却反而退回到初始水平，即客观测试在我国税收协定中没有进一步发展；在主观测试方面，由于与 PPT 条款边界模糊不清，作用重合，中美、中墨和中智税收协定采用的是 PPT 条款，未体现对 LOB 条款中主观测试的使用，只有中厄、中俄税收协定采用了主观测试，包括积极经营活动测试和税务局裁量测试，但不够详细具体，难以发挥 LOB 条款的作用。[1]

我国双边税收协定较为忽视对客观测试规则的使用，过于依赖主观测试，且条款规定相对简单，文本规则不够详细、完整。主观测试的优势在于其覆盖面广，一般可以涵盖择协避税的所有情况，但不确定性较高，对税务机关的要求也较高。过度依赖主观测试给税务机关带来了沉重的负担，主观自由裁量的不确定性和不可预测性也会降低纳税人的投资意愿。主观测试依赖于税务机关的资源、经验和能力，作为发展中国家，我国与发达国家相比存在着劣势和不足。若过度依赖主观测试，则会形成税务机关对居民主观动机判断的误差。客观测试因为采取更加客观的规则，具有更强的可操作性，标准的确定也让纳税人更有预见性，有利于提升其投资的意愿，达到吸引外资的效果。因此，我国应在税收协定增加客观测试，以避免对一般反滥用措施的过于依赖。

目前，我国并未采用 LOB 条款的一些普遍性测试，且各项测试表述较

---

〔1〕参见陈宇、郭海英："利益限制条款及其在我国税收协定中的应用"，载《国际税收》2021 年第 7 期。

为笼统，未来采用主观测试规则与客观测试规则相结合使用的模式：一方面符合《BEPS多边公约》的最低标准，承担了缔约国责任；另一方面客观测试规定较为详细和具体，通常针对某类避税行为，无法识别特殊情况，对于日新月异的避税行为具有一定的局限性和滞后性，而主观测试足以涵盖所有情形，与客观测试互补，发挥兜底作用，税务机关可以具体案件具体分析，充分行使自由裁量权。在我国包含独立LOB条款的双边税收协定中，中厄协定和中俄协定的LOB条款规定最为详细，可以此为基础并借鉴美国税收协定范本、OECD税收协定范本和BEPS行动计划的LOB条款最新成果进行修订补充，例如增加总部公司测试和衍生利益测试等客观测试规则和税务局裁量测试、积极贸易或商业测试等主观测试规则。

四、利益限制条款的配套制度

LOB条款以其客观性和针对性著称，面对多样的择协避税问题难免趋于复杂化，在应用中亟需详细地说明以提供正确指导。[1]OECD和美国不约而同地在注释或技术解释中对LOB条款进行了详细说明，便于纳税人和税务机关在实践中理解运用LOB条款的各项测试，以发挥LOB条款应具有的确定性作用。我国税收协定的LOB条款分别借鉴了美国税收协定范本、OECD税收协定范本和BEPS行动计划，还没有制定用于我国的更具体、更有应用性的标准，这不能适配我国需求。对于条款的解释，我国还没有独立的注释文本或者技术性的解释，国家税务总局仅在官网上发布对一些条款的解读，此种条款解读缺乏法律效力，适用范围有限，尚不能展现我国的税收政策和特殊需求。

目前，我国主要使用OECD或美国税收协定范本及其注释，还没有发布税收协定范本及技术性解释的中国版本，即我国缺乏一个文本和解释来体现中国对外税收协定谈判的特殊需要。技术性解释有助于简化税收协定的谈判过程，为双方提供明确的指导，增强优惠待遇的可预测性和确定性，缓解税务机关的反避税压力。各国对税收协定滥用存在不同的理解，税收协定也没有界定何为"择协避税"，因此我国有必要阐明对税收协定

---

[1] 参见徐劲："美国国际税收改革及其借鉴"，载《税收经济研究》2011年第2期。

滥用的理解，方便实践应用。我国可以参照美国和 OECD 税收协定范本的技术性解释或注释，编写解释性文件，明确 LOB 条款的复杂术语、适用情形，详细说明各项测试，进一步完善适用标准。

我国可以拟定两套税收协定范本以供选择，即"协议必须添加的测试"和"根据各方意愿可选的测试"，方便在实践中灵活使用。世界各国的经济社会发展水平和税收政策千差万别，尤其发达国家与发展中国家的情况迥异，我国反避税政策应当反映我国对与不同国家缔结协定的区别态度：与发达国家缔约时，大多要求限制对来源国的征税的范围，我国主要作为东道国加以尊重；与发展中国家缔约时，中国主要作为居民国也会尊重其不同需求。因此，我国制定范本和解释时也应考虑到缔约对象的不同情况，拟定两套税收协定范本，对同一问题灵活处理，在维护我国税收利益的同时，也满足我国和缔约方的需求。

第三节 受益所有人认定

一、受益所有人认定概述

（一）域外受益所有人认定的法制发展

在各国签订的税收协定中，逐渐出现了"受益所有人"这一法律术语，以规制相关主体对税收协定的滥用，实践中涉及受益所有人规则的案件也不断增多。

受益所有人源于英美法的衡平法，衍化于英美法的信托法。在英国封建时代信托制度中，因涉及委托人、受托人和受益人等三大信托法律主体，"物权所有人"与"受益所有人"的一致性被打破。简言之，信托受托人对他人的财产享有占有、管理的权利，但收益则由信托受益人享有。随着国际税收实践的不断积累与发展，受益所有人不再局限于信托法，逐步拓展到国际税法领域，出现在税收协定中。受益所有人第一次在国际税法中的应用是 1945 年英美税收协定，20 世纪中后期英美法系国家开始在税收协定中广泛应用受益所有人规则。1977 年 OECD 税收协定范本正式提出受益所有人的概念，并被规定在范本第 10、11、12 条，以打击滥用税收协定的行为。[1]但是，1977年OECD税收协定范本仅以文本表述方式列举了不是受益所有人的情形，没有直接对受益所有人加以定义。

受益所有人规则在税收协定中不断演进。以OECD税收协定范本为例，2003年OECD税收协定范本第10、11、12条，就受益所有人的股息收入征税进行了进一步解释。2010年OECD税收协定范本特别规定集合资产投资工具的管理人能否被视为受益所有人。OECD还尝试在2011年讨论稿中，明确划定受益所有人的具体内涵。2017年OECD税收协定范本则删除了受益所有人不是合伙企业的要求。OECD税收协定范本对受益所有人的修订、解释，往往随之涵射到各国受益所有人规则的国内立法。

（二）我国受益所有人认定的法制发展

我国税法中受益所有人规则的立法实践，是一个动态推进的法治进程。在我国，关于受益所有人的概念肇始于2009年国家税务总局发布的《关于如何理解和认定税收协定中"受益所有人"的通知》（国税函〔2009〕601号，以下简称601号文），601号文从正面界定了受益所有人的概念，并明确列举了申请人身份判定的不利因素。2012年国家税务总局又出台了《关于认定税收协定中"受益所有人"的公告》（国家税务总局公告2012年第30号），对601号文内容予以"适用要求与解读"。为执行《内地和香港特别行政区关于对所得避免双重征税和防止偷漏税的安排》，2013年国家税务总局发布《关于湖北等省市国家税务局执行内地与香港税收安排股息条款涉及受益所有人案例的处理意见》（税总函〔2013〕165号，以下简称165号文）回复了辽宁、河南、海南等省税务局的问题，对内地和香港税收安排下的受益所有人资格予以明确。国家税务总局在2015年进一步整合和修订受益所有人认定的规范性法律文件，并于2018年出台《关于税收协定中"受益所有人"有关问题的公告》（国家税务总局公告2018年第9号），同时国家税务总局就公告的出台背景、内容解读、案例说明等发布解读文件。总之，我国受益所有人规则的立法是一个不断完善的动态过程（表1-7）。

---

[1] 参见傅宏宇、张秀："'受益所有人'概念的引入及适用"，载《财务与会计》2016年第7期。

表 1-7 我国税法中受益所有人的立法进程

文　件	概念界定	核心内容
国税函〔2009〕601号文	"受益所有人"是指对所得或所得据以产生的权利或财产具有所得权和支配权的人。但"受益所有人"一般从事实质性的经营活动，可以是个人、企业或其他任何团体。代理人、导管企业等不属于"受益所有人"	按照"实质重于形式"的原则，结合具体案例的实际情况进行分析和判定，具体列举了7项不利因素判断的标准，以此对申请人的受益所有人身份加以认定
国家税务总局公告〔2012〕第30号	无	细化601号文，提出股息的安全港规则，并在程序上进一步规范601号文执行，例如省级税务机关享有批准受益所有人资质的权限
税总函〔2013〕165号	无	对内地/香港税收安排下的受益所有人资格进行明确，相对于601号文件和第30号公告，更加有利于香港居民企业享受作为受益所有人在内地/香港税收安排中的优惠待遇
国家税务总局公告〔2018〕第9号	"受益所有人"是指对所得或所得据以产生的权利或财产具有所有权和支配权的人	修改601号文件第2条第1、2项不利因素，并删除第3、4项因素，并要求结合具体案例的实际情况进行综合分析，按照5项不利因素对申请人的受益所有人身份予以认定

我国主要应用安全港规则、不利因素测试及衍生优惠测试三大规则进行税收协定中受益所有人的身份判定。

1. 安全港规则

安全港规则，即股息的安全港规则，在我国首次出现在2012年《关于认定税收协定中"受益所有人"的公告》中，其第 3 条规定："申请享受协定待遇的缔约对方居民（以下简称"申请人"）从中国取得的所得为股息的，如果其为在缔约对方上市的公司，或者其被同样为缔约对方居民且在缔约对方上市的公司 100% 直接或间接拥有（不含通过不属于中国居民或缔约对方居民的第三方国家或地区居民企业间接持有股份的情形），且该股息是来自上市公司所持有的股份的所得，可直接认定申请人的受益所有人身份。"相关内容被《关于税收协定中"受益所有人"有关问题的公告》予以进一步完善。依据安全港规则，缔约国居民从中国取得的所得为股息，且缔约对方上市公司须享有 100% 控股权。《关于税收协定中"受益所有人"有关问题的公告》对安全港规则的适用范围进行了扩大，享有协定优惠权利的主体包含缔约对方居民、缔约对方上市公司、缔约对方政府，申请人须满足上述要求，或者被上述主体通过中间层直接或间接控股100%，这个中间层必须为缔约对方居民企业，可以直接被认定为受益所有人身份，不需要考虑其他不利因素（图1-2）。

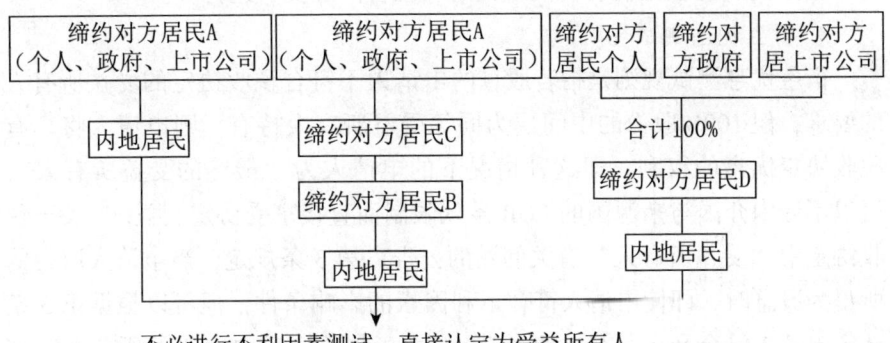

图 1-2 我国安全港规则的示意图

2. 不利因素测试

判定税收协定缔约对方申请人享有受益所有人身份，应当根据规范性文件所列举的因素，尤其是不利因素，并结合具体情况予以综合分析。《关于税收协定中"受益所有人"有关问题的公告》列举了五项不利因素：（1）申请人有义务在收到所得的 12 个月内将所得的 50% 以上支付给第三国（地区）居民，"有义务"包括约定义务和虽未约定义务但已形成支付事实的情形。(2) 申请人从事的经营活动不构成实质性经营活动。实质性经营活动包括具有实质性的制造、经销、管理等活动。申请人从事的经营活动是否具有实质性，应根据其实际履行的功能及承担的风险进行判定。(3) 缔约对方国家（地区）对有关所得不征税或免税，或征税但实际税率极低。(4) 在利息据以产生和支付的贷款合同之外，存在债权人与第三人之间在数额、利率和签订时间等方面相近的其他贷款或存款合同。(5) 在特许权使用费据以产生和支付的版权、专利、技术等使用权转让合同之外，存在申请人与第三人之间在有关版权、专利、技术等的使用权或所有权方面的转让合同。

根据各项因素判定"受益所有人"身份时，可区分不同所得类型通过公司章程、公司财务报表、资金流向记录、董事会会议记录、董事会决议、人力和物力配备情况、相关费用支出、职能和风险承担情况、贷款合同、特许权使用合同或转让合同、专利注册证书、版权所属证明等资料进行综合分析，其中判断是否为该公告第6条规定的"代理人代为收取所得"情形时，应根据代理合同或指定收款合同等资料进行分析。

3. 衍生优惠测试规则

衍生优惠测试规则是指若股息的申请人不符合税收协定的受益所有人的要求，但100%股份的中间层为同等受益所有人持有，则申请人将享有税收协定优惠的权利，即这种情况下的申请人为"最终的受益所有人"，可以不受中介国与来源国的LOB条款限制而直接享受协定利益。《关于税收协定中"受益所有人"有关问题的公告》第3条规定，当申请人取得的所得为股息时，即使申请人符合不利因素的影响条件，但可以根据第3条认定申请人符合受益所有人的身份。《关于税收协定中"受益所有人"有关问题的公告》第3条列举了衍生优惠测试的两种情形：(1) 符合"受益所有人"条件的人为申请人所属居民国居民；(2) 符合"受益所有人"条件的人虽然不是申请人所属居民国居民，但该人和间接持有股份情形下的中间层均为符合条件的人（图1-3）。

第一章 税收协定滥用的反避税规则

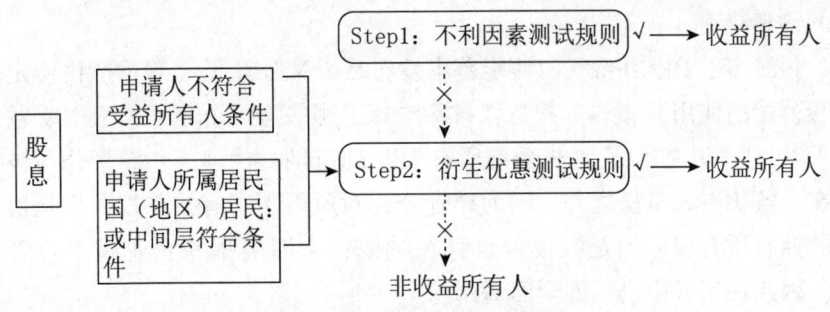

图1-3 衍生优惠测试规则

依据《关于税收协定中"受益所有人"有关问题的公告》第3条规定的衍生优惠测试，股息申请人不能直接判定申请人为"受益所有人"，则应根据公告第2条所列因素对直接或间接持有申请人100%股份的人是否具有"受益所有人"身份进行综合分析，其中100%持股标准，高于OECD税收协定范本的持股比例。

二、受益所有人认定的国际经验

（一）国际规则中受益所有人认定

1. OECD税收协定范本关于受益所有人的认定

随着双边、多边税收协定的缔结与实施，如何避免税收协定滥用逐渐受到重视。OECD税收协定范本关于受益所有人规则的规定处于世界前沿，对于各国签订税收协定发挥重要的指导作用。[1]

1963年，国际社会希望通过一个国际性文件来约束受益所有人滥用的问题，其中当时OECD税收协定范本第10、11、12条被认为存在漏洞，若税收协定缔约国一方居民的委托人、代理人不是实质上的受益人，仅是形式上的利益方，则享受的税收协定优惠待遇，应当属于滥用税收协定。

1977年，OECD在税收协定范本中引入受益所有人规则，在股息、利息、特许权使用费中规定受益所有人规则，即支付一方与所得利益一方的之间存在中间层，中间层不符合受益所有人的身份标准，不应享受税收协

---

[1] 参见刘剑文："《中德税收协定》的现状与发展趋势"，载《现代法学》2012年第2期。

定的优惠待遇。

1986年，OECD继税收协定范本发布后，又公开了《双重征税协定和导管公司的使用》报告。报告以排除法规定哪些跨国企业不属于"受益所有人"，进一步扩大了"非受益所有人"的范围，代理人、导管公司被排除在受益所有人身份之外，因为导管公司对所得不享有控制权，只是形式上的拥有所有权。但是，报告也存在缺陷，未明确哪些企业属于导管公司，因此在实践中仍不能全面适用。

2003年，OECD重修了税收协定范本中受益所有人规则，沿用《双重征税协定和导管公司的使用》的观点，认为导管公司不属于受益所有人。2003年OECD税收协定范本主要运用实质重于形式原则，认为判断所得不能片面地认定，不能基于受益方可以直接取得股息，就认为其应当享有税收优惠待遇，应当从实质上予以综合考量，正确分析税收协定的宗旨和目的，联系协定规则的上下文含义。

2011年，OECD为进一步完善受益所有人规则，发布讨论稿，主要指出以下三个问题：（1）解释受益所有人应当联系上下文，不能仅从一国国内法角度考虑；（2）导管公司等中间机构收到所得后，将所得转给最终的受益人，所以不属于受益所有人；（3）受益所有人认定不仅涉及国际税法，在反洗钱法、信托法中也经常出现，不同的法律规定存在差异，应当具体问题具体分析。

2012年，OECD又发布讨论稿，首次提出受益所有人隶属国际税法而不是国内法的观点，主张受益所有人规则应与国内法保持距离，从而更好地与国际接轨。

2014年OECD税收协定范本未增加新的内容，2017年OECD税收协定范本针对导管公司避税引入了一般反避税的PPT条款和特殊反避税的LOB条款，同时对第10条股息条款第2款第a项做细小修订，删除了受益所有人不是合伙企业的要求。

2.《BEPS多边公约》关于受益所有人的认定

BEPS第6项行动计划防止协定优惠的不当授予中包括受益所有人规则的规定，而《BEPS多边公约》是BEPS行动计划的重要成果，旨在以多边方式同步修订数千个现有的税收协定,〔1〕其中第 6 项行动计划属于最低标准。目前,公约的部分要求已经转化为各国国内税法,或在最新的税收协定中加以落实,其中作为一般反避税原则的 PPT 条款成为兜底性存在,而受益所有人规则进一步客观化,并且范围逐步扩大,除了打击导管公司等中间层享受协定优惠待遇外,逐步被应用于其他复杂化的协定滥用。

3. 《FATF 建议》关于受益所有人的认定

OECD 税收协定范本、《BEPS 多边公约》都以打击择协避税为目的,从国际税法角度规定受益所有人规则,但受益所有人不是国际税法领域的独有概念,反洗钱领域也存在"受益所有人"的定义。反洗钱金融行动特别工作组(Financial Action Task Force on Money Laundering,FATF)的《FATF 建议》将受益所有人定义为,"最终拥有或控制所发生交易实际利益的自然人,以及对法人或法律安排具有实际控制力的人员"。依据 FATF 的定义,在反洗钱和国际税法中的受益所有人有所区别,例如,国际税法中的受益所有人既可以是自然人,也可以是跨国企业,但反洗钱中受益所有人仅指自然人,不包括公司等实体。〔2〕

FATF 在区分法人基本所有权和受益所有权信息的基础上,要求成员方确保反洗钱主管部门、金融机构和特定非金融行业能够及时、完整、准确地获取法人受益所有人和实际控制人信息,并就受益所有人信息开展国际合作。〔3〕我国也先后出台了受益所有人身份识别的相关文件。2017 年中国人民银行发布《关于加强反洗钱客户身份识别有关工作的通知》(银发〔2017〕235 号),第一次在国内反洗钱规范性文件中提出受益所有人的概念,要求进一步提高受益所有人信息透明度,降低了组合股权架构进行洗钱的可能性。2018 年中国人民银行为了完善受益所有人的范围、认定标准、身份获取等信息,又发布了《关于进一步做好受益所有人身份识别工作有关问题的通知》(银发〔2018〕164 号),我国反洗钱的受益所有人身

---

〔1〕 参见吴仪:"《BEPS 多边公约》的适用机制及对中外双边税收协定的影响",载《国际经济法学刊》2021 年第 4 期。

〔2〕 参见陈孜佳:"法人和法律安排的受益所有权透明度问题初探",载《国际税收》2018 年第 2 期。

〔3〕 参见田娟、牛珊珊:"受益所有人身份识别的国际经验",载《中国金融》2020 年第 9 期。

份识别工作步入正轨。

(二) 受益所有人认定的各国经验

受益所有人的认定在国际税法上是一大难题，也使各国税收实践产生了大量的不确定性。[1]

1. 受益所有人认定的美国经验

1971年Aiken案是美国认定税收协定受益所有人身份的经典案例。[2] Aiken公司是一家注册于美国的公司，其拥有M公司100%股份。E公司是一家注册于巴哈马的公司，其拥有Aiken公司99.99%股份，同时E公司还拥有注册于厄瓜多尔的C公司100%股份，即C公司是E公司的全资子公司，C公司又100%控股注册于洪都拉斯的I公司，即I公司是E公司的全资孙公司。1963年M公司向E公司发行20年期融资债券，共计225万美元，因此M公司每年会向E公司支付利息，美国税务机关对此笔利息扣缴30%预提税。为了降低预提税的税率，E公司将其对M公司的借款转化为I公司向E公司借款，再由I公司以相同利率将225万美元贷款给M公司。实际上，E公司仍是资金的出借方，M公司也依旧为资金的使用方，只是后者通过I公司作为资金的周转方，从E公司获得资金。通过这种融资安排，依据美国和洪都拉斯的税收协定，对于M公司支付给I公司的利息，在美国享受税率为0的预提税待遇。

经调查，I公司成立于1963年，成立后被用于融资调整，即I公司的全部收入都来自M公司的利息收入，且其收到M公司的利息后全部转给E公司，I公司在本质上对所得利息没有控制权，其有义务将利息收入转移给E公司。I公司、E公司、M公司三者为关联公司，三者之间的股权架构不存在实质经营活动，仅是为了利用美国和洪都拉斯的税收协定享受优惠税率，毋庸置疑，I公司是一个导管公司。美国法院最终也认定，I公司对于来自美国的利息收入没有实质的拥有和控制，因而不符合受益所有人的身份。

---

〔1〕 参见杨小强、程佩："税收协定下的受益所有人概念之运用——评析纽约广东金融公司案"，载《税务研究》2012年第5期。

〔2〕 *Aiken Industries, Inc. v. Commissioner*, 56 TC 925（1971）.

2. 受益所有人认定的英国经验

Indofood 公司案是英国法院第一次对受益所有人作出明确解释的案例。[1] Indofood 是一家注册于印度尼西亚的食品公司，为了在国际市场上筹措资金，此公司在毛里求斯成立了一家全资持股的金融公司。依据印度尼西亚税法的相关规定，非居民国居民从印度尼西亚境内取得的利息应缴纳 20%的预提税，但依据印度尼西亚和毛里求斯的税收协定，此税率仅 10%。Indofood 公司于是与新成立的金融公司约定，金融公司作为债券发行主体，以 Indofood 公司作为担保人，对外发行债券。并且，若印度尼西亚与毛里求斯的税收优惠发生变化，即预提税超过 10%，且 Indofood 公司与金融公司无法采取合理的措施避免预提税率提高，金融公司有权提前赎回债券。2002 年金融公司与 JP 摩根大通银行伦敦分行签订代理合同，由摩根分行定期向债券持有人支付利息，同时金融公司与 Indofood 公司签订借款合同，将金融公司筹集的 2.8 亿美元债券以借贷方式借款给 Indofood 公司。

2004 年，印度尼西亚政府宣布于 2005 年 1 月 1 日终止与毛里求斯的税收协定，中止后金融公司需要承担 20%的预提税。金融公司因此选择提前赎回债券，但摩根分行不同意。摩根分行认为金融公司未采取一切合理措施避免预提税提高，因为印度尼西亚和毛里求斯的税收协定虽然终止，但印度尼西亚和荷兰的税收协定仍有 10%的税收优惠，金融公司可以在荷兰设立一个目的公司，重新调整债权债务关系，由目的公司与 Indofood 公司、金融公司签订相关协议，从而享受印度尼西亚和荷兰税收协定的 10%税收优惠。双方无法达成一致诉至英国法院。

该案争议焦点在于荷兰的目的公司能否成为印度尼西亚和荷兰的税收协定的受益所有人。英国法院一审支持了摩根分行的观点，认为目的公司有自由处分利息的权利，不属于代理人，不影响对受益所有人的认定。金融公司提起上诉，英国法院二审支持了金融公司，推翻了一审法院的裁定，直接否定了目的公司的受益所有人的资格，甚至否定了毛里求斯金融公司的受益所有人资格。英国法院认为假设的荷兰目的公司相当于导管公司，因为其有义务将利息支付给金融公司，缺乏对利息的实际控制权，因

---

〔1〕 See Palmer M.,"Indofood International Finance Ltd V JP Morgan Chase Bank NA.", *Journal of International Trust and Corporate Planning*, 13（2006），p.111.

此荷兰目的公司不能被认定为受益所有人,金融公司因无法采取其他合理措施以避免税率的提高,有权提前赎回债券。

3. 受益所有人认定的加拿大经验

Prevost 汽车公司案是加拿大比较具有代表性的案例。[1]Prevost 是一家加拿大运营公司,由 BV 公司 100%全资控股,而瑞典的沃尔沃公司、英国的亨利斯公司分别拥有 BV 公司的 51%、49%股份。BV 公司的成立就是两家股东为进行多个北美项目的商业合资企业的控股工具。但是,沃尔沃不想要一家英国公司,亨利斯也不想要一家瑞典公司,两者又都希望有一个运营不太贵的欧洲实体,而且可以用英语做生意,最终选择在荷兰成立 BV 公司。沃尔沃和亨利斯签订了股东协议,规定将 Prevost 公司的利润通过股息、资本返还、贷款等方式分配给 BV 公司,再由 BV 公司分配给两家股东。BV 公司注册办公室位于荷兰 BV 银行下属的一家国际管理公司,在荷兰没有任何员工,除了对 Prevost 公司的股份,也没有其他对外投资。

1996 年至 2001 年间,Prevost 公司向 BV 公司支付了 9000 万美元的股息,占其同期利润的 80%。依据加拿大和荷兰的税收协定,荷兰居民的股息所得应缴纳 5%的预提税,但荷兰、瑞典、英国均属于欧盟成员国,彼此间支付股息无须缴纳预提税。加拿大税务主管部门认为,沃尔沃、亨利斯公司才是实际受益人,BV 公司不是股息的受益所有人,不能享受税收优惠待遇。加拿大法院认为,股息的受益所有人是指接受股息供自己使用和享受并承担收到股息的风险的人,法院调查没有证据表明 BV 公司是导管公司,其也不是沃尔沃公司和亨利斯公司协议的相对人,因此 BV 公司没有"对所得或所得据以产生财产或权利没有或几乎没有控制权或处置权"。[2]加拿大税务主管部门对一审判决不服提出上诉,但联邦上诉法院维持一审判决。

三、受益所有人认定的不利因素测试

(一)经济实质性标准

经济实质性标准最早由 OECD 提出,2017 年 OECD 税收协定范本的注

---

〔1〕 *Prevost Car, Inc. v. The Queen*, TCC 231 (2008).

〔2〕 参见曹禹:"结合国际经典案例探讨'受益所有人'认定问题",载《国际税收》2014 年第 9 期。

释指出,"尽管导管公司是正式的(法律正式形式上的)所有人,但它实际上拥有非常狭窄的权利,导管公司通常不能被视为受益所有人,这是因为就有关收入而言,导管公司仅为利益相关方行事的受托人或管理人"。[1] OECD 税收协定范本的表述为识别受益所有人提供了经济实质性标准。目前,各国多采用实质重于形式原则来判定受益所有人,因而运用经济实质性标准来认定受益所有人可能是更优的选择。

经济实质性标准是按照对股息、利息和特许权使用费所对应的股权、贷款和无形资产等财产是否控制或者相关所得在实质上是否享有,来判定是否为受益所有人。经济实质性标准要求各个缔约国在各自管辖区内,对受益所有人创造价值的"经济实质"进行"受益所有"的判断,以防范纳税义务被转移到不征收或低税率的国家或地区。经济实质标准有利于有效打击套用税收协定的情形,但也存在缺点,此标准在税收实践中难以准确把握,同时越来越多的企业将投资贸易与新技术相结合,在实体办公室、管理地点、员工地点、核心创收活动和支出等方面挑战传统意义上创造价值的"经济实质"。

(二)实质性经营活动标准

实质性经营活动标准的要求体现在 BEPS 第 5 项行动计划要求认定"受益所有人"时应当符合"实质性经营活动"的标准。[2]

实质性经营活动是判定受益所有人身份的重要因素,主要包括制造、经销、管理等以及投资控股管理活动,其中投资控股管理活动的判定争议较大。国家税务总局在对《关于税收协定中"受益所有人"有关问题的公告》的解读中,将投资控股管理活动解释为"投资前期探索、投资计划、投资执行、行业研讨、市场调研、资金统筹调配、融资"等,依据公告规定,"申请人从事的具有实质性的投资控股管理活动,可以构成实质性经营活动;申请人从事不构成实质性经营活动的投资控股管理活动,同时从事其他经营活动的,如果其他经营活动不够显著,不构成实质性经营活

---

[1] 参见"Model Tax Convention on Income and on Capital (FULL VERSION)",载 https://read.oecd-ilibrary.org/taxation/model-tax-convention-on-income-and-on-capital-2017-full-version_g2g972ee-en#page1434,最后访问日期:2022 年 4 月 28 日。

[2] 参见张泽平:"BEPS 行动计划对我国国内税收立法的影响及应对——以打击有害税收实践行动方案为视角",载《国际税收》2015 年第 6 期。

动"。申言之，只有符合条件的实质性的投资控股管理活动可以构成实质性经营活动，但资产管理计划、投资信托、契约型私募基金等集合投资工具属于消极投资活动，是否属于"实质性经营活动标准"亟待加以明确。同时，"其他经营活动不够显著"的不利因素判断也缺乏明确的规则。公告解读的案例显示，某申请人向集团内的其他公司提供采购服务并且有购销活动，但经调查这部分经营活动所得仅占全部所得的 8%，全部所得包括从中国境内取得的全部所得，因此最终认定申请人从事其他经营活动不够显著，可以考虑将其量化，明确规定 8% 及其以上为显著性的判断的标准。

四、受益所有人认定的信息管理

（一）受益所有人的统一识别

在我国，各部门对受益所有人的监管正在逐步与国际标准接轨，但彼此之间缺乏协调，突出体现为各部门对受益所有人的识别并不统一：国家税务总局从反避税和征税对象所得的角度对受益所有人予以识别，但中国人民银行对受益所有人的识别往往基于《FATF 建议》的受益所有人规则，受益所有人识别在反洗钱、反避税等领域缺乏不统一，因此对其监管面临一定程度上的困惑。

我国应当在国内法层面统一各部门对受益所有人的认定标准。2021 年中国人民银行、国家市场监督管理总局发布的《市场主体受益所有人信息管理暂行办法（草案公开征求意见稿）》第 6 条规定："符合下列条件的自然人为公司、合伙企业的受益所有人：（一）通过直接方式或间接方式最终拥有公司、合伙企业 25% 以上股权、股份或合伙权益；（二）不通过直接方式或间接方式最终拥有公司、合伙企业 25% 以上股权、股份或合伙权益，但单独或联合对公司、合伙企业进行实际控制；（三）通过直接方式或间接方式最终享有市场主体 25% 以上收益。上述第（二）项的实际控制是指，包括但不限于通过协议约定、亲属关系等方式实施控制，如决定法定代表人、董事、监事或高级管理人员、执行事务合伙人的任免，决定重大经营、管理决策的制定或者执行，决定财务收支，长期实际支配使用重要资产或者主要资金等。不存在上述三种情形的，则应将公司、合伙企业中负责日常经营管理的人员视为受益所有人,包括公司的法定代表人、合伙企业中执行合伙事务的自然人等。"但是,第 5 条规定的"中国人民银行和国家市场监督管理总局应当为市场主体备案受益所有人信息提供专门指导"则将国家税务总局排除在外,以致未能统一反避税、反洗钱等国内法领域的受益所有人识别。

(二) 受益所有人的信息登记

《FATF 建议》第 24 条要求:"各国应当采取措施防止法人被洗钱和恐怖融资活动滥用,应当确保主管部门可以及时掌握或获取法人受益所有权和控制权的完整准确信息。特别是在允许法人发行不记名股票或者不记名股权凭证,以及允许名义股东和名义董事存在的国家,应当采取有效措施,确保此类法人不被洗钱和恐怖融资活动滥用。各国应当考虑采取措施,使金融机构和特定非金融行业和职业可以便利地获取建议 10、建议 22 要求的受益所有权及控制权信息。"《FATF 建议的解释性说明》第 24 条明确:"各国应当建立以下机制以确保法人具有充分透明度:(a) 识别和描述该国法人的不同类型、形式和基本特征;(b) 确定并描述以下流程:(i) 创建这些法人,(ii) 获取和记录受益所有权信息;(c) 公开上述信息;(d) 评估不同类型法人的洗钱和恐怖融资风险。"对照 FATF 关于受益所有人的信息登记标准,第四轮评估报告指出我国尚未根据《FATF 建议》建立受益所有人的信息登记系统,应当予以改进。中国人民银行对反洗钱受益所有人的信息获取采取"义务机构尽职调查获取+国家企业信用信息公示系统穿透获取"的组合机制,但由于我国登记注册主管部门即市场监管部门和企业在整个机制中参与不足,影响了我国受益所有人的信息质量,也阻碍了我国在后续工作中争取更多的主动性。为了跟进《FATF 建议》对受益所有人的信息登记要求,中国人民银行近年来一直在努力推动修改《反洗钱法》,旨在从法律层面赋予受益所有人信息登记的强制力。例如,2021 年 6 月,中国人民银行组织起草并公布了《反洗钱法(修订草案公开征求意见稿)》,其中第 17 条规定,"公司、企业等市场主体应当通过市场监督管理部门有关信息系统报送受益所有人信息";同年 12 月,中国人民银行会同国家市场监督管理总局共同起草了《市场主体受益所有人信息管理暂行办法(草案公开征求意见稿)》,并对备案主体范围、受益所有人的识别标准、受益所有人信息采集及管理等加以规定,例如列举市场主体应备案的受益所有人信息的姓名、性别、国籍等要素项,并且对新增和存量市场主体受益所有人信息备案、更新、不一致核实等提出要求。

《关于税收协定中"受益所有人"有关问题的公告》是我国反避税领域的受益所有人信息监管的主要依据,第9条规定:"在主管税务机关后续管理中,申请人因不具有'受益所有人'身份而自行补缴税款的,主管税务机关应将相关案件层报省税务机关备案;主管税务机关认为应当否定申请人'受益所有人'身份的,应报经省税务机关同意后执行。"与《FATF建议》对受益所有人信息的事前动态监管相比,《关于税收协定中"受益所有人"有关问题的公告》中税务机关对受益所有人的信息监管仅是一种事后备案管理。我国反避税立法应当参照中国人民银行关于受益所有人信息管理的有关规定,对接《FATF建议》关于受益所有人的信息管理标准,明确受益所有人信息登记要求,从事后监管向事前监管转变。

(三)受益所有人的信息交换

由于各部门之间的信息交流不畅,造成了税务机关面对申请人的跨境投资,无法全面掌握相应税务信息,难以及时了解申请人的身份变化。因此,我国应当建立跨部门的信息共享平台,避免因收集情报时间过长而影响身份判定。对于存量市场主体,我国应当限期内备案受益所有人信息;对于新增市场主体,应当由市场监管部门及时收集并建立信息共享平台,以实现信息收集多部门参与和信息资源全面整合。

第二章 税收优惠滥用的反避税规则

第一节 受控外国企业的认定

一、受控外国企业认定概述

（一）受控外国企业的概念

随着资本流动自由化，越来越多投资者选择设立跨国企业。设立于非居民国的外国企业并不对股东居民国享有纳税义务，仅当外国企业分配股息时，才需要向居民国缴纳税款。一些投资者利用股息分配前居民国不享有税收管辖权的漏洞，故意对股息迟延分配或不分配，以延期或逃避缴纳税款。受控外国企业税制是为了防止上述现象发生从而产生的反逃避税法律制度，解决经济全球化背景下投资者借助对外投资手段"名为投资、实为逃避税"问题。[1]所谓受控外国企业（Controlled Foreign Companies，CFC），是指受本国居民（包括居民个人和居民企业）控制的设立在境外（一般指低税区）的企业。[2]

受控外国企业税制的适用可分为两个阶段：（1）启动阶段，即根据相关法律法规辨别哪些企业可以作为受控外国企业税制的适用主体，而不对其逃避税行为加以评价，仅为预警措施，此时尚不确定是否需要缴纳税款；（2）适用阶段，应根据其具体的逃避税行为对具体的逃避税数额加以认定。受控外国企业的认定属于受控外国企业税制的启动阶段，是一项预警措施，即提醒税务机关重点关注相关企业的动态，以对其纳税申报加以

---

〔1〕 参见陈虎：《国际逃避税的法律控制》，上海人民出版社2020年版，第160页。
〔2〕 参见刘剑文主编：《国际税法学》（第4版），北京大学出版社2020年版，第316页。

重点审核。《企业所得税法》第45条规定的"并非由于合理经营需要"即无合理经营需要，与"利润不作分配或者减少分配"，这两项要求系受控外国企业认定的要素。[1]《特别纳税调整实施办法（试行）》第76条也规定这两项要求为认定受控外国企业的要素，但《特别纳税调整实施办法（征求意见稿）》第114条，却将此两项内容删除。"无合理经营需要"和"利润不作分配或者减少分配"是否应当纳入受控外国企业认定的要素，应当综合考量执法成本，将此纳入除外适用的范畴，而非受控外国企业的认定要素，能够简化受控外国企业的认定，有助于税务机关降低监管成本。

（二）受控外国企业认定的要素

受控外国企业的认定是受控外国企业税制适用的首要前提，主要包括受控实体、控制、地域范围三要素。[2]

第一，受控实体要素，即受控实体的组织形式标准。目前，各国对于受控实体要素的认识并不统一，多数国家仅将具有独立纳税资格的法人视为受控实体，少数国家则将非法人组织一并纳入受控实体类型之中。[3]这种区别造成了诸如信托、合伙企业等透明实体以及常设机构的尴尬地位，由于不同国家税收管辖权的差异，常设机构与透明实体面临居民企业利用其实现递延纳税和双重不征税的风险。[4]

第二，控制要素，是指对控制含义的具体界定，旨在确定通过何种方式、达到何种程度才能称之为控制。控制要素一般分为控制类型与控制水平两方面：前者在国际上又分为法律控制、经济控制、实际控制和基于合并报表的控制；后者也是界定控制的重要标准，在单一控制下，控制水平

---

〔1〕 参见魏俊："疏议我国受控外国企业反避税规则——以山东省某受控外国公司（CFC）特别纳税调整案为例"，载《税务研究》2018年第8期。

〔2〕 BEPS第3项行动计划虽然认为确定是否适用受控外国公司税制，须考虑的因素为受控外国实体的类型以及母公司对外国实体的影响和控制因素，但在第三章"CFC的豁免和门槛要求"补充了地域范围规定。

〔3〕 参见刘剑文主编：《国际税法学》（第4版），北京大学出版社2020年版，第317页。

〔4〕 透明实体（pass through entity），又称税收透明体，其概念源自美国《国内收入法典》。根据美国《国内收入法典》的规定，合伙企业（在公开市场上交易的合伙企业除外）、S类企业（S corporation）、委托人信托、简单信托、共同信托基金（Common Trust Fund）都是税收透明体。参见《美国税收居民认定规则》，载 http://www.chinatax.gov.cn/download/ssxxjhzt/99.pdf.，最后访问日期：2022年4月28日。

的计算较为简单，但共同控制下的股权、表决权、受益权及其他因素较为复杂，控制水平则难以确定，须结合共同控制认定测试加以分析。此外，控制水平的判定不仅包括直接控制，还涉及间接控制。

第三，地域范围要素，一般分为全球适用法与低税区适用法两种。全球适用法，顾名思义，是指不考虑受控企业设立地税率高低，所有由居民股东控制的外国企业均须对其进行受控外国企业的认定，此种认定方式耗费成本较高，例如美国；低税区适用法则仅考虑受控企业设立地的税率，即对居民股东控制的外国企业设立于低税率国家或地区的，才予以受控外国企业的认定，此种认定方式虽然节约了执法成本，但也造成了反避税的局限性，例如我国和欧盟。依据低税区适用法，即便外国企业存在延迟缴纳或拒绝缴纳税款的行为，但设立地不在低税区的，就不能适用受控外国企业税制。[1]税率是认定低税区适用法的关键，目前国际上界定低税区主要有四种方法：(1) 名义税率考察法，即对比居民国与受控外国企业设立地的法定税率；(2) 实际税率考察法，即对比居民国与受控外国企业设立地的实际税率；(3) 实际税额考察法，即对比居民国与受控外国企业设立地的实际税额；(4) 列举法，即以名单制度对各地区进行界定，分为白名单、黑名单与灰名单。上述列举的税率考察法、税额考察法不是直接对比税率、税额的高低，而是将受控企业设立地的税率、税额与一定比例的居民国税率、税额加以比较。

(三) 我国受控外国企业认定的法制发展

1995 年，财务部、国家税务总局颁布的《境外所得计征所得税暂行办法》规定，纳税人来源于境外的所得，不论是否汇回，均应按照规定的纳税年度计算申报并缴纳所得税。尽管此项规定旨在规范居民持有境外企业股权且拒绝将收入汇回境内的逃避税行为，但较为原则化，缺乏可操作性。在税收信息尚不发达的 20 世纪末，居民股东的逃避税行为为难以被税务机关发现。2007 年《企业所得税法》第 45 条规定："由居民企业，或者由居民企业和中国居民控制的设立在实际税负明显低于本法第四条第一款规定税率水平的国家（地区）的企业，并非由于合理的经营需要而对利润不

---

[1] 参见葛夕良："构建我国系统完整的受控外国企业反避税规则体系研究"，载《经济社会体制比较》2009 年第 2 期。

作分配或者减少分配的,上述利润中应归属于该居民企业的部分,应当计入该居民企业的当期收入。"从而在我国首次确立了受控外国企业税制。受控外国企业税制是以居民税收管辖权为基础创设的规范居民股东逃避税行为的法律制度,其中确立了受控外国企业的概括性认定标准。《企业所得税法实施条例》对受控外国企业认定中的控制要素和税率进行更为细化的规定。为简化认定流程,国家税务总局发布低税区白名单,在《关于简化判定中国居民股东控制外国企业所在国实际税负的通知》(国税函〔2009〕37号)中明确规定,设立地在名单中12个国家的企业可得到受控外国企业税制的豁免。

2009年《特别纳税调整实施办法(试行)》专章规定"受控外国企业管理",对受控外国企业的定义予以重申,并对多层持股计算方式予以规定。2015年由国家税务总局起草的《特别纳税调整实施办法(征求意见稿)》虽不具备法律效力,但却为未来探讨研究提供了方向,受控外国企业认定在征求意见稿中被大规模修改,例如修改了受控外国企业的定义,并对控制要素予以细分。

2018年《个人所得税法》及其实施条例修订,亮点之一就是规定了个人单独控制受控外国企业的情形,从而完善了我国受控外国企业的控制主体,但也存在有待立法进一步完善的细节问题。

二、受控外国企业认定的 BEPS 行动计划和美国、欧盟经验

(一) BEPS 第 3 项行动计划

BEPS 第 3 项行动计划从受控实体类型和控制两方面界定受控外国企业。

BEPS 第 3 项行动计划建议广泛地定义符合条件的受控实体类型,即不限于公司单一组织形式,受控外国企业税制也可适用于一些透明实体和常设机构,但前提是这些透明实体和常设机构所取得的收入将引起税基侵蚀和利润转移的问题,并且相关问题无法通过其他方式解决。BEPS 行动计划将信托、合伙企业等透明实体以及常设机构作为关注对象,对其须考虑是否在母管辖区缴纳税款,若是透明实体缴纳了税款,则不应适用受控外国企业税制;与之相反,在母管辖区未缴纳税款,透明实体则属于受控

外国企业税制的规制对象。此规定的核心目的是忽略组织形式对受控外国企业税制的影响，以确保在母管辖区的企业无法通过改变法律形式而轻易地规避受控外国企业认定。常设机构则在两种情况下可能适用受控外国企业税制：(1) 受控外国企业税制应当足够广泛地适用于外国实体在另一个国家有常设机构的情况；(2) 当母管辖区免除常设机构的收入时，常设机构的收入会引起与外国子公司的收入相同的问题。BEPS 行动计划还建议，各国考虑以混合错配安排规则解决母管辖区对受控实体类型划分可能导致的本应作为可归属于受控外国企业的收入被忽视或被排除的问题。

BEPS 第 3 项行动计划建议从控制的类型和水平两个方面来厘清控制的定义。控制的类型可分为法律控制、经济控制、实际控制和基于合并报表的控制，但这些控制类型并非相互排斥，而是搭配使用，至少应采用法律控制和经济控制两个标准：(1) 法律控制一般表现为通过股份进行控制，故可通过持股比例进行判断；(2) 经济控制则是对利润享受的权利进行推定，在某些特定情形下，也表现为对注册资本、资产的权利；(3) 实际控制更为复杂繁琐，需要综合考虑企业的实际经营情况，通过居民股东是否能实际支配企业的活动和事务进行综合认定；(4) 基于合并报表的控制着眼于一个非居民企业按照会计准则是否属于一个居民企业的合并范围。上述各种标准均存在各自的弊端，法律控制很容易通过灵活设计股权结构的方式而被规避，经济控制则是可以通过重组集团架构的方式进行规避，实际控制虽不易被规避，但认定实际控制必须在综合考虑全部事实的基础上进行个案认定，结果的主观性较强，并且认定过程中较为复杂。[1] BEPS 第 3 项行动计划指出，基于合并报表的控制与其他三种方法并无本质的区别，会计准则同样构成法律控制、经济控制及实际控制的判定因素。由于实际控制和基于合并报表控制的复杂性以及过高的合规成本，BEPS 行动计划指出，单独的、有针对性的条款或许可以更好地解决税收逃避问题。

对于控制的水平，BEPS 第 3 项行动计划指出单一控制较容易被税务机关察觉，但共同情况较为复杂，所以推荐以非关联方的一致行动测试、关联方的一致行动测试及集中所有权测试三种测试方法对受控外国企业的

---

[1] 参见刘剑文主编：《国际税法学》（第 4 版），北京大学出版社 2020 年版，第 318 页。

控制水平进行认定,并且提出在测试中加入对非居民纳税人权益的考虑会更好地防止逃避税现象。

BEPS 第 3 项行动计划提出个案比较以及适用黑名单或白名单的方式来判断外国企业是否位于低税区,至于以个案为基础的比较法,国家或地区应当先设定一个固定税率,再将外国企业管辖区的税率与设定的固定税率相比较。

(二)美国

美国乃受控外国企业税制的发源地。美国经济发展迅猛,对外扩张态势明显,为了进一步扩大和稳定本国企业在海外的竞争力,自 1954 年起允许在海外的投资企业迟延纳税。但是,由于一些欧洲国家对本国在海外设立的企业免予征税,这在促进美国企业对外投资的同时,也为一些跨国企业以避税港设立基地企业方式逃避税提供渠道,侵蚀了本国税基。基于此,美国作为国际反避税的领头羊,通过 1962 年《国内收入法典》(Revenue Act of 1962)率先规定受控外国企业税制。[1]依据有关规定,美国税务机关可以根据国内法对递延纳税的收入部分行使税收管辖权。美国受控外国企业税制的确立为各国反避税相关立法及其改革提供了宝贵的借鉴经验。

美国《国内收入法典》对于受控外国企业认定要素并未清晰界定,更多着眼于对控制的解释,但并未严格区分控制的种类与水平,相关规定在法条表述上相互穿插,受控实体也被穿插在其中,未做单独解释说明,但在居民纳税人认定部分则存在与之有关的内容。1997 年,美国《国内收入法典》设立"打钩规则"(Check-the-Box Regulations),将组织形式区分为公司(Corporation)及税收透明实体(Fiscal Transparent),后者包括合伙企业和穿透体(Disregarded Entity),穿透体严格限制其所有权人数为一人。[2]税收透明实体无须缴纳所得税,但在特定条件下,商业实体可以将

---

[1] 这部分内容被编入《国内收入法典》副标题 A(Subtitle A)第 1 章(Chapter 1)第 N 分章(Subchapter N)第 III 部(Part III)第 F 分部(Subpart F),所以通常被称为 F 分部条款。目前,F 分部条款共 17 节(第 951-965 节),其中第 963、956A 与 955 节先后废止。

[2] 参见《美国税收居民认定规则》,载 http://www.chinatax.gov.cn/download/ssxxjhzt/99.pdf.,最后访问日期:2022 年 5 月 2 日。

其类型由税收透明体变更为公司，反之亦然，这个选择过程被称为"勾选"。[1]打钩规则避免了纳税实体认定的复杂问题，但由于纳税人在部分情况下可以自主选择按法人企业、独资企业、分公司还是透明实体进行税务处理，为纳税人通过税收筹划实现逃避税提供了空间。[2]

美国将控制类型区分为法律控制与事实控制。Subpart F 的第 951 节和第 957 节是关于法律控制的规定。第 951（b）条对控股股东加以限制，要求其至少持有 10% 有表决权的股票或者持有总价值至少 10% 的股票，且无论在何种条件下都不区分股票类型。第 957（a）条则规定受控外国企业的控制要素满足以下一个构成要件即可：（1）至少持有 50% 有表决权的股票，不区分股票类型；（2）至少持有总价值达到 50% 的股票，但为了避免控股股东分散其持有的股权以逃避第 957（a）条的适用，因此对关联企业的间接持有加以规定，并且在第 958 节规定了其他推定所有的情形，包括了家庭成员持有股份的合并，以及来自合伙企业、遗产、信托的股份的合并。

事实控制规定在美国《财政部规章》§1.957 部分，重点规定事实控制认定的下列情形：（1）有权选举大部分的董事会（或根据当地法律设置的其他相应的权力机关）的成员；（2）有权选择全部董事会成员并有权直接或通过代理打破董事会僵局；（3）通过其他途径间接地行使董事会的权利。以此为基础，事实控制的判定重点在于是否真正存在控制关系，但因其影响因素较为复杂，美国《财政部规章》§1.957 部分同时赋予了税务机关的个案分析权。

（三）欧盟

在 1962 年美国创设了受控外国企业税制后，德国、法国、英国等欧洲各国也纷纷将受控外国企业税制纳入本国法的管辖范畴。在欧盟法律体系中，在欧盟各国法律之上还存在着欧共体条约，单边立法的适用可能造成对欧共体条约的违反，况且欧盟各国对于受控外国企业税制的态度不统一，是相关国际司法机构或多边条约对双边税收协定和国内法律的兼容性

---

[1] 参见《美国税收居民认定规则》，载 http://www.chinatax.gov.cn/download/ssxxjhzt/99.pdf.，最后访问日期：2022 年 5 月 2 日。

[2] 参见陈镜先、孙奕："受控外国公司税制的最新发展与经验借鉴"，载《国际税收》2021 年第 5 期。

没有规定，各国国内法院又从各自利益出发解决这些冲突，受控外国企业税制的适用便成为难题。[1]

与美国相比，欧盟对于受控外国企业认定较为谨慎，此种谨慎态度由Cadbury案所确立并被长期坚持。[2]Cadbury案的判决提出受控外国企业税制的一项重要测试，即完全人为安排测试。此测试重点考虑两个因素：（1）必须对其主观目的加以考量，获取税收利益是完全人为安排测试的第一性要素；（2）不符合机构设立自由原则，即机构设立后没有发生真实交易，所交易的内容仅是为了获取税收利益。[3]欧盟的谨慎态度使得受控外国企业税制的适用率大大降低。

随着BEPS行动计划的出台，欧盟态度有所转变，2016年欧盟出台的《反避税指令Ⅰ》（Anti-Tax Avoidance Directive Ⅰ）特别规定了受控外国企业税制，其中明确指出满足条件的实体或常设机构构成受控外国企业。由此可见，欧盟指令采纳了BEPS第3项行动计划的建议，将透明实体和常设机构纳入受控实体的范畴。但是，欧盟各国的单边立法仍然存在各种争议，例如芬兰、意大利、法国等在国内法上将受控实体范围进行扩大，囊括了透明实体和常设机构，而荷兰、德国、英国等则谨慎地将受控实体限于公司这一种组织形式。

在欧盟，低税区是指"被测试子公司所在国的有效税率低于母公司有效税率的40%"。在居民国与受控外国企业所在地之前加上"有效税率"的限定，表述方式较为准确，更符合受控外国企业税制的立法目的。在欧盟各国的国内立法中，名单制度发挥着重要的作用，例如德国税务机关提供了一份列明低税区的非官方的"灰色名单"作为一般指导。[4]

此外，欧盟立法对于受控外国企业的认定更偏向法律控制与经济控制的结合，并且经济控制体现在将收益纳入控制的考虑因素。

---

〔1〕参见张卫彬："国际税收协定与国内税法关系探讨——以受控外国公司税制为视角"，载《西南政法大学学报》2009年第3期。

〔2〕See Facts C., "Cadbury Schweppes PLC and Cadbury Schweppes Overseas Limited v. Commissioners of Inland Revenue", *Eur. L. Rep.*, 8 (2004), 937D-E.

〔3〕参见陈镜先、孙奕："受控外国公司税制的最新发展与经验借鉴"，载《国际税收》2021年第5期。

〔4〕参见张卫彬："美国和德国受控外国公司税制及比较"，载《山西财政税务专科学校学报》2009年第3期。

三、受控外国企业认定的受控实体要素

2018年《个人所得税法》修改,补充了居民个人单独控制受控外国企业的情形,我国关于受控外国企业税制中控制主体的相关制度已初步形成。但是,《企业所得税》《个人所得税法》仍未明确受控实体范围。《企业所得税法》第45条与《个人所得税法》第8条第1款第2项仅规定了受控外国企业是设立在境外的企业,但对于"企业"的组织形式只字未提。《企业所得税法》第1条第2款规定了个人独资企业和合伙企业不适用本法,但就受控外国企业税制所指的受控企业是否应当符合《企业所得税法》第1条第2款规定,并未作出明确规定。《企业所得税法》第1条规定个人独资企业、合伙企业不适用本法。由于个人独资企业和合伙企业承担无限责任,其利润无论分配与否,都属于投资者个人所有,应当缴纳个人所得税,若是再缴纳企业所得税,存在重复征税之嫌,所以《企业所得税法》第1条第2款只是为了限定企业所得税的纳税人。在受控外国企业税制中,受控实体并非纳税人,所以依据目的解释原理,个人独资企业和合伙企业为受控外国企业时,《企业所得税法》第45条仍存在适用的余地。但是,当受控实体为信托等非企业组织形式的法律实体时,[1]我国受控外国企业税制依然存在管辖空白。

受控外国企业认定的受控实体不应当限于企业的范畴,此项规定容易因受控企业改变法律组织形式而被规避。作为受控外国企业税制的最前端预警机制,受控外国企业认定的目的是尽可能将所有的逃避税主体纳入有效监管。无论受控实体的组织形式为何,都不应影响受控外国企业认定的过程及其税制适用,所以应当扩大受控实体范围,以有效打击受控外国企业的逃避税行为。

四、受控外国企业认定的控制要素

《企业所得税法实施条例》第117条和《特别纳税调整实施办法(试行)》第77条规定我国受控外国企业的控制要素,但《个人所得税法》

---

[1] 参见郭月梅、肖月丽:"我国完善避税地监管的路径选择",载《税务研究》2016年第10期。

及其实施条例对此均未规定。根据《企业所得税法实施条例》第117条，目前我国受控外国企业认定税制的控制类型以法律控制为主、实质控制为辅，控制水平的测试则采用了集中所有权方式。

（一）控制类型

法律控制是指中国居民股东直接或者间接单一持有外国企业10%以上有表决权股份，且由其共同持有此外国企业50%以上股份。《特别纳税调整实施办法（试行）》第77条第2款规定："中国居民股东多层间接持有股份按各层持股比例相乘计算，中间层持有股份超过50%的，按100%计算。"对间接持股的情况，《特别纳税调整实施办法（征求意见稿）》第116条第1款第2项和第3项分别规定了通过姻亲、直系血亲、三代以内旁系血亲关系的居民个人间接持有外国企业股份和居民企业通过境内关联方间接持有的外国企业股份的情况。

根据《企业所得税法实施条例》第117条第1款第2项的规定，当中国居民股东的持股比例未达到法律控制的标准，但在股份、资金、经营、购销等方面对外国企业构成实质控制时，仍认为满足受控外国企业认定的控制要素，但是规定未明确实质控制的具体认定标准，导致税务机关自由裁量权过大，不利于受控外国企业税制的适用。

总之，我国受控外国企业法律控制的规定较为明确，但实质控制的规定缺乏可操作性。对比BEPS第3项行动计划，我国受控外国企业税制的控制类型划分不够全面，未能涵盖所有居民股东单独或共同控制外国企业的情形。鉴于受控外国企业税制存在适用除外规则，所以受控外国企业的认定应当尽可能保证主体的全面，才能保证国际逃避税行为不因主体认定存在漏洞而被忽略。我国受控外国企业税制的实质控制立法过于原则化，以致法律控制规定呈现兜底性条款的表现形式，此外实质控制规定过分广泛，也造成了实质控制包含了经济控制的结果。我国受控外国企业认定的控制类型分类可以借鉴BEPS第3项行动计划的经验，单独规定经济控制，再对实质控制予以重新界定，以期与国际接轨，并提高控制类型条款的可操作性。受征管水平所限，我国可以法律控制和经济控制为主、实质控制为辅，并且启动实质控制测试，同时对测试的遵从和管理成本加以综合考量。[1]

控制的实质是对决策权的影响，美国《财政部规章》关于实质控制的规定正是基于此出发点的考虑，并为我国提供了一条可资借鉴之路。我国可以将实际控制的操作着眼于董事会层面，以选举董事会、打破企业僵局及行使董事权利等方面所反映的居民股东在受控外国企业董事会的影响力为依据，判断是否存在控制。毋庸讳言，实际控制基于事实出发，影响因素十分复杂，所以对实质控制条款的原则性、兜底性也应有所保留。

（二）控制水平

仅凭控制类型不足以完全评价是否存在控制情形，尚须结合控制水平加以判断。即便我国居民对外国企业持股，但持股份额的大小最终决定了我国居民是否能对外国企业施加决定性影响力。由于单一控制的控制人员具有唯一性，控制水平较为容易通过控制测试加以判断。

为了逃避缴纳税款，越来越多的居民股东选择以分散股权方式规避受控外国企业税制的适用，所以共同控制情形中的"共同"判断，成为受控外国企业认定的一大难题。《企业所得税法实施条例》第117条第1款第1项对于法律控制的控制水平进行了规定，即各居民股东至少持有10%的有表决权股份，且此类股东合并持股超过50%。但是，控制的含义并非资本的简单叠加，共同控制需要共同控制者存在相同的控制意识，即共同控制者通过协商或其他手段达成一致，共同对所控制的外国企业决策施加影响，从而达到对其利润不做分配或减少分配的结果。《企业所得税法实施条例》第117条的适用只能应对一些显而易见的利用受控外国企业的逃避税情形，无法对居民股东想方设法逃避缴纳税款的行为均予以有效规制。

《企业所得税法实施条例》第117条第1款第1项还规定了集中所有权测试。虽然测试方式简单易行，但正如BEPS第3项行动计划指出，此类测试可能引发监管和合规方面的担忧，无法总是准确地识别纳税人是否为真正的一致行动人，多层间接控制也是较难把握的情形，我国可以通过引入其他测试方法来弥补其缺陷。我国集中所有权测试存在10%股份的门

---

[1] 参见钱莹等："国际税收领军人才系列文章（二）：BEPS背景下完善我国受控外国公司税制的几点思考"，载《国际税收》2015年第9期。

槛限制，会忽略小股东对企业的影响，因此可以规定股份在少数股东之间划分，而不考虑单个股东的比例。由于集中所有权测试是一种推定情形，不考虑是否存在实质性共同控制，所以集中所有权测试应当本着谨慎态度进行，对其适用范围的扩大，可以参考《特别纳税调整实施办法（征求意见稿）》第 118 条的有关规定。为了有效规制居民股东逃避受控外国企业税制适用的行为，我国可以将关联方及非关联方的一致行动都纳入一致行动测试的范围，即以集中所有权测试为主、一致行动测试为辅。

五、受控外国企业认定的地域要素

《企业所得税法实施条例》第 118 条规定了我国低税区的界定标准，即实际税率低于 12.5% 的国家或地区被认定为低税区，同时国家税务总局发布《关于简化判定中国居民股东控制外国企业所在国实际税负的通知》设立白名单作为辅助。合理的低税区范畴不仅是对我国立法技术的要求，也是对我国加强国际税收征管合作能力的要求。受控外国企业设立在境外，我国难以取得境外企业的经营及税收相关信息。税务机关为了能够更好地对企业实施监管，应当加强与各国税务机关的税收征管合作，促进全球反避税的信息共享机制形成，以提高税务机关的工作效率。

BEPS 包容性框架为应对数字经济带来的税收挑战，于 2020 年发布了关于支柱一和支柱二的两份蓝图报告，截至 2021 年 11 月 4 日，"双支柱"方案已得到了 BEPS 包容性框架 141 个成员中 137 个成员的同意。[1]在支柱二的蓝本中，全球反税基侵蚀（Global Anti-Base Erosion, GloBE）规则对我国的受控外国企业税制提出重大的挑战。GloBE 规则中的所得纳入规则（Income Inclusion Rule, IIR）是支柱二方案中防止利润转移的重要制度，其为居民国创设了新的征收补足税（Top-up Tax）权利，即 IIR 不区分境外所得是否汇回境内，一旦所得在境外实际缴税低于 15%，不论是否在会计上作出利润分配，此笔所得均将受到 IIR 规则的约束。[2]在某种程度上，IIR 规则与受控外国企业税制在适用上存在着一定的竞合。因此，

---

[1] 参见韩霖、邓汝宇、连平："多重博弈下的百年国际税改——专访植信投资首席经济学家兼研究院院长连平"，载《国际税收》2021 年第 12 期。

[2] 参见崔晓静、刘渊："OECD 支柱二方案：挑战与应对"，载《国际税收》2021 年第 9 期。

根据我国立法现状及 IIR 规则，我国低税区界定应当予以调整。

（一）实际税额考察法

我国采用实际税率考察法界定低税区，存在一定争议。[1]实际税率考察法的首要问题是要清楚地掌握受控外国企业设立地的实际税率，但目前世界反避税信息共享机制尚未完全形成，税务机关获取他国实际税率面临重重困难。各国名义税率基本保持稳定，但实际税率与各国税收政策、税收协定等有关，其中税收政策变动较为复杂，税务机关逐年判定居民股东的受控外国企业实际税率，需要大量的时间成本与高昂的执法成本。[2]由于应税所得额往往过于庞大，实际税率的极小偏差都会造成应补缴税额的巨大变动。此外，《个人所得税法》第 8 条虽然采用与《企业所得税法》如出一辙的"明显"一词，但其含义却无从考据，这也造成了个人控制的受控外国企业的低税区界定标准存在空缺。

IIR 规则的诞生也为受控外国企业税制带来了不小的冲击，但各国不可能因为支持 IIR 规则而放弃受控外国企业税制，因为两者的政策目标存在本质性差异：IIR 规则侧重于限制税收竞争；受控外国企业着眼于反避税的实现，并且 IIR 规则本身不能完全解决避税问题，还可能带来更多的制度成本，7.5 亿欧元的门槛也意味着 IIR 规则适用范围极其有限。因此，IIR 规则不会取代受控外国企业税制，也不可能影响受控外国企业税制的税率要素，[3]其仅能成为受控外国企业税制的补充，以应对数字经济所带来的挑战。[4]但是，作为解决 BEPS 的两项制度，应当加强两者的协调，受控外国企业税制应当着眼于国际逃避税角度，而逃避税最直接的表现是应纳税额的减少，简单的税率比较可能由于税收政策调整而被补足。

总之，我国可以采纳实际税额考察法，一方面降低因用外国实际税率与我国名义税率比较而补缴税额的影响；另一方面明确受控外国企业税制

---

[1] 参见王思琪、齐楚："BEPS 背景下我国受控外国企业规则探究"，载《税务研究》2019 年第 4 期。

[2] 参见刘剑文主编：《国际税法学》（第 4 版），北京大学出版社 2020 年版，第 322 页。

[3] 参见薛皓天："OECD 最低税方案的政策目标与我国的实施路径"，载《税务与经济》2021 年第 4 期。

[4] 参见岳树梅、许俊："OECD 下数字税收法律治理的框架与路径：美国范式及中国借鉴"，载《法学评论》2021 年第 6 期。

的定位，与 IIR 规则协调后并行适用。

（二）白名单、黑名单和灰名单

目前，我国名单制度只存在白名单，虽然有助于简化税务机关的认定过程，但仅 12 个国家被排除适用受控外国企业税制，存在一定的问题。《2020 年度中国对外直接投资统计公报》显示，我国投资者在全球 189 个国家（地区）设立对外直接投资企业 4.5 万家，全球 80% 以上国家（地区）都有我国的投资，仅 12 个国家的白名单无法实质性降低税务机关的工作难度。2009 年发布的白名单迟迟未更新变动，已经显得落后于受控外国企业税制的发展。名单制度应当充分发挥其高效性、政策针对性及灵活性优势，[1]以有效简化受控外国企业认定，减轻税务机关的工作量。我国应当根据各国税收政策，及时更新调整白名单。

各国名单制度适用较为广泛，不仅包含白名单制度，还存在黑名单、灰名单，我国也可以引入黑名单制度，将传统国际避税地，尤其 OECD 相关报告指出的符合国际避税地判断标准的国家（地区）、当地企业没有任何经济实质或当地不可能存在实质性交易活动的国家（地区）列入"黑名单"，[2]以高效打击利用受控外国企业递延纳税的现象。我国还可以效仿德国的做法，由税务机关汇总实际税率经常在低税区标准附近浮动且存在被认定为低税区可能性的国家，将其纳入灰名单，再由税务机关发布不具有法律效力但具备指导效力的文件，为对外投资企业提供参考。

第二节 受控外国企业税制的适用除外

一、受控外国企业税制适用除外概述

受控外国企业税制的设立，为规避居民股东在低税率地区设立受控企业，利用延期纳税等手段逃避居民国的纳税义务，提供了一种解决路径。但是，为防止受控外国企业税制对企业"走出去"进行过度阻碍和限制，许多国家在受控外国企业税制中设置了适用除外制度，以构建更加科学合理的反避税体系。

---

〔1〕参见王建伟："我国关于避税港的税收立法探讨"，载《税务研究》2015 年第 7 期。
〔2〕参见孔志强："完善我国反避税规则的几点思考"，载《税务研究》2010 年第 12 期。

(一) 受控外国企业税制适用除外的情形

1. 实际经营除外

实际经营除外是指受控外国企业若主要通过真实的营业活动获取收入，则不予适用受控外国企业税制。爱沙尼亚、冰岛、挪威、南非、瑞典等国家对于实际经营除外，但要求必须有真实的经营活动或真正的营业场所。

2. 积极经营除外

积极经营除外是指受控外国企业的主要所得为从事工商业生产经营活动取得，则不予适用受控外国企业税制。有关国家一般确定积极经营所得的最低比例，只有超过这一比例的企业才可以不适用受控外国企业税制。

3. 特定经济活动除外

特定经济活动除外是指受控外国企业若从事某些特定行业，则不予适用受控外国企业税制。大部分国家都将本国的核心产业和支柱产业设定为特定经济活动除外的行业，以确保相关国内行业在国际竞争中能够处于优势地位。

4. 企业上市除外

企业上市除外是指受控外国企业若在适格证券交易所上市，则不予适用受控外国企业税制。例如匈牙利规定，本国居民企业的子公司已经在适格的证券交易所上市5年或以上，可免于适用受控外国企业税制。[1]

5. 微量所得除外

微量所得除外，又称小额豁免，是指受控外国企业的所得或瑕疵所得低于受控外国企业税制中规定的标准，则不予适用受控外国企业税制。此种适用除外的设立目的主要是简化税收管理，降低税务机关的工作成本。澳大利亚、西班牙、英国等国家规定了此种适用除外类型，我国对此也作出规定，即受控外国企业在纳税年度内的利润所得低于500万元，可以免于适用受控外国企业税制。

6. 税率除外

大多数国家的受控外国企业税制包含了税率豁免，即当受控外国企业适用的税率超过豁免税率，除外适用受控外国企业税制。换言之，受控外

---

[1] 参见刘剑文主编：《国际税法学》（第4版），北京大学出版社2020年版，第328页。

国企业税制仅管辖受益于较低境外税负而转移利润风险较高的企业。各国通常采用白名单或黑名单的办法，为纳税人提供更大的确定性并减少总体的征管成本。[1]

(二) 我国受控外国企业税制适用除外的法制发展

2007年《企业所得税法》首次确立受控外国企业税制，之后颁布的《企业所得税法实施条例》《特别纳税调整实施办法（试行）》《特别纳税调查调整及相互协商程序管理办法》等多部法律法规、部门规章进一步明确了受控外国企业税制的具体适用办法，并在2018年修正的《个人所得税法》中从居民个人层面进一步强调了受控外国企业税制。截至目前，我国关于受控外国企业认定、所得范围、所得类别、适用除外等税制初步形成。但是，我国受控外国企业所得税制多为原则性规定，可操作性不强，尤其在适用除外方面仅规定了以下情形：（1）因合理的经营需要而对利润不作分配或者减少分配的；（2）主要取得为积极经营活动所得的；（3）年度利润总额低于500万元人民币的。以上规定多以定性为主，缺乏具体规定，因此灵活性、可操作性较低，税务机关具体实施受控外国企业税制存在一定阻碍，尚须进一步明晰和完善。

我国受控外国企业税制尚未完善，实践中相关案例少之又少，税务机关首次成功运用受控外国企业税制进行特别纳税调整的是山东A化工有限公司反避税案，[2] A化工公司的全资子公司B企业设立在实际税率低于我国名义税率50%的地点，B企业主要从事投资业务，所得均为消极所得，应当为可归属所得，并且B企业无法证明未向母公司分配利润是出于自身合理经营需要。税务机关综合以上几点，对A企业处以补缴企业所得税5000余万元、个人所得税3000余万元的决定。在苏州P投资企业反避税案中，P企业的全资子公司S企业在香港设立，虽然香港企业所得税为16.5%，名义上高于我国受控外国企业税制规定的税率不低于我国名义税率50%，即12.5%，但由于S企业的多数所得属于来源于香港地区以外的投资所得和股权转让所得等消极所得，无须向香港缴税，实际税负为零，

---

〔1〕 刘剑文主编：《国际税法学》（第4版），北京大学出版社2020年版，第328页。

〔2〕 参见"反避税措施运用的新突破"，载 http://www.bjsat.gov.cn/bjsat/qxfj/zsefj/fwydyl/jdal/201709/t20170918_315981.html，最后访问日期：2021年9月5日。

并且此部分年度利润总额高于 500 万元，S 企业无法证明其未分配利润用于有效的经营用途，即不符合合理经营需要除外。因此，税务机关对 S 企业适用了受控外国企业税制，将母公司 P 企业 2015 年度应纳税所得额调增至 3115.6 万元。[1] 总之，受控外国企业税制从 2011 年即《企业所得税法》生效后 3 年开始适用，并且相关案例较少，难以形成分析体系，甚至不见受控外国企业税制的适用除外。

二、受控外国企业税制适用除外的 BEPS 行动计划和各国经验

（一）BEPS 第 3 项行动计划

BEPS 第 3 项行动计划提出三种不同类型的豁免及门槛要求：（1）受控外国企业税制不适用的最低数量门槛；（2）一项将受控外国企业税制集中于存在避税动机或意图的情况的反避税要求；（3）豁免税率，即受控外国企业税制仅适用于外国企业所在国的税率低于母公司税率的情形。最低门槛使受控外国企业税制的适用更具灵活性、针对性和高效性，确保部分受控外国企业不为规则所累，更好地利用自身经营资本，同时减轻税务机关的主体责任和监管负担。最低门槛的设置可具化为两种不同的标准：（1）按实体提供的适用除外，即当实体的可归属收入或者当应纳税所得小于某一特定数额时，适用除外门槛得以成立；（2）为具有高转移风险的特定类型利润设定单独门槛的方式，以提高法律适用的精准性，活化受控外国企业税制的适用，例如英国使用两种不同的最低门槛，没有赚取高流动性收入的受控外国企业适用其中较高的门槛。

反避税应当具有一定的灵活性，当交易或架构非出于避税目的，不应受到受控外国企业税制的制约和限制：一方面，受控外国企业税制作为前置规定会增加受控外国企业的监管和合规负担；另一方面也将影响受控外国企业税制作为预防性手段的合理性。

（二）发达国家的受控外国企业税制适用除外

1. 美国

美国受控外国企业税制适用除外主要包括《国内收入法典》第 954

---

[1] 参见王文静、韩子宇："完善我国受控外国企业法规的研究——基于国内典型案例的视角"，载《国际税收》2018 年第 6 期。

(b)(3)(A)条的微量豁免(De minimis rule)、第954(b)(4)条的税率豁免以及准许某些所得不被视作F分部所得的非避税动机免税等。

美国的微量豁免主要针对外国基地公司所得(Foreign Base Company Income)或保险所得低于此企业总所得的5%,或者所得额低于100万美元,则此部分所得不作为F分部所得处理,除外适用受控外国企业税制;相反地,根据第954(b)(3)(B)条,外国基地公司所得占此企业总所得的70%以上,则此部分所得被视为F分部所得处理,须适用受控外国企业税制,这也被称为完全包含测试(Full Inclusion Test)。

为防止受控外国企业通过集团拆分方式满足微量豁免中的金额和比例门槛,从而逃避向美国缴纳税款,受控外国企业税制的门槛测试加入一般反滥用规则,即以多个受控外国企业开展的业务重合度判定这些企业之间是否具有关联关系,若存在关联关系,则这些受控外国企业的利润所得合并计算,再以利润总额和比例或最低额的门槛进行比较,决定最终是否适用受控外国企业税制。一般反滥用规则增加了受控外国企业税制及其适用除外的有效性,也减少了税务机关的工作强度和潜在的监管负担。

美国受控外国企业税制适用除外还规定了税率除外。根据第954(b)(4)条,若受控外国企业的外国基地公司所得和保险所得在境外设立地的实际税率大于《国内收入法典》第11条规定的企业所得税最大税率的90%(目前此项税率为21%),则此项所得不属于F分部所得,除外适用受控外国企业税制,无须向美国缴纳税款。

2. 德国

适用除外是德国受控外国企业税制的重要一环。若受控外国企业的瑕疵所得不超过受控外国企业总所得的10%,可豁免适用受控外国企业税制,但可豁免的上限不得超过12万德国马克。此外,受控外国企业直接持有主要从事积极营业活动的二级子公司25%以上产权且连续拥有12个月以上的,受控外国企业从此子公司获得的股息也可以除外适用受控外国企业税制。[1]就某些特定股息而言,若根据德国和其他国家的税收协定,受控外国企业的股息所得在德国免税,也免于适用受控外国企业税制,但是

---

[1] See Eugen Hegenshutz, "Germany Restricts CFC Regime", *International Tax Review*, 6 (1995), pp. 41~45.

对资本投资收益等某些类型的消极所得,德国排除了税收协定的适用,还须适用受控外国企业税制。[1]

(三) 发展中国家的受控外国企业税制适用除外

1. 南非

南非早在1997年就引入了受控外国企业税制,条文几经修订后逐渐完善,[2]其中适用除外的规定较为具体完备,对于不同情形下的受控外国企业所得是否适用受控外国企业税制具有针对性和灵活性。南非的受控外国企业税制共有六项具体的适用除外规定。

营业机构的免税规定共包括三个方面:(1) 实际经营除外,即通过判断一个营业地点的经济实质和营业目的,进而确定其是否构成南非所得税法上的外国营业机构。若某个受控外国企业的外国业务尚在筹划中,而不是实际存在,此项所得将不能免税,抑或企业并未开展真实的商业经营活动,仅出于逃避税收的目的而设立,此项所得也不能除外适用受控外国企业税制。实际经营除外所要求的办公场所、商店、工厂等,不能仅是作为所有人或者承租人对其拥有产权,应当实际经营使用1年以上。在实践中,为降低税务机关的监管难度,对于在外国的矿场、建设工地、农场和捕鱼作业场所等相对固定、难以伪造的,直接被视为营业场所,不再考量是否符合经济实质和营业目的。(2) 一般的管理费用、内部财务费用、担保费用,因为操作空间较大,不易于严格规制,不能适用受控外国企业税制的适用除外。对于存在应受转让定价特别纳税调整或存在转让定价之嫌的关联交易行为的受控外国企业,应当对其适用更高的条件,以判断是否能够享受受控外国企业税制适用除外。(3) 对外国营业机构的消极所得部分,免征来自基本业务所得中相当于积极业务所得的10%的消极营业所得,以减少因遵循规则而产生的管理成本,保证实体经济的国际竞争优势。

集团企业的免税规定是一家受控外国企业若拥有另外一家或几家受控外国企业75%及以上的股权,此企业对另一家受控外国企业支付的利息、

---

[1] 参见武礼斌:"受控外国公司所得课税制度的比较与借鉴",北京大学2007年硕士学位论文。

[2] See Lynette Olivier, Michael Honiball, *International Tax: A South African Perspective*, Siber Ink, 2008, p.375.

租金等相关费用予以免税,且所得不认定为南非居民的可归属所得。

为避免双重征税,南非还规定了几项适用除外情形,包括对已征税部分、南非居民同时控制几家受控外国企业且由一家受控外国企业对另一家受控外国企业支付的股息、经营长期保险法中特别规定的长期保险业务保费收入等,均可除外适用受控外国企业税制。[1] 此外,拥有 10%~20%参与权或表决权的南非居民可以选择利息等收入除外适用受控外国企业税制,或是在同一集团内另一家受控外国企业向其支付或者计入应支付数额时作为费用予以扣除,[2] 这一特殊规定在一定程度上体现了南非税法的灵活性和先进性。

2. 阿根廷

2017 年阿根廷颁布了《税收改革法》,对《阿根廷所得税法》(Argentina-Income Tax Law)进行重要改革,其中为与 BEPS 第 3 项行动计划相匹配,对受控外国企业税制加以修订。

《阿根廷所得税法》关于受控外国企业税制的规定与 BEPS 第 3 项行动计划基本一致,主要采用豁免税率的适用除外。此项适用除外在个案基础上运行,部分离岸实体除外适用受控外国企业税制的前提是其既不被视为避税港居民,也不被纳入非合作性税收协定,并未按阿根廷税法规定缴纳 75%以上的实际缴纳税款。

关于税率除外,阿根廷未规定低税区的司法管辖区或税收黑名单,而是通过《阿根廷所得税法》第 15.2 节引入了逐案规则,如果某一司法管辖区的企业所得税税率低于阿根廷企业所得税的 60%,则被视为低税区。值得注意的是,2017 年《阿根廷所得税法》修订,引入企业上市除外,但要求上市企业的股东按要求披露所有涵盖阿根廷纳税人拥有的离岸实体的敏感信息。[3]

三、受控外国企业税制适用的合理经营需要除外

《企业所得税法》第 45 条规定,受控外国企业"并非由于合理的经营需

---

[1] 参见李志峰:"南非受控外国公司税制研究",湘潭大学 2011 年硕士学位论文。
[2] 参见李志峰:"南非受控外国公司税制研究",湘潭大学 2011 年硕士学位论文。
[3] See "Argentina's New Controlled Foreign Company Rules Following the OECD/G20 Base Erosion and Profit Shifting Project", *Bulletin for International Taxation*, September 2019, pp. 442~450.

要而对利润不作分配或者减少分配的,上述利润中应归属于该居民企业的部分,应当计入该居民企业的当期收入"。按照反向解释,纳税人若能够证明受控外国企业不分配利润或者减少分配利润的行为是出于合理经营的需要,则受控外国企业税制不得适用。《个人所得税法》第 8 条第 1 款第 2 项对此也有类似的规定,但与《企业所得税法》的不同之处在于,《个人所得税法》的利润处理方式为税务机关有权按照合理方法进行调整,似乎更为灵活。

(一) 合理经营需要的细化

目前,我国受控外国企业税制中"合理经营需要"的规定尚不具体,在一定程度上产生了避税空间,也给税务机关造成了判断难题。[1]山东 A 化工有限公司反避税案、苏州 P 投资企业反避税案显示出我国受控外国企业税制较为简单粗糙,大部分情况依赖于税务机关的自由裁量,可能导致不同地区之间的特别纳税调整裁量不尽公平。[2]

《企业所得税法》《个人所得税法》及其实施条例对"合理经营需要"应当予以细化,将考量因素范围扩大至考察交易过程的合法性和独立性、减少分配或未作分配商业理由等,结合企业股权分配、收入构成和未分配的利润流向等予以综合评估考量,以此确定企业未做利润分配的部分收入确实为"合理经营需要",才除外适用受控外国企业税制。[3]

(二) 合理经营需要的举证责任和证明标准

"合理经营需要"的认定在实践中也存在困境,随着对外资本输出的逐年增多,税务机关对中国居民股东提供的对外投资信息等证明文件的审核工作变得更为复杂,而且受控外国企业纳税申报也缺乏具体规范,税务机关难以以有效手段准确地认定企业收入总额并确定利润,存在受控外国企业税制适用除外错用的风险。基于纳税人诚实推定,受控外国企业不作利润分配或减少利润分配的举证责任完全由税务机关承担,但税务机关难以掌握受控外国企业的经营信息,势必极大提高征税成本,与税收效率原

---

[1] 参见周金荣:"关于新《企业所得税法》受控外国公司规制的探讨",载《税务研究》2008 年第 1 期。

[2] 参见王文静、韩子宇:"完善我国受控外国企业法规的研究——基于国内典型案例的视角",载《国际税收》2018 年第 6 期。

[3] 参见王思琪、齐楚:"BEPS 背景下我国受控外国企业规则探究",载《税务研究》2019 年第 4 期。

则不符，且使得受控外国企业税制的打击面过于狭窄，难以发挥效用。因此，举证责任应在税务机关与纳税人之间进行合理分配：〔1〕一方面，根据"谁主张谁举证"的原则，税务机关应对受控外国企业并非由于合理经营需要不作利润分配或减少利润分配承担初步的举证责任，继而税务机关有正当理由启动反避税调查，可以依职权聘请专业的第三方机构参与企业的利润总额、所得类别等审计工作，以承担自身举证责任，实现所主张事实的法律确认；另一方面，被调查企业虽然不承担初步举证责任，但在税务机关履行初步的举证责任后的反避税调查中承担协助义务，包括提供相关资料文件、说明未分配利润或减少利润分配是为企业合理经营需要等。若纳税人举证不充分甚至未举证，不当然承担举证不能的后果，税务机关仍须承担受控外国企业无合理经营需要不作利润分配或者减少利润分配的举证责任，但是应当降低税务机关的证明标准，并且在事实存疑时，由纳税人承担举证不能的不利后果。

《刑事诉讼法》第55条第2款第3项规定，刑事诉讼中的证明责任应当达到"排除合理怀疑"的标准；最高人民法院2019年修正的《关于民事诉讼证据的若干规定》第85条第1款规定"人民法院应当以证据能够证明的案件事实为根据依法作出裁判"，第2款规定证据证明力的有无以及证明力的大小应由审判人员独立进行判断，民事诉讼中的证明标准为明显优势证据标准；《行政诉讼法》第69条规定了在行政诉讼中行政行为需要达到"证据确凿"的标准，但"证据确凿"的具体要求并无明确规定。刑罚是对人的生命、人身自由和财产的剥夺，对其证明责任应采最严格的标准。民事诉讼发生在平等主体之间，且多指向财产性纠纷。在行政争议中，主体之间地位并不平等，行政机关处于强势地位。因此，"无合理经营需要"的证明标准，应低于刑事诉讼"排除合理怀疑"的证明标准但高于民事诉讼明显优势的证明标准，即税务机关对"无合理经营需要"的证明应当达到大致80%~90%的程度。〔2〕

---

〔1〕参见欧阳天健："比较法视阈下的一般反避税规则再造"，载《法律科学（西北政法大学学报）》2018年第1期。

〔2〕参见汤洁茵："反避税调查程序的举证责任：现行法的厘清与建构"，载《税务与经济》2018年第5期。

四、受控外国企业税制适用的积极经营除外

(一) 可归属所得及其认定方法

一个企业被认定为受控外国企业，应当对其营业所得是否为可归属所得予以确定，BEPS 第 3 项行动计划提供类别分析法、实质分析法、超额利润分析法及交易法和实体法等分析方法。交易法和实体法的区别在于分析的基础是每笔交易还是每家实体。我国采用实体法，税务机关无须对受控外国企业各项所得予以逐一审查。但是，实体法存在局限性，当认定受控外国企业此纳税年度取得的积极经营所得为企业主要所得时，包括积极所得和消极所得的全部所得都可适用除外；反之，则其全部所得适用受控外国企业税制。我国可以借鉴 BEPS 行动计划，建立更为公平可行的受控外国企业税制，对适用除外的"主要取得"进行可量化操作的比例设定。[1]

为了与我国国情更加契合，我国可以秉持成本控制理论，将可归属所得的分析方法改进为以实体法为主、交易法为辅的综合认定方法，通过确定所得比例、所得金额或者从事某些特定行业，从正反两方面明确受控外国企业所得的全部可归属所得和全都不属于可归属所得的情形，并适用交易法对其他中间情形下所得的性质和价值加以识别与明确。[2]

(二) 积极所得和消极所得的区分

交易法的采纳应以对所得进行分类为前提，BEPS 第 3 项行动计划建议按相关的因素和特征对所得进行分类，各个国家或地区通常把收入划分为股息、利息、保险收入、特许权使用费及知识产权收入、销售及服务收入等。我国受控外国企业税制的所得也可按此进行分类，以与《企业所得税法》对收入的分类接轨。[3]

我国对于"积极经营所得"未作具体认定标准，又规定避税地的受控外国企业只要不符合积极经营条件，一律缴纳税款，这不利于适应不同行

---

[1] 参见王文静、韩子宇："完善我国受控外国企业法规的研究——基于国内典型案例的视角"，载《国际税收》2018 年第 6 期。

[2] 参见钱莹等："国际税收领军人才系列文章（二）：BEPS 背景下完善我国受控外国公司税制的几点思考"，载《国际税收》2015 年第 9 期。

[3] 参见王思琪、齐楚："BEPS 背景下我国受控外国企业规则探究"，载《税务研究》2019 年第 4 期。

业发展，对我国企业海外发展有一定影响，进而不利于国内资本海外竞争力的提升。[1]在确立所得分类规则后，我国还可以结合形式和实质两种分析方法，进一步判断某项所得属于积极所得抑或消极所得。形式分析方法具有确定性高、成本低、便于操作等优点，而实质分析需要对事件本身进行深度考察、甄别，增加了税收征管的难度和复杂性，但可以弥补和避免形式分析的过于机械、缺乏灵活性的缺限。

在确定积极经营所得的具体金额之后，应当通过计算积极所得的比例判断受控外国企业能否除外适用受控外国企业税制。根据《特别纳税调整实施办法（试行）》第84条规定，中国居民企业股东能够提供资料证明其控制的外国企业主要取得的所得为积极经营活动所得，可免于将外国企业不作分配或减少分配的利润视同股息分配额，计入中国居民企业股东的当期所得。我国可以进一步明确"主要取得"的具体比例，以增强适用除外确定性，做到"类案同判"，以保证对待不同企业的不同延迟纳税能够使用稳定、科学、合理的处理办法。

五、受控外国企业税制适用的微量所得除外

微量所得适用除外简化了受控外国企业税制的适用，具有确定性、可操作性高的特点，但也容易被规避，BEPS第3项行动计划对此予以充分的提醒。我国微量所得适用除外并未结合复杂的现实情形，适用除外门槛较为僵化，仅以500万元利润总额作为评判标准，难以避免受控外国企业通过集团拆分方式进行避税，即设立多个受控外国企业，分别将每个受控外国企业的年度利润总额控制在规定数额以下。鉴于我国跨国投资企业的数量较多且规模较大，但总体经营水平不高，国际竞争力较弱，微量所得除外在我国存在较高的可适用性。我国应当通过增加种类、扩大范围等方式完善微量所得适用除外的法律制度。

（一）微量所得的认定

我国微量所得适用除外的范围过于狭窄，并且存在未区分行业和种类的僵化现象。为促进我国企业积极参与国际竞争，向国际社会充分展示我

---

[1] 参见王思琪、齐楚："BEPS背景下我国受控外国企业规则探究"，载《税务研究》2019年第4期。

国经济社会快速发展的成果，树立我国对外投资大国的品牌效应，可以吸收国外的先进经验，改进我国微量所得适用除外法律制度，包括但不限于增加微量所得适用除外门槛种类、根据不同行业而规定最高除外数额等，例如，对于我国国内发展较好的制造业、建筑业等行业以及需要在国际上占领市场的现代服务业、科技行业等增设更高的行业最高除外数额。为增加微量所得适用除外的灵活度，我国还应当增加辅助的安全港规则，以防止出现避税机会。[1]

当企业的利润率低于一定比例，例如受控外国企业在一个纳税期间内的利润率不高于其总体营业成本和费用的10%，即使绝对利润额超过了500万元的最低利润门槛，仍应适用微量所得除外。但是，如果满足以下条件之一，则不予适用除外：(1)超低利润率是以获得微量所得适用除外优惠为主要目的；(2)小额利润的产生源自混合错配安排；(3)受控外国企业的主要营业为中介等无成本服务。[2]

(二)微量所得的非避税动机测试

为避免受控外国企业拆分集团以使之每个部分都少于500万元，进而逃避缴纳税款，我国可以采取BEPS计划中的应对集团拆分的微量所得适用除外的相应门槛措施，并结合美国、德国等设置的微量所得非避税动机测试的先进立法经验，制定符合我国国情的、具有可操作性微量所得非避税动机测试。微量所得避税动机测试应当预先判断两个及以上的受控外国企业是否为关联方，若是同一集团的拆分，则应计算集团拆分的所有受控外国企业利润总和。测试单独设立或收购多个企业的主要目的是防止所得被认定为受控外国企业的可归属所得，若受控外国企业开展业务或作为合伙人共同在一个关联合伙企业开展业务，则将这些受控外国企业的所得进行合并计算，再根据总利润金额判断是否应当适用受控外国企业税制。[3]

---

[1] 参见钱莹等："国际税收领军人才系列文章(二)：BEPS背景下完善我国受控外国公司税制的几点思考"，载《国际税收》2015年第9期。

[2] 参见钱莹等："国际税收领军人才系列文章(二)：BEPS背景下完善我国受控外国公司税制的几点思考"，载《国际税收》2015年第9期。

[3] 参见王思琪、齐楚："BEPS背景下我国受控外国企业规则探究"，载《税务研究》2019年第4期。

第三节 有害税收竞争的专利盒

一、专利盒和类专利盒概述

(一) 专利盒的概念

专利盒，又被称为创新盒，因有关纳税人申请此项税收优惠须在填报表特定方框位置打钩而得名。[1]专利盒最早出现在爱尔兰，随着欧盟里斯本战略的实施，逐渐被其他欧盟成员国引入。专利盒的核心内容是对企业从专利或其他知识产权中取得收入的应纳税款予以减免，即一种知识产权商品化所得的税收优惠制度。专利盒以研发产品带来的所得为对象，是一种作用在企业研发周期末端的税收优惠政策，[2]主要包括三种形式：(1) 对收入适用低税率；(2) 将收入列为免税收入；(3) 为产生的收入提供名义上的扣除额。[3]

各国专利盒实施的细节设定不尽相同，但最终结果均是通过降低专利或其他知识产权商品收益的税收来鼓励创新和吸引投资，其内容主要包括适用对象的范围、优惠税率、收入范围、扣除限额、研发地域限制等。总之，专利盒的政策设计具有以下特点：(1) 适用对象的范围广泛；(2) 适用的优惠税率远低于普通税率；(3) 可适用优惠的收入范围广泛；(4) 扣除限额有上限；(5) 无研发地域限制。[4]

专利盒产生的目的是促进专利成果的转化，通过税收优惠激励企业增加研发投入，提升企业创新动力，进而推动国民经济发展，实现社会发展的目标。现代经济的发展需要以知识为坚实的基础，研发创新型知识产权是知识的现实应用，也是国家竞争的优势。诸多国家运用专利盒的最初目

---

[1] 参见朱为群、李佳坤："激励科技创新的'专利盒'优惠税制的发展特征及启示"，载《税务研究》2019第11期。

[2] 参见程瑶、潘旭文："专利税收优惠设计的国际比较与借鉴"，载《财政研究》2018年第2期。

[3] 参见李乔彧："BEPS背景下'专利盒'税制的跨国协调 国际标准与中国应对"，载《税务与经济》2017年第4期。

[4] 参见程瑶、潘旭文："专利税收优惠设计的国际比较与借鉴"，载《财政研究》2018年第2期。

的是激励企业研发创新型知识产权,但在实践中,专利盒被滥用造成了有害的税收竞争,以致其成为追逐利益的工具,需要对有害税收竞争的专利盒加以治理。

(二) 我国类专利盒与专利盒的比较

我国的技术创新优惠政策包括研发费用加计扣除、研发固定资产加速折旧、技术转让企业所得税减免、高新技术企业所得税优惠税率四种,其中技术转让企业所得税减免与高新技术企业所得税优惠税率是针对研发成果后期商业化所得提供优惠的输出型税收优惠:(1) 技术转让企业所得税减免采用税基和税额相结合的税收优惠形式,依据《企业所得税法》第 27 条第 1 款第 4 项规定,符合条件的技术转让所得,可以减征或免征企业所得税,《企业所得税法实施条例》对此予以细化,居民企业在一个纳税年度内的技术转让所得,不超过 500 万元免征收企业所得税;500 万元以上减半征收企业所得税;(2) 高新技术企业所得税优惠税率采取税率式税收优惠形式,依据《企业所得税法》第 28 条第 2 款规定:"国家需要重点扶持的高新技术企业,减按 15%的税率征收企业所得税。"技术创新税收优惠分为输入型税收优惠与输出型税收优惠:输入型税收优惠是指针对前期研发投入提供优惠;输出型税收优惠是指针对后期研发成果商业化所得提供优惠。[1]欧洲国家的专利盒也是一种技术创新税收优惠,主要作用于企业研发周期末端,我国技术转让企业所得税减免、高新技术企业所得税优惠税率亦作用于研发周期末端,可称之为类专利盒制度,[2]但两者存在部分不同。

1. 作用阶段不同

在我国技术创新税收优惠政策体系中,研发费用加计扣除和研发固定资产加速折旧是创新研发阶段提供税收优惠,即对企业研发活动投入给予输入型税收优惠,但不是每项研发投入都能商业化且达到理想价值,未获得相应利润的研发收入不必缴纳所得税。技术转让企业所得税减免和

---

[1] 参见陈远燕、张鑫媛、薛峰:"知识产权税收激励的国际借鉴与启示——基于符合 BEPS 行动计划的新专利盒制度",载《国际税收》2018 年第 10 期。

[2] 参见程瑶、潘旭文:"专利税收优惠设计的国际比较与借鉴",载《财政研究》2018 年第 2 期。

高新技术企业所得税优惠税率对科技成果转化收入给予输出型税收优惠。专利盒则明确以研发产品所带来的所得为优惠对象，是一种与产出相关且作用在研发后端的税收优惠政策，属于输出型税收优惠。作用阶段的不同是两者最重要的区别，专利盒对创新研发过程要求更进一步，但整体而言，两种税收优惠均减轻了研发企业的税收负担，降低了企业纳税成本。

2. 适格主体不同

适格主体是指符合税收优惠条件的纳税人，是一种资格认定。符合我国技术创新税收优惠条件的纳税人范围相对较窄，仅限于居民企业，特别是高新技术企业所得税优惠税率受到严格限制，须依据相关法律法规确定适格主体，若研发费用、高新产品或研发科技人员及服务收入的占比不符合规定，则不具备高新技术企业资格，即使存在专利或其他知识产权所得也不能享受税收优惠。符合专利盒条件的纳税人范围相对较宽，适用于各国国内税法上的纳税人，不仅包括居民企业，还包括非居民企业的常设机构。BEPS第5项行动计划规定，符合知识产权税收优惠条件的纳税人范围不仅包括居民企业和外国企业在本国设立的常设机构，还包括在给予税收优惠的国家负有纳税义务的居民企业在其他国家设立的常设机构。虽然专利盒适格主体范围广需要更多的财政支持，但也增加了一国在全球范围内的税收竞争力。

3. 适用对象不同

我国研发费用加计扣除和研发固定资产加速折旧的适用对象范围较广，针对所有研发项目，而专利盒仅限于知识产权型的专利项目。依据财政部、国家税务总局、科技部发布的《关于完善研究开发费用税前加计扣除政策的通知》（财税〔2015〕119号），在我国，除烟草制造业、娱乐业、住宿和餐饮业、批发和零售业、租赁和商务服务业、房地产业以外，均可以享受研发费用加计扣除。依据财政部、国家税务总局发布的《关于扩大固定资产加速折旧优惠政策适用范围的公告》（财政部、税务总局公告2019年第66号），研发固定资产加速折旧的适用对象包括全部制造业以及信息传输、软件和信息技术服务业，不仅包括研发技术创新，还包括其他研发项目的相关支出。技术转让企业所得税减免和高新技术企业所得税优惠税率作为类专利盒，在适用对象范围上更接近专利盒，适用对象范围主要为知识产权；技术转让企业所得税减免的适用对象包括专利技术、生物医药新品种、集成电路布图设计权、计算机软件著作权、植物新品种以及财政部和国家税务总局确定的其他技术；高新技术企业所得税优惠税率的适用对象范围包括专利、集成电路布图设计专有权、软件著作权、植物新品种等核心自主知识产权。专利盒的适用对象仅限于知识产权，但具体到每个国家规定的知识产权类型不尽相同，既包括发明专利，又包括软件著作权，还包括商业秘密等，例如匈牙利专利盒的适用对象包括商业秘密。BEPS 第 5 项行动计划明确知识产权税收优惠适用对象包括专利以及其他与专利功能相同的、受到法律的保护且经过相同审批和注册流程的知识产权类资产，对范围规定得更为狭窄。

4. 收入范围不同

虽然我国输出型税收优惠属于类专利盒，但未对收入范围列出明确要求，与专利盒存在重要区别。一般而言，专利盒对于知识产权转让、许可、销售知识产权产品、知识产权自用于生产等来源于知识产权商业化收入提供税收优惠，包括特许权使用费、内嵌收入、资本利得、转让所得、相关产品服务所得。[1] 我国技术转让企业所得税减免仅针对技术所有权转让、五年以上包括五年的全球独占许可使用权、五年以上非独占许可使用权的所得提供税收优惠。与专利盒相比，我国技术转让企业所得税减免的收入范围过于狭窄。我国高新技术企业所得税优惠税率的适用对象远大于专利盒，根据《企业所得税法》第 28 条第 2 款"国家需要重点扶持的高新技术企业，减按 15% 的税率征收企业所得税"的规定，并不具有确定的收入范围，高新技术企业的全部所得均包含在内，但高新技术企业的所得并不都来源于知识产权。

总之，在我国技术创新税收优惠政策体系中，研发费用加计扣除和研发固定资产加速折旧两项政策均属于输入型税收优惠，与输出型的专利盒相差甚大，存在诸多方面的不同；反之，技术转让企业所得税减免和高新技术企业所得税优惠税率属于对后端实施优惠的输出型税收优惠，与专利

---

[1] 参见孙建平等："欧洲国家专利盒政策介绍及对我国的启示"，载《国际税收》2020 年第 6 期。

盒在作用阶段上保持一致,设定目的均是对商品化所得提供优惠。

(三) 专利盒的正负效应

专利盒具有两面性,有助于激励企业自主研发,促进知识产权商业化,但也存在有害税收竞争的风险。

1. 创新激励的正效应

本着为社会创造更多就业机会及推动经济发展的目的,创新利用现存的思维模式与物质资源,不断在各个专业领域寻求新突破,改进或创造新的事物。[1]科技创新具有公共性、创新成果的外溢性以及创新过程的高风险性,对财政扶持较为依赖,财政投入会激励企业实施创新行为,提升创新能力。毋庸置疑,税收优惠具有激励作用,是实现激励目的的一种重要手段与方式,而专利盒实质上是一项针对知识产权商品化所得的税收优惠政策:(1) 专利盒可以有效促进企业研发。专利盒有助于吸引国外知识产权,并且在促进企业研发投入等方面具有显著的积极作用,最直接的效果体现为提升一国专利及其他相关知识产权的申请数量。研究表明,在专利盒的作用下,专利所得的税率每降低1%,专利申请量增加约3%,此外还能提升专利质量。[2](2) 就不同行业而言,专利盒对企业的影响具有差异性,对于信息通信行业类企业、科学与技术类企业的研发投入不存在显著影响,但对于制造业、批发零售行业类企业的研发投入能够发挥显著的推动作用。[3](3) 专利盒能够产生创新激励的效果,提升企业创新能力,进而影响国家的创新能力。创新能力是国民经济成功发展的重要组成部分,也是提升竞争力的重要因素之一。(4) 专利盒除了激励创新、促进企业研发以外,还有助于实现知识产权的商品化,[4]提升专利成果转化率。目前,我国的创新指数虽然占全球前列,但专利成果转化率不高。[5]随着全

---

[1] 参见张嘉怡:"有效创新激励还是有害税收竞争?——BEPS背景下'专利盒'政策的困境",载《中央财经大学学报》2015年第5期。

[2] 参见肖冰、何丽敏、许可:"'创新之策'或'避税之道'——英国'专利盒'政策实践与启示",载《科研管理》2021年第1期。

[3] 参见曹越、赵书博、王琼琼:"专利盒制度对企业创新的激励效应研究",载《财政研究》2019年第4期。

[4] 参见包健:"中国专利税收优惠政策分析",载《科学管理研究》2018年第4期。

[5] 参见程瑶、潘旭文:"专利税收优惠设计的国际比较与借鉴",载《财政研究》2018年第2期。

球科技创新竞争的日渐激烈，知识产权型创新将成为评定国家科技能力和综合实力的重要标准之一，对于促进我国创新能力发展、提高市场主体的自主研发能力具有重要的战略意义。总之，税收优惠政策是激励企业研发的有效手段，通过促进专利成果转化，可以提升国家创新能力。

2. 有害税收竞争的负效应

专利盒在激励国家科技创新、促进经济社会发展的同时，也可能造成严重的有害税收竞争问题。专利盒建立的初衷是激励创新，随着这一策略被各个国家广泛运用，便沦为了企业避税的工具。专利盒是针对知识产权商品化所得的税收优惠政策，但知识产权具有流动性，较为容易转移。[1] 在专利盒的作用下，某些知识产权发达国家的企业的知识产权类无形资产可能发生流失，知识产权的实际创造地与征税地不一致，引发他国的税基被侵蚀的问题，最终导致国家间不公平的税收竞争，甚至有害的税收竞争。[2]

税收竞争具有两面性：一方面，与国家内部市场环境相似，适当的竞争是有利的。适度的税收竞争使得企业的税收压力降低，资源配置得到优化，税收的分配效率得以提升，对各国经济社会发展是有利的。改革开放至今，为了提高税收的竞争力，我国为外商投资企业设定了多种税收优惠模式，收到了很好的效果。另一方面，过度甚至恶性的税收竞争具有有害性。恶性的税收竞争违背公平的竞争原则，侵犯他国税收主权，侵蚀他国税基，损害他国税收利益。

有害税收竞争最初产生自两种情况：一是避税天堂；二是有害税收优惠政策。有害税收竞争专利盒属于后者，部分国家专利盒的制度设计存在缺陷，形成了不正当、不公平的税收竞争环境，违背了税收公平原则，造成有害税收竞争的负效应。例如，英国专利盒存在合格纳税人要求过低、合格收入范围过大、研发活动地点要求较低等问题，虽然经评定，其不属于"有害"，但确实引发了有害税收竞争问题。跨国企业借专利盒避税造

---

[1] See Michael Keen, "Preferential Regimes Can Make Tax Competition Less Harmful", *National Tax Journal*, 54 (2001), pp. 757~762.

[2] 参见陈潇婷："BEPS 环境下'专利盒子'SWOT 分析及应用"，载《湖北社会科学》2017年第12期。

成的税基侵蚀情形十分严重。为有效应对并解决有害税收竞争，应当权衡税收竞争的利与弊，努力避免有害的恶性竞争。

鉴于盛行于欧洲的专利盒造成了税收洼地的结果，OECD将专利盒视为潜在的有害税收竞争类型，因此推动了BEPS第5项行动计划的出台。BEPS第5项行动计划要求有害税收实践论坛（Forum on Harmful Tax Practices，FHTP）对各国知识产权的税收优惠进行识别与审阅，被审阅的知识产权税收优惠必须满足实质性活动要求。不满足要求的专利盒很容易被企业滥用，成为利润转移的工具，进而侵蚀其他国家税基，被视为"有害"。随着适用专利盒税收优惠的国家或地区逐渐增多，全球普遍降低税率造成企业所得税的逐底竞争，产生全球间有害的税收竞争，最终企业通过税收筹划获得最低税率，成为最终赢家，而其他实施或未实施专利盒的国家或地区在税收方面均蒙受损失，全球税基遭受侵蚀。因此，从20世纪末开始，有害税收竞争专利盒便受到关注，但近年才找到协调的方法，BEPS第5项行动计划成为最低标准，其重要性可见一斑。

在税收全球化的大背景下，以国际协调方式解决所得税制问题乃是发展趋势，但部分发达国家在税收管辖上过度扩张，制定的知识产权税收优惠政策又存在有意或无意的漏洞，由此产生了有害税收竞争专利盒。为了应对有害税收竞争，我国一方面可以顺应国际趋势，充分遵守国际税收规则，配合有害税收实践论坛同其他国家一起做好打击有害税收竞争的工作；另一方面可以坚持国家税收主权，结合我国国情，调整我国相关税收优惠政策，避免有害税收竞争对我国税基造成的巨大损失。

总之，我国应当打击有害税收竞争，吸引实质经营活动，实现征税地即真正的价值创造地，参与建立公平税收竞争的国际环境，顺应合理、公平的国际税收竞争需求，促进我国社会经济的发展。

二、规制有害税收竞争专利盒的BEPS行动计划和各国经验

（一）BEPS第5项行动计划

在BEPS项目中，应对有害税收竞争，与防止滥用协定、国别报告和争端解决的完善四项成果共同被认定为最低标准。全体OECD和G20成员一致承诺，将保证必然实施四项成果。实践证明，纵观15项行动计划，这

四项确实是国际税收改革见效最明显的领域。[1]

1. BEPS第5项行动计划规制有害竞争专利盒的基本内容

BEPS第5项行动计划是四项最低标准之一，保障最基本的公平国际税收环境：一方面要求只有纳税人的实质性经营活动才可以享受税收优惠；另一方面要求保持对纳税人具体裁定的透明性。

（1）合格资产和合格纳税人。BEPS第5项行动计划出台前，各国专利盒对合格资产划定的范围十分宽泛，不仅包括营销型知识产权，例如卢森堡将商标纳入优惠范围，还包括营业型知识产权，例如研发活动产生的专利、版权等。合格纳税人即符合条件的纳税人，各国专利盒往往适用于各国国内税法上的纳税人，既包括居民企业，也包括非居民企业的常设机构。[2]BEPS第5项行动计划对合格资产范围予以重新划定，由于部分知识产权与研发活动无关，且无法带来外溢效应，行动计划因此明确表示依据关联法符合资格的知识产权类资产仅限于专利、其他与专利功能等同以及经过相似审批和注册流程的受法律保护的其他知识产权类资产，其中与专利功能等同的知识产权包括：①广义上的专利；②受版权保护的软件；③特定情况下也包括新颖、实用、不明显的知识产权。因此，诸如商标等全部营销型知识产权、无专利特征的营业型知识产权不再包含于税收优惠范围内，但对于中小企业的"合格资产"的范围放宽了要求。因应BEPS第5项行动计划的要求，多数国家调整了专利盒的合格资产范围，侧重于制定激励企业研发创新类型的知识产权优惠政策。

依据BEPS第5项行动计划，符合条件的合格纳税人主要包括：①居民企业；②其他国家的企业在本国设立的常设机构；③给予税收优惠国家负有纳税义务的居民企业在其他国家设立的常设机构。由此可见，BEPS行动计划所认可的符合条件纳税人不包括个人。

（2）实质性活动的关联法衡量。BEPS第5项行动计划出台前，各国专利盒不强调税收优惠与实际研发活动的关联性。这种不以实质性活动为

---

[1] 参见[美]康拉德·特雷、池澄："应对有害税收竞争议程的发展：BEPS第5项行动计划的回顾与展望"，载《国际税收》2021年第4期。

[2] 参见陈远燕、张鑫媛、薛峰："知识产权税收激励的国际借鉴与启示——基于符合BEPS行动计划的新专利盒制度"，载《国际税收》2018年第10期。

前提的税收优惠政策，导致知识产权类无形资产的不正当流动，造成税基侵蚀的严重漏洞。

BEPS 第 5 项行动计划关于知识产权税收优惠的明确规定主要针对的是目前广泛存在于欧洲国家的专利盒，行动计划对各种优惠制度提出了实质性活动的要求。对于将实质性活动要求适用于知识产权税收优惠政策，有害税收实践论坛建议用关联法来确定。关联法所关注的重点在于是否以纳税人从事研发活动的程度为条件而给予税收优惠。具体计算公式如图 2-1：

$$\frac{开发\ IP\ 所发生的符合条件的支出额}{开发\ IP\ 所发生的支出总额} \times IP\ 资产产生的净收入总额 = 可享受税收优惠的收入$$

图 2-1 关联法的计算公式

首先，符合条件的知识产权研发支出是指符合要求的纳税人自身发生且直接与知识产权相关的支出，具体包括工资薪金、消耗费用、直接成本以及与研发活动相关的间接成本，但不包括利息支出、建筑成本、购置成本或其他任何不能直接与知识产权相联系的支出。对于外包支出部分，外包给关联方的，不包括在符合条件的支出内；外包给非关联方的，则包括在符合条件的支出内。[1]在最终计算时，允许各国纳税人调整符合条件的支出，可以对计算结果加计上浮额，但以 30% 为限，且加计后的支出数额不得超过支出总额。上浮调整在某种程度上肯定了外购知识产权或者将研发活动外包给关联方创造了取得知识产权收入的价值贡献，但也严格地限制可以享受优惠的所得额，既防止过度惩罚纳税人外购知识产权或者将研发活动外包给关联方的行为，又保证纳税人仅实施实质性活动才能享受税收优惠，加强了税收优惠与研发行为的关联性。

其次，知识产权研发支出总额是指所有符合条件的知识产权研发支出、购置成本以及外包给关联方主体的支出。值得注意的是，虽然利息支出、建筑成本为纳税人自身发生，但不包含在支出总额中，即关联法的适用不等于在知识产权研发过程中的所有支出额。

---

[1] 参见朱为群、李佳坤："激励科技创新的'专利盒'优惠税制的发展特征及启示"，载《税务研究》2019 第 11 期。

最后，知识产权产生的净收入总额是指知识产权相关收入的总额减去当年发生并且与知识产权收入有关支出后的所得额。各国应当按照本国国内法以及转让定价规则对"净收入总额"进行定义，但须遵循以下两个原则：①享受税收优惠的收入应符合适当比例；②净收入总额应局限于与知识产权相关的收入，主要包括财产收益、特许权使用费、销售嵌入知识产权的产品的收入、其他转让知识产权的收入以及取得使用与知识产权直接有关的程序的收入，其中一国若对嵌入式知识产权收入给予税收优惠，必须以一致、连贯的方法将市场营销和生产回报等与知识产权无关的收入剥离开来。

（3）纳税人义务。为了享受专利盒所产生的税收优惠，纳税人需要对收入与支出进行跟踪记录管理，以确保享受税收优惠的收入均来源于符合条件的支出。若一家企业拥有超过一项知识产权或从事外包、外购业务，跟踪记录则尤其重要，因为来往交易记录较为复杂，容易发生混淆。纳税人若未做跟踪记录，不影响其取得知识产权收入，但对享受知识产权税收优惠有影响。

（4）过渡措施。BEPS 第 5 项行动计划建议各个国家引入过渡条款或采取过渡措施，允许所有正在享受优惠的纳税人保留其税收优惠待遇至某一特定日期，但与关联法不一致的知识产权税收优惠政策的最迟废止时间为 2021 年 6 月 30 日，并且之后不再批准新的企业适用与关联法相悖的专利盒。基于此，各国陆续修改原专利盒，将以关联法认定实质性活动纳入专利盒的适用标准中。

2. 关于 BEPS 第 5 项行动计划规制有害税收竞争专利盒的评价

各国税制由于缺乏协调配合，有害税收竞争这一棘手问题应运而生，虽然各国从 20 世纪 90 年代就开始打击这一行为，并且从未停歇，但有害税收竞争实践进展缓慢。随着 2015 年 BEPS 行动计划的出台，其中第 5 项行动计划确保有害税收实践论坛得以重续之前的工作。[1]根据行动计划的要求，各国应当通过实质性因素和税收透明度打击有害税收竞争，鉴于有害税收竞争源于各国对优惠性税收政策的滥用，因此未来适用税收优惠须

---

[1] 参见［比］霍华德·M. 利伯曼、维尔纳·希维特、伏勒瑞·沃杨："打击有害税收实践 BEPS 行动计划 5 和欧盟的工作——进展、现状及展望"，陈新译，载《国际税收》2016 年第 6 期。

符合实质性经营活动标准,将实质性因素明确规定于知识产权税收优惠政策之中。因应 BEPS 第 5 项行动计划,部分国家基于实质性因素的要求以及同行评审的工作反馈修改国内税法,一部分有害的优惠性税收政策得以修正,有力地打击了有害税收竞争,进而得以构建公平竞争的国际税收环境,对 BEPS 发挥有效的遏制作用。

作为四项最低标准之一,各国落实 BEPS 第 5 项行动计的情况须经同行评审,以确保及时并准确地实施。从实践来看,在 BEPS 第 5 项行动计划出台之后,纳税人享受知识产权税收优惠的门槛提高了,驱使多数企业在知识产权商业化中选择更有质量的知识产权项目,要求各国制定符合国际税收秩序的税收优惠政策。BEPS 第 5 项行动计划带来公平的国际税收竞争,行动计划实施保障各国公平的竞争地位,构建有利于公平竞争的税收环境。虽然我国不是 OECD 成员国,但作为 BEPS 行动计划参与国与推动国,应当结合国情加以回应,在全球税收一体化背景下顺势推动改革。OECD 报告指出,截至 2018 年,知识产权税收优惠所要求的实质性已经达成,但此项成就也遭到不绝于耳的质疑,并且新产生与之相关的税收热点词"实质转移"。与"利润转移"正相反,"实质转移"是指纳税人经由税收筹划,仅迁移相对少量的高级管理人员即可满足实质性标准的转移。由此可见,滥用知识产权税收优惠的税收竞争尚未结束,BEPS 行动计划仍须努力推进。[1]

(二) 因应 BEPS 行动计划的有害税收竞争专利盒规制各国经验

因应 BEPS 第 5 项行动计划,各国纷纷修订本国知识产权税收优惠的相关法律规定,其中荷兰、德国、英国、美国较为典型。

1. 荷兰

2007 年,荷兰专利盒开始实施,其最初仅限于专利,但从 2010 年 1 月 1 日起适用范围扩大至专利之外的技术创新领域,因而更名为创新盒(Innovation Box)。[2]

---

〔1〕参见〔美〕康拉德·特雷、池澄:"应对有害税收竞争议程的发展 BEPS 第 5 项行动计划的回顾与展望",载《国际税收》2021 年第 4 期。

〔2〕参见王鸿貌、杨丽薇:"欧洲十二国专利盒制度的比较与借鉴",载《知识产权》2016 年第 4 期。

因应 BEPS 第 5 项行动计划，荷兰对创新盒进行调整，2017 年开始，享受专利优惠的范围缩小为企业自主研发活动所获的利润，合格利润的计算公式如图 2-2。

$$合格利润 = \frac{合格\ IP\ 支出 \times 1.3}{IP\ 支出总额} \times 来自符合条件的\ IP\ 总利润$$

图 2-2　荷兰创新盒的合格利润计算公式

知识产权支出的总额包含企业直接创造知识产权所付出的研发成本、给集团其他企业进行研发活动的外包成本以及知识产权的外购成本，但不包含住宿饮食和财务支出等间接产生的成本。合格知识产权支出仅包含企业直接研发知识产权所付出的成本，同时此项成本乘以 1.3 的系数，此举是对知识产权支出总额中未计入部分的补偿。

荷兰创新盒的合格资产包括专利、软件、实用新型和非显而易见的新型资产，软件和非显而易见的新型资产限于 5 年内年净营业额未超过 5000 万欧元的纳税人，或者 5 年内创新资产所获毛利润未超过 3750 万欧元的纳税人。此外，荷兰明确合格资产须获政府机构授予的符合标准的研发证书。

荷兰创新盒在 2017 年之前未将外包研发活动排除在外，2017 年之后，外包研发活动所产生的利润不再享受创新盒的税收优惠，通过对创新盒的修正，优惠范围被缩小，确实减少了跨国企业转移无形资产的行为，限制了有害税收竞争的发生，维护了公平竞争的税收环境。2018 年开始，荷兰创新盒的优惠税率由 5% 提升到 7%，但相较其他国家和地区，荷兰的税负仍处于较低水平保持了荷兰自身的税收竞争力。

长期以来，荷兰是公认的跨国企业税收筹划的"导管"，但针对 BEPS 2.0 支柱二所规定的"不良行为"门槛即低税率，荷兰采取了一系列严格措施，其中最重要也最引人注意的是，自 2021 年开始，荷兰有条件地征收预提所得税，主要针对向企业所得税的税率低于 9% 的税收管辖区支付的利息以及特许权使用费，并且从 2024 年起预提所得税涵盖范围扩大至股息。

2. 德国

德国原本没有严格意义上的专利盒，不以税收优惠方式，而是以特定项目为基础，通过酌量提供现金补贴和贷款的形式激励企业的研发活动，以致德国的税基易被有害竞争专利盒所侵蚀。例如，德国企业研发知识产权成功后，企业采取成本分摊协议的方式，将知识产权的所有权或使用权转移至低税区的专利盒国家的受控外国企业，由其持有并运营，德国税收利益因此遭受他国的侵害。

因应 BEPS 第 5 项行动计划，德国提出的实质性活动要求，对特许权使用费扣除采取了严格的限制措施。依据 2017 年《特许权费起付标准》的规定，德国企业转移特许权使用费，若接受方的海外税收管辖地所适用的知识产权税制不符合有害竞争论坛的审查标准，即接受方受益于低于 25% 的税率或不符合关联法要求，则被限制在税前扣除应支付的特许权使用费。此项规定的目的在于，通过限制企业支付特许权使用费，打击存在有害税收竞争的低税区国家，进而营造税收公平的国际环境。

2021 年德国发布了《反避税和不公平税收竞争法》，主要规定向欧盟黑名单税收管辖区支付特许费用不准税前扣除、否定预提所得税减免以及加重受控外国企业税制，以及提高个人、企业涉税信息报告的要求并增加合作义务，借此促进有害税收竞争的税收辖区做出调整，以减少企业或个人与存在不公平税收竞争或不透明税收实践的国家之间发生业务联系。〔1〕

3. 英国

与欧洲其他国家一样，英国在 2013 年为了激励经济增长计划实施专利盒，〔2〕实现了创新激励的目的，鼓励企业专利成果的转化，保证创新型企业的知识产权留在本土，进而保持英国在专利型科学技术领域的世界领先地位。〔3〕科技巨头 Apple 与 Google 将专利盒作为利润转移工具，经常以研发费或知识产权许可费分摊协议等方法，将收入从高税率的税收管辖区转入低税率的税收管辖区。为应对有害税收竞争，避免企业滥用他国专利盒进行逃避税，英国对自身专利盒做出修改和完善，旨在强化本国研发活动

---

〔1〕 参见 [比] 霍华德·M. 利伯曼、维尔纳·希维特、伏勒瑞·沃杨："打击有害税收实践 BEPS 行动计划 5 和欧盟的工作——进展、现状及展望"，陈新译，载《国际税收》2016 年第 6 期。

〔2〕 参见肖冰、何丽敏、许可："'创新之策'或'避税之道'——英国'专利盒'政策实践与启示"，载《科研管理》2021 年第 1 期。

〔3〕 参见赵书博："中国与欧洲各国'专利盒（Patent Box）'制度比较研究"，载《会计之友》2015 年第 6 期。

与获得收入之间的关联性,以此限制无形资产所产生的利润转移,使税收优惠更具有公平性。

按照 BEPS 行动计划的建议,英国修改了专利盒,要求知识产权收入与支出之间存在联系,以此来限制合格收入,从而保证税收优惠对象的质量:一方面引入关联法设计关联度比例,排除与境内研发无关的活动;另一方面通过分流法划分知识产权与非知识产权收入,实现对知识产权收入的精准优惠。

虽然英国税率优惠不具有竞争力,但以较宽的税收优惠适用范围,保持自身的税收竞争力优势,不仅对知识产权转让所得提供税收优惠,还对知识产权侵权赔偿所得及其他补偿所得提供税收优惠。此种将侵权赔偿所得纳入优惠范围的情形,实际上是对适用范围的不当扩大,偏离了专利盒的核心目的,虽然未被评为有害的税收优惠政策,但确实存在有害税收竞争问题。

4. 美国

美国的企业所得税创新研发税收优惠原本侧重于研发过程的优惠,例如税收抵免、税前扣除和税收递延等,符合实质性经营活动的要求,但不属于严格意义上的专利盒。随着各国专利盒税收优惠政策的发展,美国也推出了具有特色的科技创新税收优惠措施,[1]特朗普税改产生美国式专利盒,拜登总统上台后将此发展至淋漓尽致。美国针对跨国企业的海外收入设立了三个新型税种:(1)全球无形资产低税收入税;(2)海外无形收入税;(3)税基侵蚀和反滥用税。前两者与知识产权相关。

2017 年特朗普税改主要针对跨国企业的海外收入,由全球性征税税制转变为属地征税税制,还同时废除了原有的税收递延规则。修改后的美国税制激励跨国企业在美国以外的其他地区设立企业并创造收入,并且无须向美国缴纳税款。2017 年《减税与就业法》(Tax Cuts and Job Act)出台,其中美国企业通过向国外的个人或企业出售、处置或授权知识产权和向国外的个人或企业提供服务收益超过自身有形资产 10% 价值的,符合要求的海外无形资产所得享受 37.5% 的税收扣除,从而将实际税率降至 13.125%,在 2025 年之后享受 21.873% 的税收扣除,实际税率变为 16.406%,其中海外无

---

[1] See Bernard Knight, Goud Maragani, "It Is Time for the United States to Implement a Patent Box Tax Regime to Encourage Domestic Manufacturing", *Stanford Journal of Law*, 19 (2013), p.45.

形收入（Foreign-Derived Intangible Income，FDII）的具体计算公式如图2-3。

$$FDII = DII \times \frac{FDDEI}{DEI}$$

图2-3 美国海外无形收入的计算公式

首先，确定符合条件的可扣除合格收入（Deduction Eligible Income，DEI），是指国内企业毛收入在扣除税收和其他扣除额后的收入，但不包括来源于外国受控企业的股息、F分部所得、全球无形资产低税所得（Global Intangible Low-taxed Income，GILTI）以及国外分支机构收入。

其次，确定DEI国外的部分，即源自其他国家符合条件的可扣除合格收入（Foreign Derived Deduction Eligible Income，FDDEI）。例如，纳税人向非美国居民售卖财产，并且这部分财产在国外使用，纳税人基于这一行为获得的收入就是FDDEI之一。

再次，确定美国企业的应有无形所得（Deemed Intangible Income，DII），即美国企业的DEI超过自身合格商业资产投资（Qualified Business Asset Investment，QBAI）10%以上价值的部分。QBAI主要是指企业的有形财产价值，基于直线法合理扣除折旧后，以企业产生DEI的有形财产计税基础的季度平均值来衡量。

最后，确定FDII，即FDDEI与DEI的百分比乘DII的结果。

美国税收优惠政策为全球范围内取得知识产权所得并将知识产权留在美国的企业提供了激励，具有专利盒的特征，但FDII不完全符合关联法的规定，没有强调FDII基于自主研发，并且优惠范围不仅包括专利特征的无形资产，还包括无专利特征的更大范围所得。[1]此外，受新税制的冲击与影响，多数跨国企业均选择将知识产权相关业务回归美国，这一现象充分说明美国针对有害税收竞争专利盒的规制手段有效且有力，税制发挥美国战略的保障与支柱性作用。

---

[1] 参见杜莉、姚瑶："后BEPS时代知识产权所得税收优惠政策国际比较与借鉴"，载《国际税收》2020年第6期。

三、类专利盒的适用范围

（一）合格纳税人

我国技术转让企业所得税减免中符合条件的纳税人范围仅限于居民企业，高新技术企业所得优惠税率中符合条件的纳税人则在居民企业范围内做出进一步要求，即企业需要具备核心且自主的知识产权，并且还要满足法律规定的其他条件，因此我国类专利盒的合格纳税人范围较为狭窄。

我国可以扩大类专利盒适用主体的范围，包括居民企业以及非居民企业在我国设立的常设机构。随着跨国企业的经营模式变革，越来越多的外国企业在我国设立了非独立法人性质的研发中心，并承担了研发转化工作，将这些构成常设机构的主体排除在税收优惠政策之外，不利于研发活动的全球化推广，也降低了我国税制的吸引力。因此，为提升税收竞争力，遏制有害税收竞争，我国可以将类专利盒的适用主体范围扩至居民企业以及非居民企业在我国的常设机构。

（二）合格资产

依据财政部、国家税务总局发布的《关于居民企业技术转让有关企业所得税政策问题的通知》（财税〔2010〕111号），技术转让企业所得税减免的合格资产包括专利技术、计算机软件著作权、植物新品种、生物医药新品种、集成电路布图设计权，以及财政部和国家税务总局确定的其他技术，其中专利技术是指法律授予独占权的发明、实用新型和非简单改变产品图案的外观设计。高新技术企业所得优惠税率包括专利、软件著作权、新品种植物、集成电路布图设计专有权等核心自主知识产权，但不包括商标。

为增加对高质量知识产权的税收优惠，我国应当将有著作权的软件纳入类专利盒的合格资产范围。"软件著作权"与"有著作权的软件"并不完全一致，后者范围大于前者。在全球科技发展中，软件产业成为创新引领的重要着力点，各国税收竞争力的关键体现为对高质量知识产权即软件产业的税收优惠力度。[1]长期以来，各国专利盒仅对软件著作权施以税收优惠，因应BEPS行动计划，各国向高质量知识产权提供税收优惠的数量

---

〔1〕 参见祝佳瑶："我国'专利盒'优惠税制的构建"，载《湖南税务高等专科学校学报》2020年第4期。

呈增长态势，越来越多的国家将有著作权的软件纳入专利盒范围。目前，我国软件产业的核心技术极其欠缺，在打击有害税收竞争的同时，将有著作权的软件纳入类专利盒的适用对象，对软件产品所得以及软件的著作权所得均施以优惠，可以更有效地促进软件行业的自主研发，同时提升我国的税收竞争力。[1]

在满足打击有害税收竞争的国际标准之下，扩大税收优惠适用范围，既不违背公平竞争原则，也是规制有害税收竞争的有力手段。扩大税收优惠的适用范围，在某种程度上虽然会减少我国税收收入，但加强了实质性活动审查标准。严格规范适用优惠所得的标准，整体的税收收入不会出现大幅度下降，仍在我国财政支出能力范围之内。

四、类专利盒的实质性活动认定

(一) 获取知识产权的方式

我国类专利盒与BEPS第5项行动计划存在一定差距，主要是未对实质性活动认定作出明确规定。虽然我国已经修订"5年以上独占许可"的知识产权获取的限制，接近于BEPS第5项行动计划规制有害税收竞争的要求，但是高新技术企业认定符合条件的知识产权研发支出，仍保留受让、受赠、并购等获取知识产权的方式，这与BEPS第5项行动计划不完全一致，也不符合关联法的规定。我国应当参照荷兰的做法，对于知识产权的获取方式采取关联法，进而将受让、受赠、并购等排除在可获得税收优惠的范围之外，以保证我国类专利盒符合实质性活动要求，进而促进自主研发，提高我国科技创新能力。

由于我国认定高新技术企业，对科技人员比例、研发费用比例、高新技术产品或服务收入占比以及企业创新能力等均作出了全面、细致的规定，较之关联法还要严格，所以经有害竞争论坛的审议，最终会获得"无害"的评价。我国应当依据BEPS第5项行动计划的要求，加大对研发转化环节实质性投入活动的关联性设计，将研发与产出关联起来，规范税收优惠政策的适用范围，避免我国陷入有害税收竞争的不利境地，也为打击

---

[1] 参见朱为群、李佳坤："激励科技创新的'专利盒'优惠税制的发展特征及启示"，载《税务研究》2019第11期。

有害税收竞争做出进一步努力。

(二) 内嵌所得

内嵌所得，即内嵌特许权使用所得，是指企业销售由自己的专利等知识产权所转化的产品或服务而产生的所得。申言之，企业科技创新成果的自行转化被视为企业许可专利等知识产权为自己使用所产生的所得。由于对内嵌所得的识别较为困难，我国技术转让企业所得税减免的优惠范围不包括内嵌所得。但是，BEPS 第 5 项行动计划降低了内嵌所得的识别难度，各国逐步选择将内嵌所得纳入专利盒的优惠范围，例如匈牙利、瑞士、加拿大和土耳其等将内嵌所得纳入专利盒的优惠范围，以保持或提升本国税收竞争力，应对专利盒可能引发的有害税收竞争。[1]

我国高新技术企业所得税优惠税率对优惠所得范围予以比例限制，此项制度可以将适格主体的内嵌所得纳入其中，但企业技术转让企业所得减免对内嵌所得缺乏规定。内嵌所得纳入收入总额符合实质性活动要求，因此我国可以借鉴 BEPS 第 5 项行动计划以及有关国家经验，将专利带给企业的内部收益纳入税收优惠范围，以激励我国高质量发明专利的转化效率。

随着 BEPS 第 5 项行动计划不断深化实施，在传统低税区以外的税收管辖区专利盒税收优惠中落实实质性活动标准，势必会增加纳税人在低税区内开展非实质性经营活动的机会，从而对遵从实质性活动的税收管辖区产生新的有害税收竞争威胁。为此 BEPS 包容性框架在 2018 年达成共识，将对低税区适用实质性活动标准进行税收优惠的审核，[2]即实质性活动标准将全面适用于所有税收管辖区的税法制度，以防范各税收管辖区采取相关法律制度引起的有害竞争风险。[3]

---

[1] 参见王影航：“专利盒税制的法治原则与现实构造”，载《科技与法律》2019 年第 4 期。

[2] 参见朱炎生："实质性标准下科技型优惠税制的发展趋势与启示"，载《国际税收》2020 年第 11 期。

[3] See OECD, *Harmful Tax Practices - 2018 Progress Report on Preferential Regimes: Inclusive Framework on BEPS: Action 5*, OECD/G20 Base Erosion and Profit Shifting Project, OECD Publishing, 2019, p. 33.

第三章
税收处理滥用的反避税规则

第一节 混合实体错配安排

一、混合实体错配安排概述

(一)混合实体错配安排的概念

混合实体错配安排是指利用两个或两个以上国家关于金融工具、实体或载体的税收处理差异,以致产生长期递延纳税或双重不征税等效果。[1] 2016年欧盟《反避税指令Ⅰ》第2条第9款指出,混合实体错配安排是发生在一成员国的纳税人与另一成员国的关联企业之间的一种情况或成员国之间的一种结构性安排,通过借助金融工具或金融实体法律性质的差异产生以下结果:(1)同一笔支出、费用或损失在发生国以及另一个成员国中均予以扣除,即双重扣除(Double Deduction,DD);(2)同一笔支出在发生国予以扣除时,其他成员国则不将其作为应税所得,即一方扣除、他方不计入所得(Deduction/No Inclusion,D/NI)。[2]

混合实体错配安排是跨国交易中常见的避税手段,也是混合实体错配安排的典型方式,是指跨国经营实体利用两个或两个以上国家(地区)对混合实体的不同税收处理,通过恶意税收筹划进行跨国家(地区)的税收

---

[1] 参见"Hybrid Mismatch Arrangements: Tax Policy and Compliance Issues, OECD Publishing",载https://www.oecd.org/ctp/exchange-of-tax-information/hybridmismatcharrangement-staxpolicyandcomplianceissues.htm,最后访问日期:2022年6月8日。

[2] 参见"Anti Tax Avoidance Directive, Official Journal of the European Union",载https://eur-lex.europa.eu/legal-content/EN/TXT/PDF/?uri=CELEX:32016L1164&from=en,最后访问日期:2022年6月8日。

套利，实现长期递延纳税或双重不征税，从而降低参与主体的整体税负。这种税收筹划阻碍相关国家（地区）税收政策的施行，扰乱国际税收竞争秩序，影响国际税收公平性、跨境税收透明度以及相关国家（地区）的税收效率。

（二）混合实体错配安排的类型

混合实体错配一般可划分为三种类型：利用混合实体实现双重扣除、利用混合实体实现一方扣除、一方不计入所得以及利用反向混合实现一方扣除、一方不计入所得。这三种类型最终会产生两种结果，双重扣除或者一方扣除、一方不计入所得。[1]

类型一：利用混合实体实现双重扣除。此种类型会造成同一笔款项在相关国家（地区）均实现费用扣除的结果。典型的税收筹划方式为在 A 国（例如美国）注册成立公司 A，再于 B 国（例如荷兰、卢森堡等欧洲国家）注册成立 A 公司的子公司 B 以及 B 公司的子公司 C。根据 B 国税法规定，纳税时 B 公司被视为非透明体；但依据 A 国税法规定，纳税时 B 公司被视为透明体。B 公司向本国银行进行借贷，按年度支付利息，并且 B 公司不进行其他商业活动，无其他所得。为减少税收负担，B 公司与 C 公司合并纳税申报，将 B 公司因向银行贷款而支付的相关利息转由 C 公司予以扣除。此外，由于 B 公司在 A 国被视为纳税透明体，因此 A 公司可就 B 公司所支付的贷款利息享受税前扣除，从而实现同一笔款项在 A、B 两国予以两次费用扣除。

类型二：利用混合实体实现一方扣除、一方不计入所得。典型的税收筹划方式为在 A 国注册成立公司 A，在 B 国注册成立公司 B 以及 B 公司的子公司 C，并且由 A 公司持有 B 公司一定比例股份。根据 B 国税法规定，纳税时 B 公司被视为非透明体；但依据 A 国税法规定，纳税时 B 公司则被视为透明体。A 公司向银行进行贷款，再由 A 公司将此笔款项转贷给 B 公司，由 B 公司向 A 公司支付利息。B 公司在纳税申报时与 C 公司构成税收项目下的合并集团，B 公司向 A 公司支付的利息可以在与 C 公司合并申报时扣除转移至 C 公司。由于 A 国在税收上将 B 公司认定为纳税透明体，纳

---

[1] 参见［罗马尼亚］玛德莉娜·珂特鲁特：《BEPS 时代的国际税务架构：反滥用措施分析》，姜跃生、陈新译，中国税务出版社 2020 年版，第 127~128 页。

税时无需考虑 A 公司提供给 B 公司的借贷，依据 A 国税法由 B 公司支付给 A 公司的利息因此不能被认定应税所得。在此种安排下，B 公司向 A 公司支付的同一笔利息在 B 国纳税时进行扣除，在 A 国纳税时未被计入应税所得，从而实现同一笔款项一方扣除、一方不计入所得的结果。

类型三：利用反向混合实现一方扣除、一方不计入所得。利用反向混合产生的错配，源自向混合实体支付的款项。[1]典型的税收筹划方式为在 A、B 两国分别注册成立 A、B 公司，A 公司持有 B 公司一定比例股份，同时在 C 国有一居民集团公司 C。根据 B 国税法规定，纳税时 B 公司被视为透明体；但依据 A 国税法规定，纳税时 B 公司则被视为非透明体。B 公司将一笔款项借贷给 C 公司，C 公司支付给 B 公司的利息在 C 国可以进行税前扣除，因为 B 国将 B 公司视作纳税透明体，故 B 公司在 B 国可以享受税收豁免，该笔利息在 B 国未征税；又由于 A 国在税收时将 B 公司视为非透明实体，该笔利息被 A 国视为应当由 B 公司取得并向 B 国纳税，故 A 国也不对该笔利息征税。在此种安排下，由 C 公司向 B 公司支付的同一笔利息造成了在 C 国扣除，在 A 国未被计入应税所得，从而利用反向混合实现一方扣除、一方不计入所得的结果。

（三）混合实体错配安排的法律要件

混合实体错配安排的法律要件可以分为混合实体、税收错配结果和纳税人总税负减少。

1. 混合实体

按照荷兰国际财政文献局（International Bureau of Fiscal Documentation，IBFD）的定义，一个实体若是在一国被税法归类为透明实体，而在另一国被归类为非透明实体，此实体即为混合实体。一个实体若是被一国税法归类为非透明实体，而在另一国被归类为透明实体，此实体即为反向混合实体。[2]当一个实体被一国税法归类为透明实体，该实体变为了非应税实体，通常情况下认为此实体的所得或亏损就是参与者的所得或亏损；反

---

[1] ［罗马尼亚］玛德莉娜·珂特鲁特：《BEPS 时代的国际税务架构：反滥用措施分析》，姜跃生、陈新译，中国税务出版社 2020 年版，第 128 页。

[2] ［罗马尼亚］玛德莉娜·珂特鲁特：《BEPS 时代的国际税务架构：反滥用措施分析》，姜跃生、陈新译，中国税务出版社 2020 年版，第 127 页。

之，若一国税法将某一实体视为非透明实体，此混合实体就成为独立的纳税实体。陈清秀认为，所谓混合实体是指在一个国家，依据其国内法，认定为导管性质，不认定为独立的纳税主体；但在此交易的另一方国家，依据其国内法，则被认定为独立的纳税主体。[1]根据 BEPS 第 2 项行动计划"消除混合错配的影响"，混合实体是指不被签订税收协定的一方或双方作为纳税人对待的实体，例如合伙制企业。由于各个国家（地区）间税法对于实体认定及其税收处理的差异，给予了混合实体错配安排实现的可能性。1997 年，美国修改《国内收入法典》设立了打钩规则，可以随意将一个欧洲公司视为纳税透明体，而荷兰、卢森堡等欧洲国家对纳税合并申报而产生的混合体性质认定存在差异，由此产生混合实体错配现象。[2]

2. 税收错配结果

税收错配结果有两种：一种为双重扣除，另一种为一方扣除、一方不计入所得。类型一和类型二两种错配模式，又被称为混合体支付错配模式，一般通过母公司在境外设立混合体并对外借款，利用相关国家对混合体是否为透明税收实体的认定差异，以实现相关利息在母公司所在国和混合体所在国获得双重扣除或一方扣除、一方不计入所得的结果。类型三的错配模式，又被称为反向混合实体错配模式，一般通过母公司在境外设立混合体向第三国公司提供借款，以此实现相关利息在第三国作税前扣除，但在混合体所在国及母公司所在国均不计入应税所得的错配结果。

3. 纳税人总体税负减少

在经济全球化的背景下，各个国家积极参与国际税收竞争，加之各个国家税制的差异化，这些都为国际避税创造了条件。为实现自身利益最大化，跨国企业追求双重不征税、双重扣除以及长期递延等税收结果，积极利用混合实体错配安排以尽可能减少税收负担，导致相关国家面临税基侵蚀和利润转移风险。关于跨国企业的国际避税行为是否违法仍存在分歧，但其扭曲市场竞争秩序、影响资源配置以及破坏税收公平的危害是显而易见的。

---

[1] 参见黄茂荣、葛克昌、陈清秀主编：《BEPS 行动方案与国际税法》，元照出版公司 2021 年版，第 180 页。

[2] 参见高健敏："完善我国税收政策体系以消除混合错配安排的影响"，载《国际税收》2020 年第 12 期。

二、反混合实体错配安排的 BEPS 行动计划和欧盟经验

(一) BEPS 行动计划的反混合实体错配安排规则

自 2008 年金融危机以来，全球经济发展中生产持续过剩以及数字经济的高速发展等新变化给传统税制带来许多新的挑战，混合实体错配安排导致的税基侵蚀和利润转移问题逐渐成为各国关注的焦点。2015 年 BEPS 第 2 项行动计划正式发布，为各税收管辖区设计整体架构以协调彼此对混合实体错配采取的对策，标志着国际税收秩序开始脱离了税收体制与经济实质不完全匹配的旧时代。BEPS 第 2 项行动计划虽不具有强制性的法律约束力，实质上仅是一项用来协调各个国家（地区）税制差异、提高税务机关对税收信息情报掌控能力的工具或一项利益协调准则，但为各国提供了一个统一的最低标准，对于某些相互协商程序无法解决的特殊案例还会引入仲裁程序，以保障相关措施的有效落实。

BEPS 第 2 项行动计划设置了首要规则与防御性规则，来消除混合实体错配安排产生的税收问题。针对因混合实体错配而导致的双重扣除结果，首要规则是母公司所在国应不允许作税前扣除，而在母公司所在国未采取相关措施的情况下，防御性规则规定支付方所在国不允许作税前扣除。针对因混合实体错配而导致的一方扣除、另一方不计入所得的结果，首要规则是支付方所在国采取措施不允许作税前扣除，在支付方未采取相关措施的情况下，防御性规则要求收款方所在国可将其计入所得征税。

1. 消除双重扣除的建议

BEPS 第 2 项行动计划针对消除双重扣除安排给出以下建议：若一笔支付导致双重扣除结果，母公司税收管辖区应当禁止扣除；若母公司税收管辖区未禁止扣除，支付方税收管辖区应禁止此笔款项的扣除。任何超过当期双重计税收入金额的扣除，可抵减其他缴税期间的双重计税收入。若纳税人可以依据税务机关的规定证明在其他税收管辖区的超额扣除按照当地法律不能抵减任何实体的非双重计税收入，则允许超额扣除以防止产生滞留亏损。以上规则仅适用于混合支付方的可扣除支付。

在下列情况下，按照支付方税收管辖区法律，一笔支付可扣除，则支付方被视为混合支付方：(a) 支付方不是支付方税收管辖区的居民，并且

支付方（或关联方）可根据支付方居民的税收管辖区（母公司税收管辖区）的法律重复扣除支付；或（b）支付方是在支付方的税收管辖区的居民，且支付方（或关联方）的投资者可根据其他税收管辖区（母公司税收管辖区）的法律重复扣除支付。此规则仅适用于导致混合实体错配的支付。

BEPS第2项行动计划指出，若是根据支付方税收管辖区的法律规定，此支付的扣除可用来抵减非双重计税收入，则此支付会导致混合实体错配。防御性规则仅适用于错配各方受同一集团控制，或在筹划安排下产生错配且纳税人是筹划安排的一方。[1]

2. 消除一方扣除、一方不计入所得的建议

BEPS第2项行动计划针对消除一方扣除、一方不计入所得安排给出以下建议：若一笔支付导致一方扣除、一方不计入所得结果，支付方税收管辖区应禁止扣除此笔支付；若支付方税收管辖区未消除错配且导致一方扣除、一方不计入所得的结果，收款方税收管辖区应将此笔支付纳入一般收入。超过双重计税收入额的税收扣除可用于抵消其他期间的双重计税收入。上述规则仅适用于混合支付方的可忽略支付，所谓可忽略支付是指按照支付方税收管辖区法律可扣除，但收款方税收管辖区法律不认可的支付。如果根据收款方税收管辖区法律，支付方的税务处理使支付成为可忽略支付时，则此支付方为混合支付方。此规则仅适用于导致混合实体错配的支付。

如果根据支付方税收管辖区的法律，其允许的扣除可用来抵销非双重计税收入，则混合支付方的可忽略支付会导致混合实体错配。此规则仅适用于错配各方受同一集团控制，或支付在筹划安排下作出且纳税人是此筹划安排的一方。[2]

3. 针对利用反向混合实现一方扣除、一方不计入所得的建议

反向混合实体指任何被投资者及机构所在税收管辖区均视为独立实体的实体，若是直接向投资者支付应计收入可以避免错配结果的发生，则可

---

[1] 参见经济合作与发展组织：《OECD/G20税基侵蚀和利润转移（BEPS）项目2015年成果最终报告（Ⅱ）》，国家税务总局国际税务司译，中国税务出版社2016年版，第97页。

[2] 参见经济合作与发展组织：《OECD/G20税基侵蚀和利润转移（BEPS）项目2015年成果最终报告（Ⅱ）》，国家税务总局国际税务司译，中国税务出版社2016年版，第67页。

认定是此笔支付引发的错配结果。对于此项错配安排，BEPS 第 2 项行动计划给出以下建议：若是此支付引起一方扣除、一方不计入所得的错配结果，支付方税收管辖区应不允许扣除此付款。此建议仅适用于投资者、反向混合实体和支付方受同一集团控制，或支付在筹划安排下作出且支付方是此筹划安排的一方。〔1〕

（二）欧盟反混合实体错配安排的税法规则

从欧洲共同体到欧盟，为构建起统一的区域化市场，欧盟条约规定的基本自由包括各成员国之间商品的流通自由与人员、服务、资本的流动自由，基于"基本自由"衍生出诸多权利。消除实现"基本自由"的各种障碍因素，是欧盟工作的重点，并且一直持续到 21 世纪初。但是，滥用条约权利被广泛利用，以致侵害欧盟成员国的税收权益，反避税逐渐成为有限度地突破"基本自由"的正当性理由。BEPS 第 2 项行动计划出台前，欧盟就已经着手解决反避税的问题，例如针对直接税的反避税行动，欧盟委员会等机构发布文件或提出建议来协调各成员国之间的反避税条款，但这些文件或建议不具有法律效力，直至《反避税指令Ⅰ》出台，这一局面才被打破。为稳步落实 BEPS 行动计划中的反避税规则，欧盟继续加大反避税工作的透明度，并且逐渐将反避税工作的重心向中介机构的强制披露靠拢，最终达成统一各成员国企业税税基的目的。

欧盟税收的一项基本原则是跨国纳税人应当就其跨国利润在取得利润的国家（地区）缴税，而跨国企业利用混合实体错配安排进行税收筹划违背此项原则，造成相关国家（地区）的税收流失。2016 年，欧盟通过《反避税指令Ⅰ》建立了欧盟层面上的反混合实体错配机制，内容上参考了 BEPS 第 2 项行动计划。自 2019 年 1 月 1 日起，《反避税指令Ⅰ》大部分开始实施，目前已进入实施的最后阶段。《反避税指令Ⅰ》具有法律约束力，专门针对特定领域的避税行为，其标准适用于各成员国，也是成员国必须遵守的"最低标准"。相较于《反避税指令Ⅰ》，2017 年《反避税指令Ⅱ》附加更多的最低反避税要求，并且扩大了适用范围，从欧盟成员国到非欧盟成员国，均需要遵守本指令。《反避税指令Ⅱ》自 2020 年 1 月

---

〔1〕 参见经济合作与发展组织：《OECD/G20 税基侵蚀和利润转移（BEPS）项目 2015 年成果最终报告（Ⅱ）》，国家税务总局国际税务司译，中国税务出版社 2016 年版，第 79 页。

1 日起正式生效，详细列举了七种混合实体错配安排情形，但对于非关联方作出的混合实体错配安排未予以规定。《反避税指令Ⅰ》《反避税指令Ⅱ》基本借鉴 BEPS 第 2 项行动计划，例如针对关联企业之间可能利用不同成员国税法的差异来获取双重扣除或一方扣除、一方不计入所得的税收利益，指令规定，某一项混合实体错配安排实现双重扣除，只有支付方所在成员国才可以对此笔收入进行扣除；若某一项混合实体错配安排实现一方扣除、一方不计入所得，支付方所在成员国则应拒绝对此笔收入进行扣除。根据欧盟委员会的观点，各成员国实施 BEPS 第 2 项行动计划的程度差异可能会产生税收壁垒，因此两个指令旨在将 BEPS 第 2 项行动计划作为其成员国国内税法规范的最低标准，并且允许各成员国在国内税法中规定更高标准或在税收协定中采取更严格的反避税规则。

由于国际政治经济的相互博弈以及混合实体错配安排的复杂性，《反避税指令Ⅰ》《反避税指令Ⅱ》与 BEPS 第 2 项行动计划存在部分出入，其反避税力度有所削弱。指令对 BEPS 第 2 项行动计划作出了迅速反应，但就是否会造成双重征税、不利于欧盟内部税收竞争等可能后果尚未作出合理评估。

三、国内税法反混合实体错配安排的规则

（一）混合实体在国内税法中的地位

我国尚未专门出台关于混合实体错配安排的法律法规，国内税法对其规制散落在《企业所得税法》第 47 条、《企业所得税法实施条例》第 120 条、《特别纳税调整实施办法（试行）》和《一般反避税管理办法（试行）》等规定，这些规定为我国应对混合实体错配问题提供了重要支持。《企业所得税法》第 47 条的一般反避税条款规定指出，税务机关发现企业的税收安排缺少合理商业目的，可以对其进行合理调整。《企业所得税法实施条例》第 120 条对《企业所得税法》第 47 条予以进一步解释，不具有合理商业目的的含义是减少、免除或者推迟缴纳税款。《一般反避税管理办法（试行）》第 2 条指出，办法是《企业所得税法》第 47 条、《企业所得税法实施条例》第 120 条在税收实务中的拓展延伸，并且明确规定避税安排的法律特征是形式上合法但实质上表现为获取不当税收利益。此外，

《特别纳税调整实施办法（试行）》第92条规定，税务机关可对滥用税收优惠、滥用税收协定、滥用企业组织形式、利用避税港等不具有合理商业目的安排的企业启动反避税调查；第93条规定税务机关在调查时应按照"实质重于形式"原则；第94条规定税务机关按照经济实质确定企业存在混合实体错配安排后，取消其税收利益。

（二）统一国内外合伙企业税制

我国混合实体错配安排的普遍做法是以合伙企业为媒介搭建避税架构。目前，合伙企业在各国的税法地位主要存在纳税虚体、纳税实体和准纳税实体等三种模式：（1）纳税虚体模式将合伙企业视为纳税虚体，合伙企业无须缴纳企业所得税，合伙人为纳税人，各合伙人按照合伙协议缴纳相应的个人所得税或企业所得税；（2）纳税实体模式规定合伙企业为纳税实体，合伙企业自身为纳税人，须按照税法规定就经营所得和其他所得缴纳企业所得税；（3）准纳税实体模式将合伙企业视为准纳税实体，先在合伙企业层面计算应纳税额，再依据合伙协议将税负分摊给各合伙人，由合伙人缴纳。2000年以前，我国采用纳税实体模式，合伙企业缴纳企业所得税。但是，依据国务院发布的《关于个人独资企业和合伙企业投资者征收个人所得税问题的通知》（国发〔2000〕16号），自2000年1月1日起，对个人独资企业和合伙企业停止征收企业所得税，投资者的生产经营所得比照个体工商户项目征收个人所得税。此后，财政部、国家税务总局先后出台《关于个人独资企业和合伙企业投资者征收个人所得税的规定》（财税〔2000〕91号）和《关于合伙企业合伙人所得税问题的通知》（财税〔2008〕159号），明确了我国合伙企业所得的先分后税征收方式，并且规定合伙企业的全部生产经营所得需要由合伙人缴纳所得税。《合伙企业法》第6条规定："合伙企业的生产经营所得和其他所得，按照国家有关税收规定，由合伙人分别缴纳所得税。"这意味着我国税法将合伙企业视为纳税虚体，对合伙企业采用流经原则，即将其作为"导管"，先将经营所得和其他所得分配给各合伙人，再由合伙人分别缴纳个人所得税或企业所得税。[1]

但是，我国对中国合伙企业与外国合伙企业采取有悖于税收公平原则

---

〔1〕 参见任超："我国合伙企业所得税制的完善"，载《法学》2008年第9期。

的差异化税法地位。《企业所得税法实施条例》第2条规定："企业所得税法第一条所称个人独资企业、合伙企业，是指依照中国法律、行政法规成立的个人独资企业、合伙企业。"由此可见，依照外国法律成立的合伙企业仍被我国税法视为非居民企业，外国合伙企业在我国境内取得的所得须缴纳所得税，换言之，外国合伙企业在我国被视为纳税实体，合伙企业所得由合伙企业自身承担税纳税义务。[1]我国应当统一中国合伙企业与外国合伙企业的税法地位为纳税虚体，对其适用流经原则，税收征收均按"先分后税"的方式将合伙企业的各项收入按照合伙协议分配给合伙人后，再由合伙人缴纳。具言之，我国应当在《企业所得税法》第2条居民企业界定中加入外国合伙企业。外国合伙企业包含依照外国（地区）法律成立并且在中国境内没有实际管理机构但设立场所和机构的企业，以及依照外国（地区）法律成立并且在中国境内没有实际管理机构也未设立场所和机构，但从中国境内取得了所得的企业。我国应当赋予外国合伙企业与中国合伙企业以相同的纳税地位与税收待遇，以平等待遇原则解决因中外合伙企业差别待遇而引起的BEPS问题。

（三）合伙人与合伙企业之间的关联交易

《合伙企业法》《合伙企业法实施条例》《企业所得税法》《企业所得税法实施条例》原则上均禁止合伙人与合伙企业之间发生关联交易。但是，在某些情况下，关联交易不可避免地存在，例如合伙人向合伙企业提供劳务、资产转让、租赁、金钱借贷等，对于这些交易行为在税法上是否认可以及如何定性，我国尚无明确规定。"交易"一词存在狭义与广义两种解释方法，狭义的交易仅指买卖关系，而广义的交易还包括提供劳务、资产转让、资产租赁、金钱借贷等关系。以广义上的"交易"而言，若是合伙协议事先约定或在本次交易中经全体合伙人一致同意，合伙人和合伙企业之间的交易关系即成立。《税收征收管理法》第36条规定："企业或者外国企业在中国境内设立的从事生产、经营的机构、场所与其关联企业之间的业务往来，应当按照独立企业之间的业务往来收取或者支付价款、费用；不按照独立企业之间的业务往来收取或者支付价款、费用，而减少

---

[1] 参见黄素梅："试论我国合伙企业税收法律规定的不足与完善"，载《税务与经济》2019年第2期。

其应纳税的收入或者所得额的,税务机关有权进行合理调整。"《税收征收管理法实施细则》第51条第1款规定:"税收征管法第三十六条所称关联企业,是指有下列关系之一的公司、企业和其他经济组织:(一)在资金、经营、购销等方面,存在直接或者间接的拥有或者控制关系;(二)直接或者间接地同为第三者所拥有或者控制;(三)在利益上具有相关联的其他关系。"但是,相关规定仅适用于企业间转让定价,无法解决合伙人和合伙企业之间以关联交易进行避税的问题。2009年《特别纳税调整实施办法(试行)》对企业之间转让定价作出相对完善的反避税规定,其中第3条规定办法的适用须符合《企业所得税法》第6章和《税收征收管理法》第36条相关规定,但按照我国法律所设立的合伙企业不适用于这些法律规范。合伙企业在正常经营活动中采取关联交易,可以确保诸多需求能够在内部得到资源的满足,况且合伙企业最注重"人合性",合伙企业发展较为依赖合伙人的内部融资。毋庸置疑,合伙人之间为了降低税负可能在关联交易中通过抬高或压低价格进行避税筹划,甚至以交易之名但无实质内容的方式进行避税。总之,对于合伙人与合伙企业在关联交易中取得的收入性质缺乏明确的定性,关联企业的相关规定无法加以适用,即按照我国法律设定的合伙企业无法适用《特别纳税调整实施办法(试行)》等规定。

我国可以承认合伙人与合伙企业之间的关联交易,但应对其适用独立交易原则。合伙人与合伙企业之间的关联交易应当以公允价值作为确定资产或盈亏的计税基础,因此判定一笔交易的价格是否合理,可以参考民法中债务人以明显不合理的低价转让财产或明显不合理的高价取得财产的标准,即以30%为限,以此削减税负逃避的空间。此外,合伙企业虽无须缴纳企业所得税,但是增值税的独立纳税主体,合伙人与合伙企业之间发生的交易仍为应税行为,需要以增值税发票为依据确定应纳税额。合伙企业在解散时依法进行债务清偿和资产分配等清算,也应当按照独立交易原则来处理合伙企业与合伙人交易的增值税、所得税等其他税种。若是合伙企业与合伙人之间的交易涉及非货币资产,应当按照财政部、国家税务总局发布的《关于非货币性资产投资企业所得税政策问题的通知》(财税〔2014〕116号)、《关于个人非货币性资产投资有关个人所得税政策的通知》(财税〔2015〕41号）等规定来确定所得税的递延纳税政策。《税收征收管理法》第36条仅调整了企业间关联交易的价格问题，建议关联交易主体中增加自然人合伙人一项，以调整自然人合伙人与合伙企业之间的关联交易行为。

（四）合伙人应纳税所得额的计算

根据财政部、国家税务总局发布的《关于合伙企业合伙人所得税问题的通知》（财税〔2008〕159号）第4条规定，计算合伙人应纳税所得额应先依据合伙协议的约定分配比例确定各合伙人的应纳税所得额；若合伙协议未约定或约定不明的，各合伙人之间先协商决定应纳税所得额的分配比例；若协商不成的，应纳税所得额的分配比例依据各合伙人的实缴出资比例确定；若出资比例也无法确定的，则各合伙人平均分配收入后计算应纳税所得额。在实践中，全体合伙人在合伙协议签订后，通过补充协议对原合伙协议的收益分配比例加以变更，以实现避税目的。鉴于合伙人应纳税所得额的计算依据不清晰，我国应当修改《关于合伙企业合伙人所得税问题的通知》第4条，规定当同时存在合伙协议与补充协议时，计算应纳税所得额应当以合伙企业在设立登记时提交的合伙协议为准。

（五）利息、股息、红利所得的规则

根据国家税务总局发布的《关于〈关于个人独资企业和合伙企业投资者征收个人所得税的规定〉执行口径的通知》（国税函〔2001〕84号）第2条规定，对于合伙企业对外投资取得的利息、股息、红利三种收入不计入企业的收入而作为合伙人的收入，财政部、国家税务总局《关于个人独资企业和合伙企业投资者征收个人所得税的规定》（财税〔2000〕91号）第5条第1款规定："……合伙企业的投资者按照合伙企业的全部生产经营所得和合伙协议约定的分配比例确定应纳税所得额，合伙协议没有约定分配比例的，以全部生产经营所得和合伙人数量平均计算每个投资者的应纳税所得额。"2006年《合伙企业法》引入法人、其他组织合伙人，有关规定能否适用于法人合伙人或其他组织合伙人，我国税法尚未作明确规定。我国应当将《关于〈关于个人独资企业和合伙企业投资者征收个人所得税的规定〉执行口径的通知》第2条计算利息、股息、红利的主体由自然人扩充为自然人合伙人、法人合伙人和其他组织合伙人。

四、税收协定反混合实体错配安排的规则

（一）混合实体在我国缔结税收协定的地位

BEPS 第 2 项行动计划规定合伙企业税收协定的范本供各国参考，集中解决以下三个问题：（1）税收协定中"人"的范畴是否包括合伙企业；（2）合伙企业能否被认定为税收协定中的"居民"；（3）所得来源国与对方缔约国税制差异应当如何协调，以上构成分析合伙企业在我国缔结税收协定中地位的分析框架。

关于税收协定中"人"的范畴是否包括合伙企业，OECD 税收协定范本第 1 条规定，"人"的范围包括缔约国一方或者双方居民，第 3 条进一步明确了个人、企业和其他集合体均属于"人"的范畴，1999 年 OECD 发布的《关于合伙企业税收协定适用事项》专题报告明确肯定应当将合伙企业纳入"人"的范畴，并且针对一部分国家将合伙企业等同于公司对待、一部分国家将合伙企业视为"其他团体"的差异，建议在注释中对"人"的观点予以统一，对其他可能存在误解的内容作了修改。在我国签订的税收协定中，对于"人"的规定大体可分为三类：（1）大部分税收协定将"人"定义为个人、企业、其他团体；（2）部分税收协定将"人"定义为个人、企业、信托和其他团体；（3）少部分税收协定将"人"定义为个人、企业、合伙企业和其他团体。在实践中，我国税务机关对于境外合伙企业能否认定为税收协定中的"人"持以下观点：若是签订的税收协定中未确定合伙企业是否属于"人"，境外合伙企业是否属于"人"的范畴，应当依据境外合伙企业所在国是否将其视为税收居民而定。

关于协定中"居民"的范畴是否包含合伙企业，OECD 税收协定范本第 4 条第 1 款规定："本协议中'缔约国一方居住者'一语，是指按照此国法令，根据住所、居住时间、管理场所或任何其他类似性质的标准而负有纳税义务的人，也包括该国、其所属行政机关或地方政府。但是这一用语不包括仅由于来源于该国的所得或位于该国的财产在该国负有纳税义务的人。"合伙企业是否属于税收协定中的税收居民应当依据缔约国国内法加以判定，据此决定此合伙企业是否具有享有税收协定待遇的资格。

为协调合伙企业适用税收协定面临所得的来源国和缔约国国内税制差

异,1999年OECD《关于合伙企业税收协定适用事项》专题报告进行了深入分析,相关内容被纳入修改后税收协定的注释中,主要包括三项原则:(1)合伙企业被所在国认定为纳税实体,此合伙企业便成为纳税居民,从对方缔约国取得的所得应由对方缔约国给予税收协定优惠待遇。(2)合伙企业被所在国未认定为纳税实体,合伙企业不是税收居民,但合伙企业的合伙人依据国内法是税收居民且对合伙企业收入作出分配,"根据主流观点,合伙若不是所得税法上的纳税主体,那么无权享有协定利益。因此,税收协定的适用要'穿透'合伙,这样,有权享受税收协定利益的不是合伙,而是合伙人"。[1](3)无论合伙企业在所得来源国是否被视为纳税实体,都不能影响合伙企业或合伙人应当享受的税收协定待遇。此三项原则本质上是抑制所得来源国的征税权以保障税收协定目的的实现,但在两种例外情况中也对所得来源国的利益予以保障:(1)对于所得来源国居民从本国取得的所得,税收协定不得限制所得来源国对其征税;(2)对于所得来源国合伙企业在本国境内取得的所得,税收协定不得限制所得来源国对其征税。我国签订的税收协定仅有极少一部分对协调所得来源国与对方缔约国国内税制差异作出了详尽明确的规定。在实践中,因法律缺失以及征管便利的现实需要,税务机关通常采用"一刀切"的做法,统一将境外合伙企业视为独立纳税人。

(二)税收协定的透明实体条款

美国税法对合伙企业采取流经原则,合伙企业自身并非纳税人,不是独立纳税实体,合伙人分得的所得保留其原有的性质,再由合伙人进行纳税。与大多数国家相似,我国税法未将合伙企业视为独立纳税实体,而是作为税收导管,但在我国签订的大部分税收协定中,由于透明实体条款的缺失导致合伙企业在税收协定适用中可能无法享受协定待遇,造成税负的不公平。2017年OECD税收协定范本增加了有关透明实体的条款,2018年国家税务总局发布的《关于税收协定执行若干问题的公告》(国家税务总局公告2018年第11号)确定了对于合伙企业等经营实体适用税收协定的原则,第5条规定,对方缔约国的居民合伙人就其在境外合伙企业从我国

---

[1] [奥]迈克尔·朗:《避免双重征税协定法导论》(第2版),朱炎生译,法律出版社2017年版,第71页。

取得的收入享受税收协定待遇的前提条件，是我国与对方居民国签订的税收协定中列出了透明实体条款。

OECD税收协定范本的透明实体条款出台时间较短，我国尚未在签订的税收协定中广泛采用，截至2021年5月，我国对外签订的税收协定仅六部包括透明实体条款，且只有三部协定已经生效。中国—刚果（布）协定与中国—阿根廷协定均在"人的条款"第2款规定透明实体条款，但尚未生效。中国—西班牙协定也在"人的条款"第2款规定透明实体条款，却仅部分生效。虽然我国参与签署了《BEPS多边公约》，但许多条款尚未落实，因此我国应当在签订的税收协定中明确规定透明实体条款。在已签订的税收协定中，中国—法国协定关于透明实体条款的规定较为详细，第4条第4款可资借鉴：(1) 合伙企业在对方缔约国成立且从我国取得所得。若对方缔约国认为合伙企业并非纳税实体而应加以"穿透"，则不论我国税法是否将合伙企业"穿透"，同样位于对方缔约国的合伙人都可就其在合伙企业分配到的所得享受税收协定优惠待遇。此项的前提条件是合伙企业与合伙人位于同一国家。若是对方缔约国并未将合伙企业"穿透"，而是直接作为纳税实体，则不论我国税法是否将合伙企业"穿透"，合伙企业自身都可就其所得享受税收协定优惠待遇。(2) 合伙企业在对方缔约国成立并从缔约国取得所得。若我国税法将合伙企业"穿透"，认为合伙人才是纳税实体，但缔约国并未将合伙企业"穿透"，而是直接将其视为纳税实体，则对方缔约国对此项所得征税不应受到任何限制，即对方缔约国对本国合伙企业就来源于本国的所得征税不应受到税收协定的限制。若我国合伙人从对方缔约国取得所得，则我国合伙人仍可以享受税收协定中其他条款的优惠待遇。若我国税法未将合伙企业"穿透"，认为合伙企业是纳税实体，此时不管对方缔约国是否将合伙企业"穿透"，此项所得都无法享受税收协定优惠待遇。因为，我国在实质上将合伙企业视为纳税实体，则税法上的合伙企业未将所得分配至合伙人，即使实际上合伙企业将所得分配给我国的合伙人，我国合伙人也不能享受税收协定中其他条款的优惠待遇。(3) 合伙企业在第三方国家成立且从对方缔约国取得所得。若我国和对方缔约国均将合伙企业"穿透"，则第三方国家成立的合伙企业从对方缔约国取得了收入，而且第三方国家分别与我国和对方缔约国签订了防止逃漏税的信息交换协议,则合伙企业的中国合伙人在分配所得后可以享受税收协定优惠待遇。若是我国税法未将合伙企业"穿透",而是视作纳税实体,则合伙企业的中国合伙人在分配到所得后,不可以享受税收协定优惠待遇。

第二节 金融工具混合错配安排

一、金融工具混合错配安排概述

（一）金融工具混合错配安排的概念

依据《企业会计准则第 22 号——金融工具确认和计量》第 2 条规定："金融工具,是指形成一方的金融资产并形成其他方的金融负债或权益工具的合同。"在金融学上,金融工具是对金融市场交易对象的概括性描述,可以分为基础金融工具和金融衍生工具：前者是常见且性质较为单一的金融合同,例如存单、货币、票据、债券、股票等；后者则是在普通金融工具基础上以合约形式,借助普通金融工具的价格波动以套利为目的的金融工具。IBFD 将混合金融工具定义为,"经济属性与法律形式所反映的分类完全或部分不相一致的金融工具。混合金融工具通常具有权益、债务和（或衍生产品）的特性,其优势在于可以将这些特性结合在同一个工具之上"。[1]金融工具在法律上可以定性为权益工具和债务工具,不同性质的金融工具也会面临不同的税收征收标准。由于金融工具具有无形性、灵活性、杠杆性与复杂性的优势,并且随着交易方式的多样化,经设计的金融工具往往同时具有股权和债权的性质,而各个国家（地区）对金融工具的性质认定存在差异,这就为混合错配安排提供了基础。企业可以通过不同金融工具的组合实现规避税负的目的,以实现自身最大利益的追求,例如荷兰的利润分享贷款（Profit Participating Loan）、卢森堡的优先股凭证（Preferred Equity Certificate）等。[2]

---

[1] 荷兰国际财税文献局（IBFD）：《IBFD 国际税收辞汇》（第 7 版）,《IBFD 国际税收辞汇》翻译组译,中国税务出版社 2016 年版,第 34 页。
[2] 参见高健敏："完善我国税收政策体系以消除混合错配安排的影响",载《国际税收》2020 年第 12 期。

金融工具混合错配安排的前提在于不同税收管辖区对某一金融工具性质存在认定差异，使税务处理结果存在多种可能性。"错配"的结果在于税务处理结果与经济活动实质的不匹配，即纳税人的经营收入与所承担的税负不成比例。实现"混合错配"须纳税人主动进行税收筹划安排，不包括自然原因造成的错配结果，例如，一项交易因汇率变动产生收入或亏损，进而影响税务处理结果就不属于混合错配安排。

金融工具混合错配安排是多种因素造成的，可以划分为主观原因和客观原因：主观原因是纳税人基于追求经济利益最大化的动机，从而利用混合错配安排实现降低税负的目的；客观原因是各国税务处理的不同，以及税务信息的不透明造成的征纳双方信息不对称，以致存在金融工具混合错配安排的税收漏洞。

（二）金融工具混合错配安排的类型

1. 直接混合错配

金融工具的直接混合错配是指某一金融工具下的一笔交易，不同税收管辖区税务处理的原则不一致，导致此笔交易在其中一个税收管辖区下可税前扣除，但在另一个税收管辖区下未被计入应税收入，纳税人在两个税收管辖区下都不被征税，形成一方扣除、一方不计入所得的直接错配结果。[1]例如，A、B两公司分别位于A国和B国，两个公司之间存在一笔借款交易，若是A国将此笔借款认定为股权投资，依据A国规定股息不计收入，B国将其视为债权融资，那么将发生直接混合错配的后果，A公司和B公司可以就此笔借款实现避税的目的（图3-1）。直接的混合错配结果是交易双方税制的差异所造成，由于对股权、债权等金融工具的定性和税收规则不一致，从而产生双重避税的结果。[2]

---

[1] 参见管永昊、董佩云、张雁："国际避税的新模式及应对思考"，载《兰州财经大学学报》2015年第6期。

[2] 参见黄晓里："BEPS行动计划2、成果2 消除混合错配安排的影响"，载《国际税收》2014年第10期。

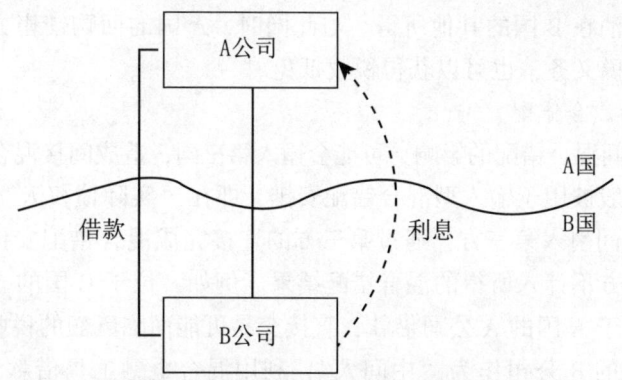

图 3-1　金融工具直接混合错配示意图[1]

2. 混合转让

混合转让一般是对转让金融工具所做的税务安排，纳税人在此安排下利用金融工具的复合属性，对交易结构进行设计，利用不同税收管辖区的税务处理对转让实质的认定差异，进而实现一方扣除、一方不计入所得的错配结果，此种金融工具通常为特定类型的抵押贷款安排或衍生交易。例如，A 国按照回购本身的形式，将其作为相关证券出售和回购，并且对回购征税，B 国则根据回购的实质对回购征税。当在 A 国的证券销售方和在 B 国的回购购买方发生回购交易，对其税收征收便可能发生混合错配的后果。回购的购买方在 B 国被视为向 A 国的回购销售方提供了一笔贷款，A 国可能将回购的销售方视为借款方，允许将回购交易的净成本作为可以扣除的利息费用，但 B 国可能将回购的购买方视为股份的法定所有者，对回购的购买方取得的股息，实施消除双重征税的措施。当股份在回购终了被购回，B 国可能将此视为出售股份，从而此项处置的资本收益被予以免税。因此，此项回购安排造成在 A 国实现扣除、但在 B 国未被征税的混合错配结果。此外，此项回购安排的预提税减免还可能被重复利用两次。回购购买方计算在 B 国应纳税义务，可以获得与分配给回购购买方股息相关的税收抵免。但是，回购购买方须向回购销售方支付返还款项以代替股息，实际已经减少了回购购买方的应纳税义务，回购购买方得以获得超额税收抵

---

[1] 参见黄晓里："BEPS 行动计划 2、成果 2　消除混合错配安排的影响"，载《国际税收》2014 年第 10 期。

免,用于抵消在B国的其他所得。与此同时,A国的回购销售方计算其在A国的应纳税义务,也可以获得税收抵免。[1]

3. 间接混合错配

两国之间混合错配的影响,可能会输入第三国,造成间接混合错配。[2]金融工具一般被用于输入型混合错配安排,即在"实际债权人"和"实际债务人"之间引入第三方,通过第三方的连接完成混合错配安排,实现一方扣除、一方不计入所得的混合错配结果。例如,位于C国的"实际债务人"要向位于A国的A公司借款,直接交易可能面临巨额的税收,A公司引入在B国的B公司作为"中间人",利用混合金融工具借款给B公司,再由B公司转借给C国的"实际债务人",通过此项输入型混合错配安排,形成了"实际债务人"支付的利息在C国进行税前扣除,B公司的利息支出与利息收入相抵,但A公司在A国不计入所得的错配结果(图3-2)。

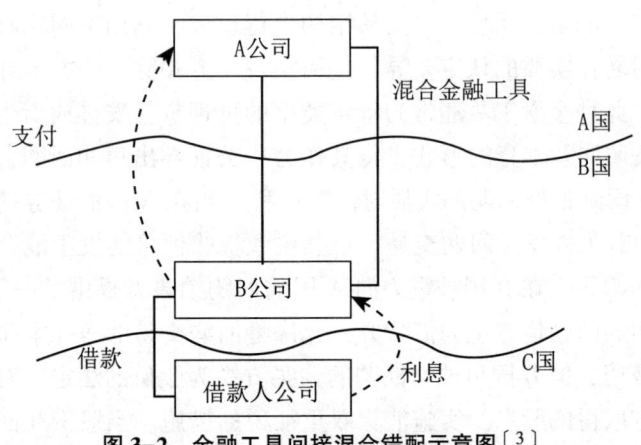

图3-2 金融工具间接混合错配示意图[3]

(三)我国反金融工具混合错配安排的税法发展

混合错配安排的根源在于各国税务处理的差异,我国尚未建立系统化

---

[1] 参见[罗马尼亚]玛德莉娜·珂特鲁特:《BEPS时代的国际税务架构:反滥用措施分析》,姜跃生、陈新译,中国税务出版社2020年版,第106页。

[2] 参见[罗马尼亚]玛德莉娜·珂特鲁特:《BEPS时代的国际税务架构:反滥用措施分析》,姜跃生、陈新译,中国税务出版社2020年版,第106页。

[3] 参见黄晓里:"BEPS行动计划2、成果2 消除混合错配安排的影响",载《国际税收》2014年第10期。

的反混合错配安排规则,但在相关税法规定中有所反映,例如《企业所得税法》第 45 条对居民企业利润分配的税务处理、第 47 条对一般反避税的合理商业目的要求等。目前,我国对混合错配安排的反避税规定散见于各法规(表 3-1),往往仅适用于个案,不能全面应对混合错配安排所造成的避税后果。

表 3-1　我国反混合错配的相关规定

字号	名称	简要内容
国家税务总局公告 2013 年第 41 号	关于企业混合性投资业务企业所得税处理问题的公告	对企业混合性投资业务企业所得税处理问题进行规定:按债权性投资进行处理的条件、被投资企业赎回投资支付利息的税务处理等。
国家税务总局令第 32 号	一般反避税管理办法(试行)	对企业实施的不具有合理商业目的而获取税收利益的避税安排,实施的特别纳税调整。规定了立案、调查、结案、争议处理等内容。
国家税务总局公告 2015 年第 7 号	关于非居民企业间接转让财产企业所得税若干问题的公告	主要对合理商业目的进行了解释说明及对不具有合理商业目的的间接转让财产的交易行为的税务处理原则。
国家税务总局公告 2017 年第 37 号	关于非居民企业所得税源泉扣缴有关问题的公告	规定了非居民企业股权转让收入减除股权净值后的余额为股权转让所得应纳税所得额。
国家税务总局公告 2018 年第 9 号	国家税务总局关于税收协定中"受益所有人"有关问题的公告	对"受益所有人"进行定义,并列出有利于判定和不利于判定的因素。
国税发〔2009〕2 号	特别纳税调整实施办法(试行)	规定了对转让定价、成本分摊协议、受控外国企业、资本弱化等需要特别纳税调整的事项。

续表

字号	名称	简要内容
国家税务总局公告 2013 年第 56 号	税收协定相互协商程序实施办法	规定了税收协定相互协商程序中的缔约双方、协商内容范围、申请程序、审批程序、终止程序等内容。
财会〔2017〕14 号	企业会计准则第 37 号——金融工具列报	定义了金融负债和权益工具，并说明了优先股、永续债的会计处理方式。

我国对于金融工具混合错配安排的税法规制主要体现于 2013 年国家税务总局发布的《关于企业混合性投资业务企业所得税处理问题的公告》（国家税务总局公告 2013 年第 41 号）。在公告中，国家税务总局对企业混合性投资业务予以界定，并规定按照企业所得税处理应当具备的五个要件：（1）被投资企业接受投资后，需要按投资合同或协议约定的利率定期支付利息（或定期支付保底利息、固定利润、固定股息）；（2）有明确的投资期限或特定的投资条件，并在投资期满或者满足特定投资条件后，被投资企业需要赎回投资或偿还本金；（3）投资企业对被投资企业净资产不拥有所有权；（4）投资企业不具有选举权和被选举权；（5）投资企业不参与被投资企业日常生产经营活动。若投资业务符合要件，被定性为债权性投资业务，则业务的回报为利息收入需要缴纳企业所得税，但被投资企业支付的利息可以在税前扣除；同时，对于被投资企业赎回的投资，投资双方应于赎回时将赎价与投资成本之间的差额确认为债务重组损益，分别计入当期应纳税所得额。

二、反金融工具混合错配安排的 BEPS 行动计划与各国经验

（一）BEPS 行动计划的反金融工具混合错配安排规则

BEPS 第 2 项行动计划针对消除混合错配安排的影响予以规定，并建议各国修订既有的双边税收协定以落实相关要求，主要涉及全球范围内 3000 多部双边税收协定。为实现 BEPS 行动计划执行成本降低和效率提升的目标，2016 年 OECD 发布《BEPS 多边公约》及其《解释性声明》，旨在加快统一落实双边税收协定的修订工作，促进 BEPS 行动计划的高效执

行,进一步加强国际税收合作的多边协调。[1]《BEPS多边公约》分为协议的适用范围与术语解释、实质性规定、最终条款三个部分,涵盖了BEPS第2、6、7、14项行动计划的部分成果。

BEPS第2项行动计划针对混合错配安排提出了很多可行性建议,主要可以分为两部分:(1)根据混合错配的结果提出方向指引,即直接混合错配以支付成本不允许税前扣除为首要规则,收款方收入计入应税收入为次要规则;双重扣除的混合错配以收入方不允许税前扣除为首要规则;间接混合错配则以支付方不允许税前扣除为首要原则。[2](2)对混合实体错配安排、金融工具混合错配安排、税收居民身份差异导致的混合错配等具体问题在调整国内法方面提出建议。其中,从居民管辖权的角度对金融工具混合错配安排提出的国内法建议为,来源国已税前扣除的股息不给予免税待遇,居民国适当限制预提税抵免。

(二)美国反金融工具混合错配安排的税法规则

具有套期保值和投机功能的金融工具,在产生之初被认为是一种企业风险管理工具,因此美国税法对金融工具给予一系列优惠,以促进企业的成长和发展。但是,这也为纳税人利用金融工具套利和避税提供了操作空间,美国又针对金融工具的创新与使用,规定了反套利的税收规则,例如1996年《或有支付债务工具的税收条例》,但未能解决权益工具和债务工具区分的难题。在对金融工具性质的判断上,美国《国内收入法典》第385(b)条认为判定金融工具的性质,不能仅依靠金融工具的条款,还须根据金融工具持有人或发行人的目的、用途、与原股东和债权人的关系等因素予以综合判断。

作为全球经贸和金融中心,美国不断寻求消除金融工具混合错配安排的方案,特别是在瑞士银行案后,出台了《海外账户税收遵从法》(Foreign Account Tax Compliance Act,FATCA),[3]旨在通过有效的税收信息交换机

---

[1] 参见何杨、孟晓雨、刘曦琳:"BEPS多边公约与我国双边税收协定",载《国际税收》2018年第1期。

[2] 参见邱辉、钱敏:"OECD《解决税基侵蚀和利润转移》报告解析",载《国际税收》2013年第10期。

[3] 此法乃是2010年《刺激雇佣以恢复就业法》(Hiring Incentives to Restore Employment Act of 2010)第501条至第541条,被纳入美国《国内收入法典》第4节第1471条至第1474条。

制打击有害税收竞争导致的逃避税行为，[1]这也是美国首次以国内立法方式来保障税收信息情报自动交换。FATCA 主要有三个核心制度：（1）海外金融资产申报制度。此项制度要求美国居民对 5 万美元以上的海外金融资产进行申报，其中美国居民包括自然人和法人，申报的资产范围包括海外金融账户和其他没有账户的金融资产，例如股票、债券等。若应申报而未申报导致税款少交，将被处以少缴税款的 40% 罚金。（2）税收信息报告制度。此项制度规定了海外金融机构和非金融主体向美国国内收入局报告美国居民的海外账户和资产的义务，其中海外金融机构的主体范围较为宽泛且信息报告内容规定详尽，有利于美国税务机关清楚地掌握海外账户情况。（3）征收预提税制度。不履行信息交换义务的海外机构将被征收 30% 的预提税，预提税的目的不是征税，而是一种惩罚手段，是督促海外金融机构和非金融机构扩大透明度。FATCA 作为国内法，其域外实施主要通过两种方式：（1）海外金融机构在美国国内收入局网站上进行登记注册，自愿接受 FATCA 的管辖；（2）签订政府间合作协定，虽然 FATCA 是美国的单边立法，但随着提高税收信息透明度成为国际共识，FATCA 也被越来越多的国家所接受。目前，已有 100 多个国家与美国签订了此类协定，有效地促进税收信息情报交换，夯实了国际反避税的基础。

（三）欧盟反金融工具混合错配安排的税法规则

欧盟作为经济共同体，一直致力于在各成员国之间建立人员、资本、服务自由流动的单一市场，但实现此目标，需要消除税制差异，在成员国之间推行税收一体化。1990 年欧盟理事会通过《关于不同成员国的母子公司的共同体征税制度指令》（Directive 90/435/EEC），避免对同一笔收入的双重征税并促进成员国之间资本的自由流动，需要协调各成员国税制。但是，一些跨国企业利用成员国的税制差异，设计了混合贷款安排（Hybrid Loan Arrangement）等金融工具进行逃避税。为了弥补指令的漏洞，2014 年、2015 年欧盟先后颁布了修正案来解决混合错配安排所造成的双重不征税。2014 年修正案又被称为"反混合条款"（Anti-hybrid Rule），规定子公司的利润仅能在未被抵扣的利润范围内实现税收豁免，以弥补混合贷款

---

[1] 参见陈虎：《国际逃避税的法律控制》，上海人民出版社 2020 年版，第 91 页。

安排所带来的双重不征税的税收漏洞,即子公司分配给母公司的利润视为对母公司的债务偿还而进行税收抵扣,那么母公司所在国将不再对此项利润进行税收豁免。2015年修正案又被称为"反滥用条款"(Anti-abuse Rule),依据修正案,成员国对不具有合理商业目的或没有反映真实经济活动的税收筹划不再适用《关于不同成员国的母子公司的共同体征税制度指令》,从而提升了成员国对金融工具征税的自主权,同时鼓励成员国之间就打击逃避税、滥用税收优惠条款等行为制定更高标准的反滥用条款或缔结税收协定。

随着BEPS行动计划实施,欧盟颁布了多项软法以促进各成员国之间在打击国际逃避税方面的一致行动。2016年,欧盟通过了《反避税指令Ⅰ》以因应BEPS行动计划,加强欧盟成员国在直接税领域的协调。《反避税指令Ⅰ》主要包括利息扣除限制原则、出境税规则、受控外国企业规则、混合错配反避税规则、一般反避税规则等。其中,混合错配反避税规则规定了混合错配的情形及其处理方案:若出现了双重扣除的情况,那么投资方所在成员国应当拒绝扣除。否则支付方有权拒绝扣除;若出现了一方扣除、一方不计入所得的情形,由支出方所在成员国拒绝扣除,否则由收入方所在成员国对此项收入征税。虽然《反避税指令Ⅰ》对混合错配的反避税规则作出了明确的规定,但相关规则的适用仍然受制于欧盟法的约束。

三、金融工具的国内税法规则

(一) 金融工具的税法性质

为了满足不同的交易需求,金融工具被设计为具有杠杆性、风险性、复杂性的产品,该产品是债权抑或股权并不影响交易的结果,但金融工具的税法性质决定了不同的税务处理结果。目前,我国税法未对金融工具性质予以明确规定,虽然《关于企业混合性投资业务企业所得税处理问题的公告》将混合性投资业务规定为债权性投资,但并非所有的金融工具都符合混合性投资业务的要件,因此公告对金融工具的税法认定缺乏普适性。我国关于金融工具税法认定的问题集中在以下方面:(1) 金融工具法律关系的主体不明确。金融工具往往通过电子合同来实现,双方身份不会对交易产生影响，并且金融工具往往不以合同约定标的物的现实给付为主要执行方式，即交易双方可以自由选择交割方式来实现自身需求，因此产生大量的金融工具对冲交易，但"权"和"物"的分离造成税法难以对金融工具的实际主体予以明确地认定，从而引发征税难题；(2) 金融工具法律关系的客体多为虚拟物品，部分金融衍生工具甚至不存在对应的现实资产，很多金融工具仅为表外业务，无法反映在交易双方的会计核算中，各国税法对会计账簿的要求难以完全涵盖金融工具的交易信息，以致采用金融工具的逃避税大行其道；(3) 金融工具性质的税法认定不明，实践中的"明股实债"问题最为典型。"明股实债"不是一个标准的法律概念，它的出现并非基于税收筹划的目的，但其内容的不确定性给税收征管造成了现实困难。"明股实债"表面上不属于债权类工具，投资者以增资方式获得目标公司的股权，再通过远期受让协议，在投资期满后由目标公司或第三方向投资者赎回股权。目前，我国对于"明股实债"尚未规定统一的标准，税务处理方式也存在差异。金融工具性质的税法认定关乎纳税人的税收负担能力，进而影响国家之间征税权的合理分配。因此，在确定某一项金融工具税务处理方案时，应先对金融工具税法性质予以识别和评价，以确保税收征收能够符合国内税法和税收协定的本意。

  鉴于金融工具的复杂性与多样性，金融工具的税法性质应当遵循包容性与严谨性的原则，既要囊括形式多样的金融工具以维持法律的稳定性，又须防止认定边界过于宽泛而造成管制过度，限制金融工具的创新发展。传统税法往往按照交易双方的法律关系将金融工具简单地分为债权类和股权类，但"非此即彼"的二元分类存在较为明显的法律局限性：一方面这种税法分类不能涵摄所有的金融工具，尤其是变异的金融衍生工具；另一方面税法框架已无法应对来自新的金融衍生工具对税收的挑战。因此，税法应当从不同角度对金融工具性质进行更好的界定，例如新设第三种资产、设置独立的金融工具所得条款、扩展利息所得内涵等。由于各国金融市场发展不一，对于金融工具的认定还应当避免对各国税制造成过大的冲击。就短期而言，相较于设置独立的金融工具条款，拓展"股息""利息""其他所得"等条款内涵的税法规制进路更具灵活性，瑞典立法例可资借鉴，即将所有固定的、可预见的金融工具投资收益界定为"利息所得"，而将相对不确定的收益归类为"股息所得"。长期而言，金融工具性质的税法认定应推行全球标准，促进全球税制的统一，从而减少跨国交易的征税权障碍和分配争议。

(二) 金融工具的税收征管重点

金融工具的征税应当先明确对谁征税，即确定金融工具的纳税人。[1]纳税人的判定也决定税务处理的适用，尤其是在跨国交易中，纳税人的判断关乎其是否享有税收减免、抵免或扣除等税收优惠资格，因此金融工具征税应当明确纳税人。传统税法确认承担纳税义务的主体往往要借助于民法上的所有权人概念，即将经济上的享受利益或承受负担的人作为纳税人的判断依据。然而，金融工具标的资产的虚拟性及其本身风险投机的设计可以将"权"和"物"分离，使真正的纳税人隐于幕后，乃至引发多重所有权的后果，进而造成税收优惠的重复取得，为税收套利提供了可乘之机。因此，确认金融工具的纳税人应当对所得的"真实所有者"身份加以判定，要以行为主体对拥有财产所产生的收益以及交易中产生的作用加以衡量，仅局限于收益实现这一交易结果，可能导致纳税人不合理地承担纳税义务。[2]因为金融工具交易双方都享有一定的权利并承担相应的义务，并且权利和义务都以合同形式存在，所以对金融工具征税应当基于私法合同当事人的双方权利和义务，将金融工具的纳税人和交易所得有机结合起来计算。

金融工具的征税还涉及应纳税额的计征。计征金融工具的应纳税额应先确定金融工具应纳税的收入范围，再考虑相关的税前扣除、税后抵免等相关税收优惠政策。各国税法实践对金融工具应纳税额的计征存在以下三种方法：(1) 独立交易法，即将金融工具的资产和债务相区分且分别征税的方法。独立交易法较为简便，但由于不同税收管辖区对资产和债务的税务处理差异，纳税人可以利用金融工具认定差异享受不同的税前扣除或者不计入所得，较容易出现混合错配安排。(2) 分解法，即将金融工具按各组成部分所得的性质、征税环节等予以个别评价且分别计征。但是，同一

---

[1] 参见杨春娇：《金融衍生工具交易所得课税问题研究》，法律出版社2016年版，第84页。

[2] 参见雷根强、刘建红："金融衍生工具所得税纳税人的确定"，载《税务研究》2007年第7期。

金融工具的基础资产"法律形式"所蕴含的"固定"或"或有"收益之界限并不清晰，判定其法律形式属于传统债券、普通股票抑或金融衍生工具较为困难，以此不确定性判断进行"适当"征税时点的选择以及确定应税收益或亏损，难免发生错误的税收处理，乃至存在人为操纵税收套利的空间。(3) 整合法，又称为关联法，即将金融工具按照与整体交易的关联程度确定预期收益，据此确定计税基础。整合法可以降低金融工具的不确定性，简化税务征收管理程序，有利于投资者提前做好税收筹划。以上三种方法各有利弊，日益复杂的金融工具加重了分解、识别的难度。就可操作性而言，独立交易法虽然存在逃避税问题，但在执行上的优势明显，是目前主要的应纳税额计征方法。

鉴于金融工具的特殊性，通过纳税申报对经营状况信息的真实披露，是税务机关获取征税信息的重要来源之一。若欠缺完备的纳税申报制度，税务机关的查证将耗费大量的人力、财力，严重影响税收效率。金融工具的纳税申报内容、时点等规定需要结合金融工具的征税标准：一方面需要进一步完善税收征收管理制度；另一方面还需要税务人员提高法律、金融、会计等方面专业知识，以便及时从申报的金融工具税收信息中发现逃避税等问题。

(三) 金融工具混合错配安排的税法规制

为了应对混合错配安排造成的 BEPS 问题，各国采取多种手段不断提升反避税能力。2007 年《企业所得税法》第 47 条关于合理商业目的的要求被认为首次规定一般反避税条款。一般反避税条款能够有效填补税法漏洞，但在税收实践中，"合理商业目的"存在诸多争议。关于金融工具所得的反避税条款应当遵循实质课税原则，即以所得的经济实质来确定交易双方的税法地位。实质课税原则要求按照金融工具的交易目的来确定实际受益人，对经济目的类似的交易，尤其是基于同样目的而取得的等值现金流，应当给予同等税收待遇。但是，实质课税原则可能会造成税务机关自由裁量权的扩张，导致税收负担的不确定性和不一致性，我国应当对税务机关权力适当限制，以避免征纳双方的争议。

目前，我国税法缺乏对金融工具混合错配安排的反避税条款，但随着我国金融市场开放程度不断扩大，同时金融工具的灵活性、复杂性与虚拟性也要求我国税法增加对混合错配安排的专门反避税条款。[1]我国可以借鉴英美国家的"损失递延""跨部位规则""推定出售规则"等做法,制定针对金融工具的反避税条款。

应对金融工具混合错配安排的税法规制还应当考虑税法的协调性,BEPS行动计划要求各国国内法纳入协调性规则。"这些协调性规则无意干扰出于税收上对金融工具的定性,是将其作为债务,抑或股权。相反,协调性的唯一意图在于消除各种混合错配产生的影响。"[2]金融工具混合错配安排的税收协调性规则主要内容包括:(1)对时间错配的协调。当支付方采取权责发生制而收取方采取收付实现制,则会发生时间错配。根据OECD发布的报告,由时间错配引起的一方扣除、一方不计入所得被排除在税收协调性规则之外,间接地支持了税收筹划的递延策略。此外,若收取方的应税义务缺乏量化要求,较易于规避协调性规则,因此金融工具混合错配安排的税法规制应当纳入时间错配。(2)对结构化安排的协调。结构化安排是指,"其条款中存在混合错配的安排,或其事实或情形(包括条款)表明,其目的在于产生混合错配的安排"。一般认为,协调性规则的运用在一定程度上取决于"结构化安排",因此各国协调性规则应当尽可能使"结构化安排"的外延具有普遍性,涵盖可能出现的各种结构化安排,并且辅以例外规定和安全港规则,以增强"结构性安排"的合理性。(3)对善意混合的协调。第三方在公共领域发行的某些混合金融工具通常不是为了规避纳税义务。例如,北欧的能源集团"Dong"和"Vattenfall"为提高公司信用级别所发行的混合工具,这些混合工具本质为债务工具,但由于还本期较长、票息可以延期支付,同时基于信用评级的目的,可以被视为股权。因此,这类金融工具虽产生一方扣除、一方不计入所得的错配结果,但由于发行方无避税动机,可以排除在协调性规则之外。

四、反金融工具混合避税安排的国际协调与合作

金融工具具有跨国性,并且各国税法对其性质认定存在偏差,加之国

---

[1] 参见周萍、吴惠君:"'解决税基侵蚀和利润转移的行动计划'评述及我国的应对",载《国际税收》2013年第10期。

[2] [罗马尼亚]玛德莉娜·珂特鲁特:《BEPS时代的国际税务架构:反滥用措施分析》,姜跃生、陈新译,中国税务出版社2020年版,第111页。

家间信息的不对称性,导致了利用混合错配安排的逃避税风险,因此国际税收协调和合作尤为重要。国际税收协调和合作的目的和原则在于对征税对象的单次征税,亟待加强税收政策的协调和国家之间税收信息合作,其中税收政策的协调主要依赖于双方或多方签订税收协定,对税收管辖权、征税标准等要素予以明确。

(一)税收管辖权的协调

居民标准和来源地标准构成了国际税法中的税收管辖基础,并且形成了以属人原则为基础的居民税收管辖权和属地原则为基础的来源地税收管辖权:居民税收管辖权,又称全球税收管辖权,是一国税法上的包括企业和个人等居民纳税人就来源于本国境内外的全部所得向居民国纳税,即承担无限纳税义务;来源地税收管辖权是一国税法对居民纳税人的境外所得不予以征税,对非居民纳税人仅就来源国的所得征税,纳税人承担有限纳税义务。在复杂的国际交往中,无论发达国家还是发展中国家往往实行居民与来源地相结合的双重税收管辖权,从而造成管辖权的重叠或疏漏,因此国家之间应当就税收管辖权作出协调。金融工具的套期保值是企业成长的关键,多数国家为了鼓励居民企业进入金融工具市场以有效规避风险,税法对此规定优惠措施,例如,对于来自期权、期货等跨国金融衍生工具的交易所得并无具体的来源地税收规则,某些金融衍生合约税收管辖权一般由收款方的居民国享有。此外,发展中国家因经济水平受限、信息不对称、金融税制落后等,在国际税收规则中也少有话语权,倘若发展中国家仅采取单纯的居民税收管辖权,因其居民纳税人在跨国金融衍生工具中往往属于承受风险的一方,难以获得相应收益,风险与收益的不匹配导致了来源地国和居民国之间税收利益分配失衡的问题,严重违背了国际税收公平原则。尽管目前少有税收协定涉及金融衍生工具的征税权分配,但作为来源地国,发展中国家对金融工具交易所得享有不容置疑的征税权。

鉴于金融资产具有较强流动性和资本可替代性,若一国对跨国金融衍生工具交易行使来源地管辖权,也可能产生两个不利的后果:(1)来源地管辖权的行使无疑会增加来源地国对非居民纳税人的税收负担;(2)非居民纳税人的居民国也会基于居民税收管辖权对其海外投资所得进行征税,若不存在双边税收协定,因无法获得税收抵免可能会造成法律的双重征税，以致非居民纳税人因海外投资税负的增加而放弃投资。因此，作为最大的发展中国家，我国面对来源地税收管辖权和居民税收管辖权的选择，需要综合考虑作出协调性设计。

（二）分配规则的协调

单次征税原则和受益原则是国际税收体系的两大基本原则：单次征税原则主张对来自跨国交易所得只征一次税，此原则符合避免双重征税的国际税收传统目标；受益原则主张居民国拥有消极（投资）所得的主要征税权，来源地国拥有积极（营业）所得的主要征税权。

对跨国金融工具交易而言，消极所得包括股息所得、利息所得。基于受益原则的考虑，权益类与债务类金融工具的划分将影响征税权的分配。由于金融工具的复杂化和交易的多层化，金融工具的权益类与债务类之间的界限日益模糊，理论界、实务界尚未形成明确且统一的划分标准。征税权的分配归属需要所涉双方或多方以税收协定方式对管辖权冲突进行协调。征税权的分配归属应当在平等互利的基础上进行，各国都需要对税收利益做出一定的妥协和让步，最终实现共赢。积极所得则涉及常设机构的认定问题，可以引入"虚拟常设机构"进行认定。"虚拟常设机构"主要涵盖以下内容：(1)"虚拟固定营业场所"，即将从事电子商务活动的企业在服务器上维持的网址视为一个营业场所；(2)"虚拟独立地位代理人"，承担订立合同、客户服务等工作的人工智能软件因其不具有法律地位，不能被视为虚拟独立地位代理人；(3)降低常设机构的认定标准，目前常设机构的认定对场地、人员、注册资本等设定了较高的标准，但随着电子商务的盛行，常设机构认定可以"实时商业存在"为标准，即企业在某一国家提供的服务或进行的商业活动超过一定时限、超过一定营业额便可认定在该国具有常设机构。"虚拟常设机构"的适用与当前数字经济的发展相适应，有助于保障来源地国在税收征收上的实质权力，进而维护金融工具交易所得在居民国和来源地之间税收利益分配的公平性。

（三）税收情报交换

税收情报交换最早属于税收协定的一部分，并且以应请求的税收信息交换为标准。随着国际税收合作的不断发展，该标准正在被自动信息交换所取代。2002年OECD出台了专门的《税收信息交换协定范本》，对国际税收信息实践产生了重要影响。[1]目前，我国以此范本为基础已经与10个国家或地区签订了税收情报交换协定（表3-2），但大多为离岸金融中心，并且签订的日期距今已有10年，与日益复杂的国际逃避税手段不相匹配。

表3-2　我国签署的税收情报交换协定一览表

序号	国家或地区	签署日期	生效日期	执行日期
1	巴哈马	2009-12-01	2010-08-28	2011-01-01
2	英属维尔京	2009-12-07	2010-12-30	2011-01-01
3	马恩岛	2010-10-26	2011-08-14	2012-01-01
4	根西	2010-10-27	2011-08-17	2012-01-01
5	泽西	2010-10-29	2011-11-10	2012-01-01
6	百慕大	2010-12-02	2011-12-31	2012-01-01
7	阿根廷	2010-12-13	2011-09-16	2012-01-01
8	开曼	2011-09-26	2012-11-15	2013-01-01
9	圣马力诺	2012-07-09	2013-04-30	2014-01-01
10	列支敦士登	2014-01-27	2014-08-02	2015-01-01

一些专门职业人员因与其委任人存在特殊的信赖关系而知悉某些信息，但是为了避免由于信赖关系的损害而无法有效执行业务，事实查明的公共利益需要让步于信息保护。申言之，"故为避免行使国家公权力之稽征机关，由税捐义务人寄以信赖的从业者，获取对付税捐义务人的武器，并为维护法律秩序的同意，税法上亦应承认其基于职业秘密而拒绝协力的权利"。[2]此类专门职业人员一般是指律师、会计师、医师，一些国家素有银行秘密或金融秘密的深厚历史和文化根基，银行等金融机构亦被纳入其中，以健全金融体系、维护金融信用。例如，瑞士在18世纪便创立了严格的银行保密制度，1934年《瑞士银行法》第47条对银行秘密予以刑法

---

〔1〕参见高阳："中国税收情报交换工作的发展、成绩与挑战"，载《国际税收》2014年第2期。

〔2〕陈清秀：《税法总论》，元照出版公司2010年版，第472页。

保护。[1]严格的银行保密制度吸引了众多海外客户,金融业成为其支柱产业,拥有日内瓦、苏黎世两个国际性金融中心的瑞士成了世界著名的"避税天堂"。但是,为缓解2008年次贷危机引发财政压力,各国不再容忍瑞士银行业的保密传统,2009年G20的伦敦金融峰会达成共识,"我们要对不合作的税收管辖区包括'税收天堂'采取制裁行动……银行业的保密时代就此结束了"。[2]受到欧盟和美国的压力,瑞士被迫宣布放弃长期以来对OECD范本第26条所作的保留,[3]瑞士银行业依据税收协定接受应请求的税收情报交换。2011年和2012年瑞士分别与德国、英国、奥地利签订"魔方协定",商定为银行客户提供信息保密或公开的选择权:客户若选择前者,瑞士代替缔约国向匿名客户征收高额预提税,但须向缔约国税务机关移交涉税信息;客户若选择后者,即自愿公开信息,瑞士获得客户知情并同意,等同与缔约国之间达成税收情报自动交换。2010年美国通过《海外账户税收遵从法》,威胁对国外机构源于美国的特定所得征收30%惩罚性预提税,要求其向美国国内收入局单向自动移交美国居民的涉税信息。在美国单边推行的威慑下,包括瑞士在内的众多国家与之签订执行FATCA的双边协定(Intergovernmental Agreements, IGAs),实现FATCA从单边向多边的转化。

瑞士放弃对抗税收信息管理权的银行保密制度,并非个例。1999年成立的G20和2000年OECD建立的全球税收论坛(Global Forum on Taxation)长期致力于打击有害税收竞争、推动国际税收透明度。1988年OECD和欧洲委员会共同制定《多边税收征管互助公约》(Multilateral Convention on Mutual Administrative Assistance in Tax Matters),在2009年议定书修改后,

---

[1] 瑞士银行业杜撰传奇故事,指称1934年《瑞士银行法》的银行保密条款是为保护受纳粹迫害的犹太人资产。据考证,1929年发生瑞士金融危机,联邦政府拟加强对金融机构监管。为避免监管机构史无前例地取得个人账户信息,尤其被用于国内外税务,瑞士银行业以接受金融监管为条件,要求对个人账户信息的获取予以更为严格的限制。参见[英]罗内·帕兰、理查德·墨菲、[法]克里斯蒂安·肖瓦尼奥:《钱是如何被藏起来的》,李芳龄译,译林出版社2014年版,第116~118页。

[2] 朱晓丹:"'魔方协定':瑞士在国际税收信息交换领域的又一个里程碑",载《涉外税收》2013年第2期。

[3] 2005年版OECD税收协定范本第26条第5款明确规定,缔约国一方不能仅因信息由银行所持有而拒绝提供。

将推进全球税收透明化为主要任务。在美国 FATCA 强力推进下，OECD 在 2014 年发布《金融账户信息自动交换标准》(Standard for Automatic Exchange of Financial Account Information)，主要包括两部分：(1) 明确各税收辖区内金融机构所应遵守的尽职调查与报告义务同标准（Common Reporting Standard，CRS），各国需要将其转化为国内法来实施；(2)《税务当局有关金融账户信息自动交换双边协定范本》(Model Competent Authority Agreement，Model CAA)。

我国于 2013 年签署《多边税收征管互助公约》，2015 年由全国人大常委会予以批准，从 2016 年 2 月 1 日对我国生效，自 2017 年 1 月 1 日起开始实施。2015 年和 2016 年经国务院批准，国家税务总局又分别签署了《金融账户涉税信息自动交换多边主管当局间协议》和《国别报告多边主管当局间协议》，在 2018 年 9 月依据 CRS 首次开展了金融账户涉税信息自动交换。为确保有关国际规则顺利落地，国家税务总局发布了《关于完善关联申报和同期资料管理有关事项的公告》（国家税务总局公告 2016 年第 42 号）；国家税务总局、财政部、人民银行、原银监会、证监会、保监会发布了《非居民金融账户涉税信息尽职调查管理办法》（国家税务总局、财政部、人民银行、原银监会、证监会、保监会公告 2017 年第 41 号）；人民银行、国家税务总局、国家外汇管理局印发了《银行业存款类金融机构非居民金融账户涉税信息尽职调查细则》（银行〔2017〕278 号）；国家税务总局办公厅、原银监会办公厅、证监会办公厅、保监会办公厅印发了《非居民金融账户涉税信息报送规范》（税总办发〔2017〕164 号）。2015 年《税收征管法修订草案》第 32 条第 1 款亦试图通过修法为金融涉税信息报告制度提供法律依据。

目前，我国税收情报交换也存在一些问题：一方面审批程序繁琐。从准备和发送请求、接收和检查请求到答复反馈，税务机关层层审批。但是，金融工具往往是瞬时交易，税务机关可能因取得的税收情报滞后性而错过了追查逃避税的最佳时机。[1]另一方面，我国未明文规定税收情报交换的结果可以直接作为征税依据。若税收情报交换的结果仅为风险参考，

---

〔1〕 参见黄素华、高阳："国际税收情报交换制度进入快速发展期"，载《国际税收》2014 年第 2 期。

则税收情报交换的作用会大打折扣。我国应当推进 CRS 的国内税法转化：（1）加强税收信息情报交换的强制披露。为了确保 CRS 的完整性，OECD 确定了信息收集、信息分析和应对措施三大支柱措施，其中信息收集是核心和基础。一些金融机构基于自身保密需要，委托中介机构设计规避 CRS 的安排和不透明的离岸架构。因此，我国税收情报交换立法应当明确设定相关中介机构的强制披露义务来确保 CRS 的完整性。（2）建立规避自动情报交换的举报机制。CRS 的规避方案往往具有较强的专业性和隐蔽性，因此 OECD 在 2017 年发布了规避 CRS 的举报平台，收集规避 CRS 的方案信息和相关架构，并且对收集的信息进行分析，督促其进行整改。我国税收情报交换制度可以参考此立法，设计相关的举报反制机制，推进税收情报交换的执行。（3）完善税收情报交换结果的适用规定。目前，我国对交换的税收情报结果利用率不高，应当在国际合作的基础上，根据我国国情，设计符合我国税收征管要求的适用条款，充分利用税收情报交换打击国际逃避税行为。

第三节 资本弱化税制

一、资本弱化税制概述

（一）资本弱化避税的概念

资本弱化（Thin Capitalization），又称资本稀释或资本隐藏，是企业较为常用的避税方式之一。OECD 认为，"企业权益资本与债务资本的比例应为 1∶1，当权益资本小于债务资本时，即为资本弱化"。[1]邱冬梅指出，资本弱化主要是指企业所有者以债权性投资代替权益性投资所实施的避税手段，存在广义和狭义之分：广义的资本弱化是企业资本结构中负债过多而股权比重偏少的经济现象；狭义的资本弱化是专指企业基于避税的动机，在融资方式的选择上，通过降低股本的比重，提高借债的比重，以债权性投资形式代替权益性投资形式的行为。[2]陈清秀认为，资本弱化是指

---

[1] 国家外汇管理局资本流动脆弱性分析和预警体系课题组编：《跨境资本流动与或有负债关系分析》，中国商务出版社 2007 年版，第 152 页。

[2] 参见邱冬梅：《资本弱化税制研究》，科学出版社 2013 年版，第 6 页。

企业在股东处调集资金时，尽可能减少出资或增资而代替以更多的借入款方式，从而减轻企业所得税及股东所得税负担，换言之，资本弱化是超高额度贷款隐藏资产的资本化。[1]

资本弱化的避税原理是企业经营所需资金主要来自股东的权益性投资或债权性投资，而税法将利息支出视为税前费用予以扣除，股息作为税后利润不予扣除，纳税人利用利息和股息在税法上的不同规定，人为地安排资本结构，减少应纳税额，进而侵蚀一国的税基。

资本弱化是关联交易避税的主要方式之一，即存在关联关系的借贷双方通过资本弱化避税获得的税收利益为其共同利益。为了实现整体利益的最大化，减少税收负担，双方通过安排大量借贷交易来规避税收，扭曲经济实质。资本弱化避税行为主要发生在国际交易活动中，进而导致国际避税泛滥。国际避税是避税活动在国际范围内的延伸和发展，跨国纳税人通过利用跨国所得在各国税务处理的不同，例如征税对象、税率、税收优惠等方面的差异，减轻甚至逃避应当承担的纳税义务。[2]在跨国投资中，各国对借贷利息和跨国股息所得的税务处理存在较大区别，基于税收负担的考虑，跨国投资者往往减少股权资本的投入，但增加借贷资本，从而达到避税的目的。资本弱化避税已引起各国的高度重视，各国纷纷制定对资本弱化避税行为予以税法规制，主要方法包括：（1）固定比率法，即企业的借款数额与股本数额的比率超过一定范围时，超过部分债务的利息不得扣除；（2）公平交易法，即以第三方独立企业之间的借贷为参照物，判断关联企业之间的借贷是否符合正常交易；（3）集团比率法，即通过适用企业所在集团的债权性投资与权益性投资的比例判断企业的个体债权性投资与权益性投资的比例是否合理；（4）收益剥离法，即当企业的利息支出与当年取得的应税利润的比值超过一定数额时，超额利息部分不予扣除。

（二）资本弱化避税的成因

1. 经济成因

资本弱化避税的经济成因主要体现在经济价值、经营管理、投资风险三个方面。

---

[1] 参见陈清秀：《国际税法》，法律出版社2017年版，第382页。
[2] 参见刘剑文主编：《国际税法学》（第4版），北京大学出版社2020年版，第215页。

就经济价值而言，依据1963年Franco Modigliani和Merton Miller提出的基于企业所得税的修正MM定律，企业因负债产生税盾效应，能够增加企业的价值，[1]即考虑企业所得税的前提下，由于负债的利息可以税前扣除，负债企业的价值等于无负债企业的价值加上税盾效应，质言之，企业负债越多，企业价值越大。[2]此后，MM定律被进一步修正，形成税负利益——破产成本权衡理论，即当债务融资的抵税效应等于因负债比重加大而产生的财务风险成本时，企业价值最大，亦称为最佳资本结构。[3]根据修正MM理论和税负利益——破产成本权衡理论，企业通过调整资本结构以提高债权性投资，从而获得税收利益，来降低企业成本，提高经济效益，与无负债企业或负债较少的企业相比，能够获得更大的经济竞争优势。

就经营管理而言，债权性投资通常比权益性投资更具优越性。权益性投资影响企业原有出资比例，因此可能涉及企业股东、管理层的人员调动以及企业表决权、控制权的变动。债权性投资则是到期收取本金和利息，不干涉企业的经营管理，能够避免引起股权或人事变动的连锁反应，维护企业经营管理的稳定性。

就投资风险而言，因债权和股权的特性不同，债权性投资相比于权益性投资的流动性更强、安全性更高。投资人采取权益性投资后，不允许抽回资本，仅能在满足法律规定的前提下转让股权取得资金，退出企业股东名册，但债权性投资中债权人与企业为借贷关系，债权人不参与企业经营管理且随时可以转让债权，来获得债权收益，保持资金的流动性。此外，股权投资者须承担企业的经营风险，即权益性投资是一种高风险的投资活动；债权性投资者不承担企业经营的风险，债权收益在借贷成立时已确定，在企业破产清算时相较于权益性投资者享有优先受偿的权利。

2. 法律成因

资本弱化避税的法律成因在于税法对股息和利息的税务处理不同，导致企业对借贷投资的不同偏好。《企业所得税法》第10条规定，在计算应

---

[1] 参见梁淑红：《资本弱化研究》，经济管理出版社2011年版，第30页。
[2] 参见邱冬梅：《资本弱化税制研究》，科学出版社2013年版，第8页。
[3] 参见苏扬：《利润转移视角下的国际避税与反避税研究》，经济科学出版社2017年版，第31页。

纳税所得额时，向投资者支付的股息、红利等权益性投资收益款项的支出不得扣除。《企业所得税法实施条例》第38条规定，非金融企业之间因借款所取得的利息，若超过同期同类贷款利率的部分则不允许扣除。财政部、国家税务总局发布的《关于企业关联方利息支出税前扣除标准有关税收政策问题的通知》（财税〔2008〕121号）规定，企业支付给关联方的不超过固定比率的利息支出，计算应纳税所得额时予以扣除。申言之，我国税法规定借款利息可以作为费用在税前予以扣除，而股息作为税后利润不能扣除，这一差异化的税务处理是企业在筹集资金时更偏好债权性投资的重要原因之一。

　　基于税法的纯益性征税原则和量能课税原则，利息可以作为费用予以税前扣除。纯益性征税原则要求所得税的征税对象只能是企业的纯收益，[1]借贷利息作为企业的借贷资金成本，应作为费用从企业的应纳税收入中扣除。相比量的税负能力，质的税负能力应当作为更重要的考虑因素之一。[2]量能课税原则要求按照纳税人的经济负担能力征税，计算企业的应纳税所得额应当减除企业的成本、费用等。在跨国投资中，若跨国投资人选择以债权形式投资，投资所得的利息在所得来源地国可以作为费用从企业的应税利润中扣除，所得来源地国仅对跨国投资人征收税率较低的利息预提税。为了避免法律性重复征税，居民国和所得来源地国达成税收协定或居民国制定国内税法，居民国对在所得来源地国已缴纳的预提税予以直接抵免。跨国投资人选择以股权形式投资，其所获得的股息分配应先基于股息税前不予扣除的规定，由被投资企业就股息分配的收入在所得来源地国缴纳企业所得税；再由跨国投资人对此股息收入在所得来源地国缴纳一道所得预提税；最后居民国对跨国投资人的此笔股息收入征收所得税。[3]跨国投资人的股息收入不能在所得来源地国的应纳税收入中扣除，利息却可以，导致跨国投资人采用权益性投资的方式相比债权性投资的方式需要承担较重的税收负担。

（三）我国资本弱化税制的发展

　　我国针对资本弱化避税规制最初是通过企业注册资本限制、外债和外

---

〔1〕参见刘磊：" 论企业所得税的课税原则"，载《税务研究》2006年第4期。
〔2〕参见刘剑文、熊伟：《财政税收法》（第8版），法律出版社2019年版，第142页。
〔3〕参加邱冬梅：《资本弱化税制研究》，科学出版社2013年版，第9页。

汇管制以及税收优惠政策等对债权融资加以规制。《公司法》在2013年修订之前规定了股份公司和有限责任公司的注册资本最低限额，同时规定了股东认缴出资后不得抽回注册资本。1987年原国家工商行政管理总局（已撤销）发布的《中外合资经营企业注册资本与投资总额比例的暂行规定》（工商企字〔1987〕第38号）第3条对中外合资经营企业注册资本和投资总额的比例即投注差加以规定。但是，限制企业注册资本仅能够起到静态上的控制作用，不能进行动态的监督和管制，资本弱化避税的规制效果甚微。此外，我国对资本项目外汇实施了严格管制。2003年原国家发展计划委员会、财政部、国家外汇管理局发布的《外债管理暂行办法》规定，中长期外债需要经国家发展计划委员会和国家外汇管理局审核后报国务院审批，并且向外举借的中长期债务额和短期债务额之和控制在规定的注册资本与总投资的差额以内，超过差额的，原审批部门需要重新审核项目总投资。《外汇管理条例》还规定了境内机构违反规定向外举借债务、发行债权或者对外提供担保的，将承担相应的法律责任。

我国通过限制公司注册资本、外债和外汇管制等措施规制资本弱化避税的效果并不理想，因此亟待通过税收立法来规制资本弱化避税的情况。2007年《企业所得税法》第46条首次规定了资本弱化税制，第41条第1款规定了独立交易原则，即企业与关联方之间的业务往来不符合独立交易原则，进而减少应纳税收入的，税务机关有权依法调整。《企业所得税法实施条例》第109条对关联方的范围予以规定，第119条明确了债权性投资和权益性投资的内容。2008年财政部、国家税务总局发布的《关于企业关联方利息支出税前扣除标准有关税收政策问题的通知》规定金融企业债权性投资与权益性投资的比例为5∶1，其他企业为2∶1，企业的超额利息不予扣除并按照规定缴纳企业所得税，通知还列明了资本弱化税制适用的例外规定。2009年《特别纳税调整实施办法（试行）》第九章对不得扣除利息支出的计算方法、关联债权性投资与权益性投资的比例的计算方法、证明符合独立交易原则的条件等予以规定。2013年国家税务总局发布的《关于企业混合性投资业务企业所得税处理问题的公告》认定了兼具股权和债权双重投资性质的混合性投资业务需要按照企业所得税处理的具体条件。

二、资本弱化税制的 BEPS 行动计划及各国经验

（一）BEPS 第 4 项行动计划的有关规定

跨国企业将高额的外部借款放置于高税率国家，然后再通过集团内部融资将企业产生的超额利息进行税前扣除，BEPS 第 4 项行动计划对此类利用利息扣除和其他款项支付实现的税基侵蚀予以规制，为各国应对利用利息和经济上等同于利息支出的 BEPS 问题提供全球统一的方法和处理建议。自 BEPS 行动计划启动以来，为避免跨国企业利用外部或内部债务约定稀释转移利润，国际上高度聚焦利息费用扣除的上限。在税收协定架构下，利息所得的征税机制是利息由居民国征税，所得来源地国仅征收较低的利息预提税，原则上排除所得来源地国对利息的征税权。此种征税机制对于跨国企业利用内部融资，将散布于各国的营业利润以利息支出的名义转移至资金的调度中心或集团钱柜提供强有力的诱因。[1]鉴于此，BEPS 第 4 项行动计划提出以固定比率规则为主，其他规则为辅的最佳实践方法建议，以有效解决企业利用利息规避税收的风险。

BEPS 第 4 项行动计划提出的最佳实践方法主要包括以下内容：（1）设置最低数额门槛，将风险企业排除在外。利息扣除上限的目的是防止跨国企业滥用利息扣除避税，但中小企业通过资本弱化避税的可能性较低，若不对其排除适用可能会妨碍正常经营，因此需要设置最低数额门槛，排除中小企业的适用。（2）采用净利息/EBITDA 比率的固定比率规则。首先，将 EBITDA 作为固定比率规则的指标标准。EBITDA，英文全称是 Earnings Before Interest, Taxes, Depreciation and Amortization，即未计息、折旧、税款、摊销之前的盈利数额，此项指标能够保证企业的利息扣除与产生应纳税收入相匹配，可直接联结且真实反映经济活动的成果与实际负担的能力，不易受到税收规避安排影响，[2]在不增加应纳税收入水平的情况下，企业增加净利息扣除限额的难度较大。此外，EBITDA 指标不仅易于计

---

〔1〕 参见黄茂荣、葛克昌、陈清秀主编：《BEPS 行动方案与国际税法》，元照出版公司 2021 年版，第 231 页。

〔2〕 参见黄茂荣、葛克昌、陈清秀主编：《BEPS 行动方案与国际税法》，元照出版公司 2021 年版，第 232 页。

算,还有利于审计,当然各国也可选择使用 EBIT 指标,即息税前盈利(Earnings Before Interest and Tax)。其次,应用最佳实践方法限制企业的利息费用优于债务水平。因为企业的债务水平具有不稳定性,不能代表企业的真实状况,而企业的利息水平能够反映企业在一定时期内的所有借款情况,进而准确体现企业经营状况情况。申言之,净利息费用降低了企业被双重征税的风险,因此应当限制企业净利息费用而非毛利息费用。最后,基准比率区间应设置为 10%~30%。10%~30%的基准比率区间能够使大部分跨国企业在扣除其净第三方利息扣除的同时,限制集团企业可扣除利息数额超过这一水平。[1] (3) 各国在固定比率规则的基础上,可以选择适用集团比率规则。统一适用 10%~30%的固定比率规则过于苛刻僵硬,未充分考虑不同地区集团的杠杆率。为降低对高杠杆率地区集团的影响,各国可选择适用集团比率规则。集团比率规则存在三种适用方式:一是在跨国企业整体支付外部净利息费用对比集团整体 EBITDA 的比例之内扣除;二是以跨国企业整体的支付外部净利息费用最高上调 10%;三是采取资产基础比率作为基准。[2] (4) 设定应对特殊风险的针对性规则,以补充一般利息扣减规则。各国可以根据实际情况设置针对性规则,弥补固定比率规则和集团比率规则解决不了的利息扣除风险。(5) 制定处理银行及保险业问题的特殊规则。利息在银行和保险业中的角色定位不同于其他行业,负债是其主要业务活动,银行和保险业也是其他行业债务融资的主要来源,因此往往存在净利息收入而非净利息费用的问题,固定比率规则或集团比率规则主要限制企业的净利息费用扣除水平,对银行和保险业产生的影响微乎其微,因此各国应当采取针对银行和保险业的特殊规则以解决利息扣除风险。

(二) 美国资本弱化税制

美国确立资本弱化税制的重要标志是 1989 年《收入调和法》(The Revenue Reconciliation Act)。美国针对利息费用扣除的限制主要体现在

---

[1] See OECD/G20 Base Erosion and Profit Shifting Project, Limiting Base Erosion Involving Interest Deductions and Other Financial Payments, Action4-2015 Final Report, p.64.

[2] 参见黄茂荣、葛克昌、陈清秀主编:《BEPS 行动方案与国际税法》,元照出版公司 2021 年版,第 233 页。

《国内收入法典》第163节、第267节、第385节、第482节等,其中第163节(j)条确定了美国资本弱化税制的基本规则,即收益剥离规则(Earnings Stripping Rules)。《国内收入法典》第163节(j)条规定企业的利息支出若同时满足下列三个条件,则不予扣除:(1)若美国企业在纳税年度末的债权性投资与权益性投资比例低于1.5∶1,则不限制利息支出扣除,亦即不适用收益剥离规则,若超过此标准则超额利息当年不予扣除,以规范企业进行以避税为目的的商业交易;(2)企业的净利息费用超过当年的利息扣除限额,利息扣除限额等于纳税人在该纳税年度调整后的应纳税收入的30%,而调整后的应税收入是将净利息支出、折旧、摊销、损耗和净营业损失扣除额加应税收入来计算的收入;(3)不符合条件的利息。"不符合条件的利息"明确被排除在扣除范围之外,包括企业向关联方支付或发生的利息,并且此部分利息与美国生产经营并无实质联系,无须向美国税务机关缴纳税款,另外根据美国与其他国家签订的税收协定,此利息支付可以少缴或不缴预提所得税。[1]此外,美国还规定了杠杆率较高的企业可以调整适用债务与资产比率,此比率值反映了企业持有的基本资产组合以及企业能够支持的资产组合的杠杆率,以避免企业受到第163节(j)条的不适当限制。

美国还以独立交易法作为资本弱化税制的辅助方法,即由税务机关对企业的债务金融工具进行实质审查,以确定企业的债务投资是否合适,审查所考虑的因素主要包括:(1)发行人是否无条件按要求承诺或在合理可预见的未来固定到期日支付一定金额;(2)票据持有人是否有权强制支付本金和利息;(3)票据持有人的权利是否从属于一般债权人的权利;(4)票据是否赋予持有人参与发行人管理的权利;(5)发行人是否资本不足;(6)票据持有人与发行人股东之间是否存在身份关系;(7)双方在文书上的身份;(8)是否打算在监管、评级机构或财务会计目的等非税务目的方面被视为债务或权益。在确定某项金融工具是否构成债权或股权时,没有任何特定因素是决定性的,必须充分考虑金融工具债权和股权特征的总体影响。若第三方贷款人在交易时保持一定独立性且了解相关事实,并且不

---

[1] 参见叶莉娜:"美国资本弱化税制改革研究",载刘剑文主编:《财税法论丛》(第14卷),法律出版社2014年版。

会以基本相同的结构方式发放贷款,则可以推定为股权。[1]美国最初的收益剥离规则适用对象仅限于关联方延伸的债务,但 1993 年修订后的法律适用对象范围扩大至非关联方延伸的债务。[2]

(三) 德国资本弱化税制

德国资本弱化税制几次变迁,最早是 1994 年德国《企业所得税法》引入资本弱化税制,并且将安全港规则作为主要调整方法,规定债务和资产比例在 3∶1 以内的利息支出准予扣除,但借款企业需要承担证明贷款符合独立企业之间正常交易原则的义务。[3]此项资本弱化税制的适用对象涉及股份公司、关联贷款和非居民企业,主要解决某一国家关联方通过提供贷款来转移德国税收收入的问题。但是,2002 年 12 月欧盟法院在 Lankhorst-Hohorst 案件中判定德国资本弱化税制违反《欧洲共同体条约》第 43 条的设立自由原则(Freedom of Establishment)。在该案中,荷兰企业 Lankhorst Taselaar BV(以下简称 LT BV)在 1996 年向其德国全资子公司 Lankhorst-Hohorst(以下简称 LH)提供 10 年的分期贷款共 150 万欧元,用来偿还 LH 从银行取得的借款,LT BV 还提供了一份保函,约定若第三方对 LH 提起债权诉讼,LT BV 则放弃对 LH 的债权。由于 LH 从 1996 年至 1998 年一直处于资不抵债,德国税务机关拒绝对 LH 于 1997 至 1998 年向 LT BV 支付的利息予以扣除,认为 LH 所支付的利息违反了独立交易原则,属于隐藏盈余分配,超额利息按 25%征收企业所得税。[4]该案的争议焦点在于德国 2003 年以前适用的《企业所得税法》第 8a 条规定:"当一家在德国承担无限纳税责任的企业从控股股东取得贷款,如果该控股股东不能享受德国的公司税抵免,同时若其提供给德国企业的借贷资本与股权资本比率超过 3∶1,除非这笔贷款符合独立交易原则,否则该借款企业支付给控股股东的利息不予扣除,视为股息对待。"[5]所谓的"不能享受德国公司

---

[1] See Cohen Philip G., "Testing for Thin Capitalization under Section 163 (j): A Flawed Safe Harbor", *Tax Lawyer*, 67 (2013), pp. 67~88.

[2] See Webber Stuart, "Thin capitalization and interest deduction rules: a worldwide survey", *Tax notes international*, 60 (2011), pp. 683~708.

[3] 参见易奉菊:《国际税收:理论、实务与案例》,立信会计出版社 2017 年版,第 164 页。

[4] See *Lankhorst-Hohorst*, ECJ, C-324/00 (2002).

[5] 参见邱冬梅:《资本弱化税制研究》,科学出版社 2013 年版,第 106 页。

因应BEPS行动计划的反避税体系构建研究

税抵免的控股股东",实际上是指向德国投资的境外企业,因此欧盟法院认为德国的资本弱化税制违反了欧盟的非歧视性原则,妨碍了欧盟的企业设立自由。作为回应,德国在2004年迅速修改资本弱化税制,将居民企业也纳入适用范围。为了在反资本弱化避税的同时创造更具吸引力的投资环境,德国也采取降低所得税率、扩大税基的做法,将安全港比例降低至1.5∶1,再辅之以独立交易法。[1]德国资本弱化税制的适用对象包括主要股东和与股东有密切关系的关系人,与股东有密切联系的关系人主要包括三种:(1)对该股东直接或间接持有至少25%以上股权的关系人,或股东对关系人直接或间接持有25%以上股权;(2)对于该股东可以直接或间接具有支配影响力的关系人,或者股东对其可以直接或间接行使支配影响力者;(3)第三人对于公司本身及其股东均持有至少25%以上股权,或对该两家公司均可行使支配影响力者。[2]

2008年,德国进行了彻底的立法改革,废除了之前的资本弱化税制,采用限制利息税收减免法,即企业的净利息支出扣除最高金额为折旧摊销前利润的30%,但这一限制排除了净利息支出不超过300万欧元的企业。[3]欧盟各国达成共识,认为可以将初始的债权与股权比率规则扩大至所有各方,即不再区分债务人为关联方还是非关联方,此规则变化的机理在于用无关债务代替关联债务可以减少或避免企业资本弱化的可能性。德国《企业所得税法》还确定了支付利息数额的最低门槛,若企业在一个纳税年度内向全体股东借款所支付的利息总额不超过25万欧元,则不适用资本弱化税制。

(四)英国资本弱化税制

英国资本弱化税制可谓"一波三折",先后在1995年至2004年间进行了三次修改。1988年《所得和公司税法》(Income and Corporation Taxes Act)第209条建立英国资本弱化税制,当非居民贷款公司对于英国借款企业拥有75%以上股权,或者一家非居民公司同时拥有英国贷款企业和非居

---

[1] See Menger J., Woywode U., "Germany: Second Wave of Changes Enacted in 2003 Rocks the Boad", *Journal of International Taxation*, 15 (2014), pp. 34~39.

[2] 参见陈清秀:《国际税法》,法律出版社2017年版,第389页。

[3] See Đukić Tatjana, "Thin capitalization rules in EU member states", *Central European Public Administration Review*, 9 (2011), pp. 83~99.

民贷款公司75%以上股权,英国借款企业支付的利息将被视为股息,不在税前扣除。但是,此项规则有歧视境外投资的嫌疑,于是英国在1995年引入独立交易原则为反资本弱化避税的方法。当贷款公司拥有借款企业75%以上股权,或者另一家企业同时拥有借贷两家企业75%以上股权时,若是借款企业支付的利息超过双方不存在贷款以外的其他特殊关系可能支出的数额,则超额支付的利息被视为股息分配。[1]欧盟法院在2002年对于德国Lankhorst-Hohorst案的判决也对英国资本弱化税制的正当性发出预警,直接推动了英国资本弱化税制的修改。2004年,英国彻底废除了资本弱化税制的专门条款,而是以独立交易原则规制资本弱化避税,涵盖了关联方通过非关联方进行的背对背贷款安排以及关联方提供担保贷款等变相的关联贷款安排。

英国的独立交易原则规定了监管机构的操作流程:(1)监管机构有必要确定一家或多家企业能够从独立贷款人处借款的多少;(2)将该借款数额与从集团企业实际借款或集团企业支持的数额进行对比;(3)判定对超过企业正常负债能力的利息费用拒绝税收减免,推定为股息分配征收所得税。[2]英国税务机关运用独立交易原则分析公司经营情况,须考虑一系列相关因素,包括英国企业普遍的债务情况、借款企业所在产业特点、借款企业经营状况、资产状况、现金流量等。[3]英国税务机关还会充分考虑企业自身的评级和特点,并非简单地参照银行同类同期贷款利率。[4]独立交易原则具有较强的灵活性,对跨国企业的境外融资考察应当从独立企业的角度考虑每个案例的特别因素,剔除任何关联企业之间因非正常交易而扭曲市场的行为。[5]但是,独立交易原则的灵活性也引发了不确定性,与税收确定性原则相冲突,导致税收争议的增加,降低税收规则的适用效率,这

---

〔1〕 参见邱冬梅:《资本弱化税制研究》,科学出版社2013年版,第49页。

〔2〕 See Webber Stuart, "Thin capitalization and interest deduction rules: a worldwide survey", *Tax notes internationa*, 60 (2010), pp. 683~708.

〔3〕 参见易奉菊:《国际税收:理论、实务与案例》,立信会计出版社2017年版,第164页。

〔4〕 参见周秀梅:"英国反资本弱化税收实践中对独立交易原则的运用",载《涉外税务》2011年第11期。

〔5〕 参见苏扬:《利润转移视角下的国际避税与反避税研究》,经济科学出版社2017年版,第152~153页。

也是其他国家不单独使用独立交易原则对利息扣除予以限制的重要原因。

2009年,英国修改税法确立集团比率原则,设定全球集团合并账目中的净外部借款成本上限,并针对英国集团承担的债务超过全球集团运营所需债务的情况,将公司的财务费用与全球企业的财务费用进行比较。这同一刀切的利息限制规则相比,更具灵活性和公平性。同时,英国资本弱化税制不再区别对待居民关联企业和非居民关联企业,只要符合上述条件就要受到独立交易原则的限制。

（五）俄罗斯资本弱化税制

2002年,俄罗斯税法引入了资本弱化税制,2016年俄罗斯根据BEPS第4项行动计划和俄罗斯法院对资本弱化案件的审理,明确了资本弱化税制的新规则。

2002年《俄罗斯联邦税法典》第269（2）条引入资本弱化税制,规定每个季度最后一日受控债务与借款人股权的比例以3∶1为限（专门从事银行业和租赁活动的组织比例为12.5∶1）,超过的利息不予扣除,推定为股息,并按预提税率征税。[1]受控债务是关联方或由关联方担保的债务,而关联方包括外国关联企业和与外国关联企业有关联关系的俄罗斯企业（亦称俄罗斯姊妹企业）。俄罗斯姊妹企业游离在资本弱化税制之外,成为俄罗斯海外投资者规避资本弱化税制的重要途径之一。[2]为弥补俄罗斯资本弱化税制的缺陷,俄罗斯仲裁法院在 Naryanmar Nefte Gaz 案中对其适用对象做了扩大解释,将俄罗斯姊妹公司纳入了资本弱化税制的适用范围。在该案中,俄罗斯企业的借款不是由外国关联企业提供的,而是俄罗斯姊妹企业提供借款,俄罗斯借款企业主张该笔借款不适用资本弱化税制,但俄罗斯仲裁法院根据"实质重于形式原则",认定该笔贷款的提供方为俄罗斯债务人的外国关联企业,进而将该笔借款纳入资本弱化税制的调整范围。[3]一般反避税条款的个案适用虽解决了资本弱化税制形同虚设

---

〔1〕 参见崔晓静、潘敏:"俄罗斯资本弱化规则新发展及对中国的启示",载《国际法研究》2019年第5期。

〔2〕 参见崔晓静、潘敏:"俄罗斯资本弱化规则新发展及对中国的启示",载《国际法研究》2019年第5期。

〔3〕 Supreme Commercial Court, *Naryanmar Nefte Gaz v. Russin Federation*, No. VAS‑7104/12 (2012).

的难题,但俄罗斯不是判例法国家,以案例弥补资本弱化税制的漏洞难以令人信服。

2016年,俄罗斯税法对资本弱化税制进行了重大修改,其中对可控债务重新定义,明确适用资本弱化税制的三类俄罗斯借款人的债务类型:(1)外国关联企业的债务,又分为三类:其一,直接或间接持有俄罗斯借款人25%以上的股权;其二,俄罗斯借款人直接或间接持有25%以上股权的外国企业;其三,在与俄罗斯借款人之间的所有权链中对其后组织中持有直接股权50%以上的外国企业或自然人。(2)与上述第一种外国关联企业具有关联关系的企业所欠的债务,又分为四类:其一,对外国关联企业直接或间接持有25%以上股权的企业或自然人;其二,外国关联企业直接或间接持有25%以上股权的企业;其三,对其后组织持有直接股权50%以上的企业或自然人;其四,与外国关联企业共同属于持有该两者50%以上股权的企业。[1](3)上述两种企业为另一企业所欠债务提供担保时企业所欠的债务。[2]

三、资本弱化税制的适用范围

根据《企业所得税法》第46条,我国资本弱化税制的适用对象为存在借贷关系的关联方企业,《企业所得税法实施条例》第109条对关联方作出了明确界定,即在资金、经营、购销方面具有控制关系,无论这种控制是直接的或间接的;借款企业与贷款企业共同被第三者控制;借款企业与借款企业有其他的关联关系,存在上述关联关系的企业、个人或其他组织被界定为关联方。国家税务总局发布的《关于完善关联申报和同期资料管理有关事项的公告》就控股关系(即直接或间接持有股份总和达到25%)、人身关系及生产经营、劳务上的控制关系、组织结构重叠、借贷关系等对关联关系予以明确界定。但是,目前我国资本弱化税制仅将关联方纳入适用对象,无法规制独立企业之间实施资本弱化避税的行为,同时未将资本

---

〔1〕 参见崔晓静、潘敏:"俄罗斯资本弱化规则新发展及对中国的启示",载《国际法研究》2019年第5期。

〔2〕 See Maria Mikhaylova, Yulia Akhonina, "Thin Capitalization in Russia: Rules, Trends and Changes", *Intertax*, 44(2016), p.853.

弱化避税风险较小的中小企业排除在外，也加重了中小企业负担。

（一）取消关联方的限制

资本弱化税制对于抑制企业过度扣除利息、转移利润具有一定积极作用，但利息扣除要求关联方债权性投资与权益性投资的比例符合法定标准，这仅能约束企业集团内部融资。换言之，若企业与关联方的债权性投资与权益性投资比例在法定限度以内或企业向外部非关联方借贷款项，仍被允许进行利息支出扣除。但是，企业与关联方的债权性投资与权益性投资比例在法定限度内或企业向外部非关联方借贷款项，仍存在不当稀释盈利、规避税负的风险。若企业集团将第三方净利息费用总额不合比例地向集团内部企业分配，将大部分债务利息甚至全部债务利息交由能扣除高数额借款利息支出的企业承担，虽然企业集团总体上获得了较大的税盾效果，有效降低了集团的总体税负，但会严重侵蚀借款企业所在国家的税基。

BEPS 第 4 项行动计划提出，不属于任何集团的独立实体进行利息扣除的风险较小。但是，某些独立实体规模较大、股权结构较复杂，可能涉及信托或合伙制度，同时众多实体处于同一投资者控制下，其风险与关联企业风险类似，因此利息扣除风险既可能产生于企业集团内部或可能产生于集团企业关联方之间，亦可能产生于独立第三方企业。我国资本弱化税制的适用对象应当包括隶属于某一跨国集团实体、隶属于本国集团实体以及不属于某一集团的独立实体。[1]美国、德国、英国等国家也意识到了独立企业的资本弱化避税风险，在税法改革过程中，纷纷将资本弱化税制的适用对象扩大为所有企业，不再区分关联企业和非关联企业。

总之，我国资本弱化税制可以借鉴 BEPS 第 4 项行动计划以及美国、德国、英国等税法经验，将《企业所得税法》第 46 条的适用对象扩大为所有企业，即只要企业之间发生借贷关系，符合税法规定的债权性投资范围，均适用资本弱化税制，不再区分关联企业与非关联企业。

（二）中小企业除外适用

资本弱化税制是限制跨国企业过度使用贷款债务形式代替股权形式出

---

〔1〕 See "OECD/G20 Base Erosion and Profit Shifting Project. Limiting Base Erosion Involving Interest Deductions and Other Financial Payments, Action 4-2015 Final Report", p. 39.

资，用高额利息扣除转移利润，侵蚀国家税基。中小企业实施资本弱化避税的风险较小，并且其成本费用与应纳税额比例较高，为了鼓励和支持中小企业发展，平衡税收征收的财政收入和行政成本之间的关系，减少中小企业的纳税成本，大多数国家税法均明确规定了资本弱化税制排除对中小企业的适用。例如，德国《企业所得税法》第8a条规定，公司向全体股东借款所支付的利息总额，在一个纳税年度内不超过25万欧元，则不适用资本弱化税制，但超过界限金额即使只有小部分，则全部利息均应改为隐藏盈余分配。[1]英国在2004年税法改革后，也豁免了中小企业适用资本弱化税制的适用。

我国资本弱化税制未将中小企业排除在外，容易导致中小企业的经营管理出现困难并处于竞争劣势地位，这与我国鼓励中小企业发展，减轻中小企业负担的法律政策相背离。因此，我国应当借鉴英国、德国等国家的税法经验，排除中小企业在资本弱化税制的适用，其中关于中小企业的界定可以参考《企业所得税法实施条例》第92条对小型微利企业的规定，将企业分为工业企业和其他企业。此外，我国也可根据实际情况设置最低利息额支付门槛，符合中小企业或小额利息支付标准，均可以排除资本弱化税制的适用。排除中小企业适用资本弱化税制，可以减轻中小企业经营负担，同时确保税务机关集中精力关注大型企业或大额利息支付所实施资本弱化避税行为，实现反资本弱化避税与企业经营活力之间的动态平衡。

四、资本弱化税制的债权性投资认定

《企业所得税法实施条例》第119条第1、2款规定对债权性投资进行了界定："企业所得税法第四十六条所称债权性投资，是指企业直接或者间接从关联方获得的，需要偿还本金和支付利息或者需要以其他具有支付利息性质的方式予以补偿的融资。企业间接从关联方获得的债权性投资，包括：（一）关联方通过无关联第三方提供的债权性投资；（二）无关联第三方提供的、由关联方担保且负有连带责任的债权性投资；（三）其他间接从关联方获得的具有负债实质的债权性投资。"我国对债权性投资的规定较为详细，但仍存在问题：一方面我国仅依照法律形式判断一笔融资是否

---

[1] 参见陈清秀：《国际税法》，法律出版社2017年版，第392页。

为债权性投资,未考虑实质标准,导致一些形式上不符合但实质上符合的债务利息支出被排除资本弱化税制的适用。例如,企业之间融资租赁、应付款项等经济活动虽在形式上不具有债权性投资的特征,但实质上与债权性投资的作用无异,却并未明确纳入债权性投资范围。因此,我国税务机关判断某项投资行为是否符合债权性投资,应当采取实质重于形式原则,提高债权性投资认定的科学性与合理性。另一方面,国家税务总局颁布的《特别纳税调整实施办法(试行)》第87条对资本弱化税制的利息支出予以确定,利息支出包括直接或间接关联债权性投资实际支付的利息、担保费、抵押费和其他具有利息性质的费用,其中利息、担保费、抵押费等范围过于狭窄,而"其他具有利息性质的费用"缺乏明确标准,可能出现企业集团通过贷款重组其他交易安排规避税收。BEPS第4项行动计划提出,若利息仅限于借贷成本这一类支付,会导致企业通过规划安排规避税收,因此我国可以借鉴BEPS第4项行动计划关于利息和经济上等同利息的支出以及因融资产生的费用规定,适当地扩充利息支出范围,包括但不限于:(1)利润参与贷款下的支出;(2)可转换债券和零息债券等票据的应计利息;(3)融资租赁支付的融资成本元素;(4)相关资产的资产负债表价值所含的资本化的利息或资本化利息摊销;(5)与实体借贷相关的衍生工具或对冲安排下的名义利息款项;(6)借贷及融资相关工具所产生的部分汇兑收益和损失;(7)融资安排的担保费;(8)手续费及相关的类似成本。[1]

五、资本弱化税制的固定比率规则

资本弱化税制的固定比率规则是指在企业资本结构比率的限度内,对于债务资本的利息支出予以扣除,超出部分则按权益资本的收益征收企业所得税。我国资本弱化税制采取债权性投资与权益性投资的固定比率规则,虽取得了一定成效,但仍存在不可忽视的缺陷。

(一)净利息/EBITDA 的固定比率

债权性投资与权益性投资的固定比率使得权益水平较高的企业能够扣

---

[1] See "OECD/G20 Base Erosion and Profit Shifting Project, Limiting Base Erosion Involving Interest Deductions and Other Financial Payments", Action 4-2015 Final Report, pp. 31~33.

除较多的利息数额,企业可以通过提高股份水平增加利息支出数额扣除,而与企业的应税经济活动无关。因此,我国资本弱化税制可补充适用BEPS 第 4 项行动计划的净利息/EBITDA 的固定比率。[1]一方面,EBITDA是最为普遍的计量收益指标,可确保实体的利息扣除能够准确且全面地反映企业的经济活动。适用 EBITDA 的固定比率具有以下优点:(1)通过EBITDA 计算的收益既是衡量企业能否履行利息支付义务的指标,也是确定举借债务金额的关键因素之一;(2)企业的可扣除利息与收益紧密相关,企业既可以通过增加企业收益增加利息扣除限额,又可以通过减少其在来源国的净利息扣除额将利润转出来源国。对于企业而言,收益和应纳税收入之间关系明确,采用净利息/EBITDA 固定比率指标是在利息扣除金额与应税经济活动水平之间建立联系的最佳实践方法。

采用净利息费用/EBITDA 的固定比率,还需要设定合理的比率区间。BEPS 第 4 项行动计划的最佳实践方法建议,净利息/EBITDA 的比率区间设定在 10%~30%之间。工商业咨询委员会向 OECD 提供的关于普华永道对上市公司净利息/EBITDA 财务分析数据显示,约一半 EBITDA 为正数的上市集团的第三方净利息/EBITDA 的比例为 5%或更低。因此,10%~30%的最佳固定比率区间原则上能使大部分集团扣除其第三方净利息费用,同时也限制集团过高的可扣除水平。毋庸置疑,由于法律制度和经济环境的差异,各国在 10%~30%区间内选定合适的基准固定比率,应当考虑下列因素:(1)一国是否同时采用集团比率,若采用集团比率,则可以设定较低的基准固定比率;(2)一国是否允许结转利息扣除限额,若允许向后结转利息扣除限额,可以设定较低的基准固定比率;(3)一国是否设置了针对性规则,若未设置针对性规则,可以设定较低的基准固定比率;(4)一国利率水平是否高于其他国家,若低于其他国家的利率水平,可以设定较低的基准固定比率;(5)受一国经济政策影响,应当考虑净利息费用、债务水平等情况;(6)一国为吸引基础设施投资,可以采取的鼓励第三方借贷的宏观政策;(7)考虑本国集团的杠杆率水平、规模及各国对限制利息扣除的宽严态度等。我国应当充分考虑上述因素,根据实际情况设定合理

---

[1] See "OECD/G20 Base Erosion and Profit Shifting Project, Limiting Base Erosion Involving Interest Deductions and Other Financial Payments", Action 4-2015 Final Report, pp. 53~76.

的基准固定比率。

净利息/EBITDA 的固定比率规则具体适用包括以下三步：（1）根据税法合理计算企业的 EBITDA；（2）将基准固定比率适用于企业的 EBITDA，计算出企业可以扣除的最高利息数额；（3）将可扣除的最高利息数额与企业的实际利息支出数额对比，最终确定企业的可扣除利息支出数额。

利息扣除限制不等于资本弱化税制。资本弱化税制和利息扣除限制规则目的均是限制企业过高的利息以防止企业转移利润，损害国家的税收利益。但是，资本弱化税制主要是针对企业的资本结构来防止企业过高利息扣除，资本弱化税制只是通过扣除过高利息支出数额侵蚀一国税基的行为之一。利息扣除限制规则针对的风险还包括集团将第三方企业债务转移至高税率国家、通过内部贷款实现超额利息扣除以及利用集团内部或者第三方融资为免税收入进行融资等，外延大于资本弱化税制。

（二）集团比率规则

我国的固定比率规则不够灵活，缺乏对高杠杆率企业集团的特殊规定。我国固定比率规则未考虑地区间企业集团的杠杆率可能存在差异的事实，即使排除地区因素，部分企业集团仍有较高的杠杆率。针对所有企业集团适用统一的固定比率而不考虑企业集团的整体杠杆率，会限制一些企业集团的合理融资需求，导致高杠杆率的企业集团容易发生经营管理危机，进而降低企业集团的市场竞争能力。

为了降低固定比率规则对杠杆率较高集团的影响，我国可以参考 BEPS 第 4 项行动计划提出的最佳实践方法建议，即组合适用固定比率规则和集团比率规则，既发挥了固定比率规则对抗过高利息支出数额扣除的功能，又通过集团比率规则弥补了固定比率规则的不足。集团比率规则允许超出基准固定比率的企业在集团第三方净利息/EBITDA 比率较高的情况下，按集团第三方的净利息/EBITDA 比率计算可扣除的净利息费用。换言之，净利息费用只有在同时高于基准固定比率和集团比率时才不予扣除。

集团比率规则的具体适用包括以下三步：（1）根据集团第三方净利息/EBITDA 计算出集团的固定比率，其中集团的第三方净利息费用存在三种计算方法可供选择，即使用未经调整的财务报告数据、使用根据特定金额调整的财务报告数据以及采用利息及其他支付的财务报告估值。目前各国最为认可并接受的计算方法是未经调整的财务报告数据，但可能发生高估或低估第三方净利息费用的风险，因此各国对此做最低限度的调整。（2）计算集团的 EBITDA。EBITDA 是衡量集团经济活动的客观指标，计算集团的 EBITDA 等于税前利润加上第三方净利息费用、折旧与摊销。（3）将集团比率应用于企业的 EBITDA，计算出企业可扣除的最高利息数额。

我国引入集团比率规则，主要面临获取集团的全球经营财务信息较为困难的问题。[1]但是，集团比率规则要求企业能够确定其所在集团在全球范围内的第三方净利息/EBITDA 的标准，换言之，企业若适用集团比率规则需要能够获取集团财务信息，将集团全球财务信息的获取责任交由适用集团比率的企业承担可为解决思路。关于集团财务信息的获取，我国可以借鉴 BEPS 第 4 项行动计划，要求企业必须提供当地税务机关能够审计的集团全球范围内的第三方净利息/EBITDA，削弱当地税务机关从其他国家税务机关获取信息的必要性。集团全球财务信息来源的可靠程度取决于集团的合并财务报表，为确保集团财务信息内容的正确性与真实性，可以由独立的会计师事务所对合并财务报表进行审计，此外还可以要求相关信息经由可靠的独立机构认定或税务机关复核，才能成为集团的全球财务数据。如果企业无法提供需要的集团财务信息，则仍按固定比率规则扣除利息。

集团比率规则的适用亦存在两种限制情形：（1）集团的 EBITDA 为正，但其纳入了亏损实体的结果。此种情形会导致集团的 EBITDA 减少，集团的第三方净利息/EBITDA 比率增加，从而提高集团内盈利企业的税前利息扣除能力，甚至可能超过集团的实际净利息费用。我国可以设置利息扣除上限来解决这一问题，而利息扣除上限应当等于集团的第三方净利息费用。（2）集团在合并层面的 EBITDA 为负，但其包括了盈利实体的结果。此种情形因计算出的集团第三方净利息/EBITDA 比率为负，而无意义，但不可否认的是，集团内盈利的实体确实为集团的财务结果作出了积极的贡献。我国为解决此问题可以允许集团内 EBITD 为正的实体获得一定利息扣除限额，而此限额以集团的第三方净利息费用和实体的实际净利息

---

〔1〕 参见丁佳佳等："国际税收领军人才系列文章（四）：利息扣除计划对我国应对恶意税收筹划的借鉴"，载《国际税收》2015 年第 11 期。

费用中较低的为准,唯如此能够将企业的利息扣除与集团的财务状况直接挂钩,弥补集团比率规则的缺陷。

(三)行业固定比率

我国资本弱化税制区分了不同行业设定固定比率标准,金融企业为5:1,其他企业为2:1。但是,在金融企业范畴和其他企业范畴之内,各企业对借款融资的需求仍存在较大差异,例如房地产企业、建筑业对债务的依赖程度明显高于制造业、零售业等非金融服务企业,统一适用2:1的固定比率对此类企业的要求过于严苛,且不利于其长期经营管理;又如,银行、保险公司和投资银行的债务权益比率比其他金融企业也相对较高,金融资产和负债构成其主要业务的重要组成部分,因此固定比率的标准仍有待进一步细化。

六、资本弱化税制的超额利息处理

资本弱化税制对于超额利息的税务处理一般分为三种:(1)拒绝扣除支付的利息或超额利息;(2)将支付的利息或超额利息推定为股息予以征税;(3)将部分或全部贷款定位为股本资金。[1]《企业所得税法》第46条规定:"企业从其关联方接受的债权性投资与权益性投资的比例超过规定标准而发生的利息支出,不得在计算应纳税所得额时扣除。"财政部、国家税务总局印发的《关于企业关联方利息支出税前扣除标准有关税收政策问题的通知》规定超过比例的利息其超过的部分在当期和以后年度均不予扣除,企业从关联方处取得的不符合规定的利息收入应按照有关规定缴纳企业所得税。《特别纳税调整实施办法(试行)》第88条则对境内、境外关联方企业支付的利息进行了区别处理。

(一)统一境内外税务处理

根据《特别纳税调整实施办法(试行)》第88条,若超额利息由实际税负低的企业支付给实际税负高的境内关联方企业,则税法准予扣除,支付给境外关联方的利息视同分配的股息征收企业所得税。此条背后的经济逻辑在于:在境内投资的情形下,当借款企业的实际税负低于境内贷款

---

[1] 参见[美]罗伊·罗哈吉:《国际税收基础》,林海宁、范文祥译,北京大学出版社2006年版,第435页。

关联企业时，关联方采用权益性投资的总体税负轻于债权性投资，因此关联方的债权性投资并非存在避税动机，不会导致国家税收利益受损；在境外投资的情形下，利息的可扣除性和来源地对境外关联方有限的征税权决定了境外关联方的债权性投资必然导致来源国的税收流失。[1]但是，经济逻辑的合理性不必然满足法律上的正当性要求，对境内企业和境外企业超额利息支付的税务处理差异明显违反非歧视原则，可能会引发作为缔约国对方居民纳税人的关联企业对我国资本弱化税制的异议。我国因此应当修改《特别纳税调整实施办法（试行）》第88条关于境内企业和境外企业超额利息区别处理的规定，统一境内外税务处理。

（二）超额利息的税务处理规则

超额利息的税务处理主要存在两种观点：一是认为应当推定为盈余分配，征收企业所得税，主要理由是贷款方在来源国承担的所得税和预提税，在居民国一般可以获得抵免，从而避免双重征税的问题；[2]二是认为超额利息仍为股东的利息所得，源泉扣缴利息所得税，日本立法采取此种观点，[3]主要理由是在跨国利息和股息所得的国际税收分配上，居民国对利息具有较大征税权，而来源国对股息具有较大征税权，当来源国对企业适用资本弱化税制将超额利息重新界定为股息征税，是对原有税收协定所规定的税收权益分配的突破，居民国对于超额利息的定性取决于对税收协定相关条款的解读与认定。目前，各国之间签订的税收协定一般参照OECD税收协定范本第10条第3款关于股息的认定，即股权性质的收益应当基于企业权利而取得，而不是基于债权关系而取得，[4]为避免税收争议和顺利开展国际反避税，OECD提出股息的认定应当以贷款企业承担借款企业的负担为前提，[5]但各国仍有权决定是否采纳OECD的认定标准。《特别纳税调整实施办法（试行）》第88条将超出固定比率的利息支

---

〔1〕 参见邱冬梅：《资本弱化税制研究》，科学出版社2013年版，第163页。
〔2〕 参见毛程连、马新月："资本弱化税制：缺陷与完善"，载《税务研究》2016年第10期。
〔3〕 参见陈清秀：《国际税法》，法律出版社2017年版，第393页。
〔4〕 参见廖益新、邱冬梅："利息或是股息——资本弱化规则适用引发的定性识别冲突问题"，载《暨南学报（哲学社会科学版）》2009年第4期。
〔5〕 See OECD, Thin Capitalization Report, 53; OECD, Model Tax Convention on Income and on Capital (Condensed Version July 2008), pp. 67~68.

出视为股息分配，未能充分考虑税收协定对股息和利息识别的冲突，可能引起税收协定适用的国际税收争议，我国应当对于境内借款企业支付给同我国签订税收协定的缔约国对方居民关联方的利息予以源泉扣缴利息预提税。

第四章
基于征纳互动的反避税管理机制

第一节 单边预约定价

一、单边预约定价概述

(一) 单边预约定价的概念

预约定价以其所具有的制度优越性获得了许多国家和国际组织的肯定,其概念存在两种不同的解释方式,即狭义上的"协议说"和广义上的"安排说"。

1. 狭义上的"协议说"

在狭义上,"预约定价"是指预约定价协议,美国国内收入局最先使用"预约定价协议"(Advance Pricing Agreement,APA)概念,国内收入局"96-53号税收程序"指出,"预约定价协议是国内收入局和跨国企业关于转让定价方法所达成的协议,可以应用在两个或更多直接或间接拥有或控制的组织、交易或商业,基于相同的利益,而从事任何的收入、扣减或折让的指派或分摊"。也有学者倾向使用"单边预约定价协议"这一概念,"所谓单边预先定价协议,是指跨国企业仅事先与一国税务机关协商确定相关业务交易的价格并签订协议的一系列活动,其协议对象为跨国企业的转让定价原则及其计算方法,而非应纳税额,且协议对象主要客体仅为一国税务当局对于纳税者之合意"。[1]

---

[1] 张哲玮:"跨国关系企业常规交易价格预先订价法制之研析",载《世新法学》2012年第6期。

2. 广义上的"安排说"

在广义上,"预约定价"是指预约定价安排,是指跨国纳税人与一国税务主管当局之间就其与关联企业的受控交易涉及的转让定价调整方法等问题进行磋商、达成协议、修改协议、跟踪监管、审计调整等一系列活动和程序所形成制度的总称。预约定价安排是国际组织在"预约定价协议"基础上发展而成的,OECD预约定价指南规定,"纳税人和税务主管当局之间通过预先确定一套适当的标准,例如可比交易、转让定价方法、关键性假设等,以确定未来一定时期内该交易的转让定价而达成的一种事先确定受控交易的安排"。[1]

狭义上的"协议说"着眼点在协议上,主要针对预约定价的关键部分即协议,忽略了为达成预约定价协议所必需的准备阶段工作以及协议后的审查程序等,存在明显的缺陷。因此,预约定价应当采取广义上的"安排说","符合规定条件的纳税人就其关联交易转让定价避税问题,依规定程序,预先向税务机关申请,并于达成协议后所签署之相互契约所作出的一系列安排"。[2]预约定价的一般流程是由纳税人就关联交易事项向税务机关提出申请,双方就转让定价方法和计算方法等制定一系列标准,用来清算一定时期内关联交易的应税所得额,进而确定应纳税额。因此,仅仅将"预约定价"定义为协议是不全面的。《企业所得税法》第42条规定,"企业可以向税务机关提出与其关联方之间业务往来的定价原则和计算方法,税务机关与企业协商、确认后,达成预约定价安排",《企业所得税法实施条例》第113条规定,"预约定价安排是指企业就其未来年度关联交易的定价原则和计算方法,向税务机关提出申请,与税务机关按照独立交易原则协商、确认后达成的协议"。由此可见,我国税法更为认同"安排说",以"安排说"定义"预约定价",不仅符合我国转让定价的税法实践,也有利于在制度层面上进一步完善预约定价法律制度。

(二) 单边预约定价协议的性质

预约定价协议是纳税人和税务机关之间的一种书面协议,关于单边预

---

[1] See OECD, Guidelines for Conducting Advance Pricing Arrangements under the Mutual Agreement Procedure, p. 20.

[2] 刘天道:《国际租税规划》,宏典文化出版社2008年版,第141页。

约定价协议的法律性质存在"民事合同说"和"行政契约说"两种观点。

1. 民事合同说

民事合同说认为，单边预约定价协议实质上是一种民事合同，是民事法律规则在税法中的运用。将预约定价协议视为民事合同，当事人应当遵循诚实信用原则和平等原则，并且接受合同的约束。

2. 行政契约说

行政契约是为了产生公法上的效力而订立的合同，行政契约的参与者须对合同的内容具有影响力，并且以同等地位参加决定的最低限度。单边预约定价协议是纳税人与税务机关为评价转让定价行为是否符合独立交易原则，经过交换意见达成合意后所形成的具有拘束力的协议，其法律性质属于行政契约。但是，行政契约的类型属于双务契约抑或和解契约尚存在不同的看法。

双务契约是指行政机关与行政相对人订立以互负给付义务为内容的行政契约。目前，我国对双务契约并无权威规定。事实上，单边预约定价为税务机关和纳税人双方就确立转让定价方法所作出的一系列安排，与双务契约的互负给付义务不同：在单边预约定价中，纳税人依据确定的转让定价原则和方法进行交易，税务机关根据安排对交易进行监管，相互不具有对待给付的性质，仅体现出契约的拘束力，因此单边预约定价协议不是双务契约。

和解契约是指行政机关不能依职权调查确定行政处分所依据的事实和法律，但为解决争议并实现行政目的，通过行政契约代替行政处分的方式。和解契约是一种折中的方法，它消除了合理判断中事实问题或法律问题的不确定状态。单边预约定价的订立发生在受控交易之前，转让定价可能引起的争议尚未发生，税务机关无法开展调查，这一时间点与和解契约成立的时间要求一致。单边预约定价所涉及的争议在本质上是税务机关和纳税人双方对于转让定价方法的认定存在争议，通过协商机制达成共识。因此，对于税务机关依职权调查的限制予以放宽，无论争议发生在事前还是事后，对于结果都不会产生实质影响。税务机关和纳税人就未来有关转让定价等税收法律事实达成合意而订立的单边预约定价协议，符合和解契约的构成要件。

(三) 我国单边预约定价制度的发展

改革开放后,全球各国贸易、投资等国际经济活动日趋频繁,我国转让定价税制及其预约定价制度也迅猛发展。1998年国家税务总局发布了《关联企业间业务往来税务管理规程》(国税发〔1998〕59号),首次提出税务机关与纳税人通过预约定价方式解决转让定价问题,成为我国防止运用转让定价避税的主要法律之一,同年第一例单边预约定价在厦门签署。

2002年颁布的《税收征收管理法实施细则》第53条规定:"纳税人可以向主管税务机关提出与其关联企业之间业务往来的定价原则和计算方法,主管税务机关审核、批准后,与纳税人预先约定有关定价事项,监督纳税人执行。"预约定价由原来的转让定价调整方法上升为一项法律制度。2004年,国家税务总局发布的《关联企业间业务往来预约定价实施规则(试行)》包括总则、预备会谈、正式申请、审核与评估、磋商、签订安排、监控执行和附则八章33条,对预约定价具体操作作出详细规定。《关联企业间业务往来预约定价实施规则(试行)》减少了跨国企业的不确定性纳税成本,为单边预约定价签订提供有力的法律保障。2005年,为促进预约定价规范化管理,国家税务总局实施了预约定价监控管理,监控预约定价的执行情况,预约定价管理从此步入规范发展的新阶段。

2008年实行的《企业所得税法》及其实施条例首次在税收实体法中规定了反避税条款,其中对转让定价和预约定价予以较为详细的规定。2009年公布的《特别纳税调整实施办法(试行)》进一步明确了我国预约定价规则,实现与《企业所得税法》及其实施条例的有效衔接,为有意愿与税务机关达成预约定价安排的纳税人提供指导。国家税务总局从2009年起每年发布预约定价安排报告,为其他国家和地区税务主管当局了解我国预约定价提供便利。

2016年,国家税务总局发布的《关于完善预约定价安排管理有关事项的公告》对《特别纳税调整实施办法(试行)》公布实施后的预约定价管理实务操作进行经验总结和制度提炼,例如将更多的准备工作提前到正式申请之前,更充分、更周密的准备工作为预约定价协商成功奠定基础。此外,预约定价适用对象被明确为税务机关向纳税人送达接收协商意向的

《税务事项通知书》之日所属年度起 3 至 5 个年度的关联交易，追溯期最长为 10 年，并且对年度报告报送、退税和补税和信息交换等予以更为科学的规定。

2017 年颁布的《特别纳税调查调整及相互协商程序管理办法》将《企业所得税法》第六章涵盖的特别纳税调整情况都列入了可调查范围，包括转让定价、资本弱化、受控外国企业和一般反避税等，进一步增强转让定价调整机制的明确性，促进转让定价调整工作的规范化。

2021 年国家税务总局发布的《关于单边预约定价安排适用简易程序有关事项的公告》（国家税务总局 2021 年第 24 号公告）规定，符合相关条件的纳税人可以适用简易程序，并且在《关于完善预约定价安排管理有关事项的公告》规定的关联交易规模的基础上，又对申请条件和税务机关不予受理情形等作出详细规定，对纳税人的税收遵从提出了更高的要求，为后续税务机关的审核工作和双方协商工作的快速推进提供有力的支撑。预约定价安排的一般程序主要包括预备会谈、协商意向、分析评估、正式申请、协商签署和监控执行六个阶段，而公告设立的单边预约定价简易程序，对符合规定条件的纳税人减少了预备会谈阶段，并将协商意向、分析评估、正式申请三个阶段合并为申请评估一个阶段，进而简化为申请评估、协商签署和监控执行三个阶段（表 4-1）。同时简易程序也缩短了关键流程的审核时限，纳税人向税务机关提出申请后，税务机关应当自收到纳税人申请之日起 90 日内开展分析评估，进行功能和风险实地访谈，并向企业送达《税务事项通知书》，告知其是否受理，送达受理申请文书之日起 6 个月内，应当与企业就其关联交易是否符合独立交易原则协商完毕，就单边预约定价协议的文本内容达成一致。

表 4-1 单边 APA 简易程序协商流程

阶段	申请评估	协商签署	监控执行
纳税人	向主管税务机关提出申请	与主管税务机关进行协商；向税务机关补充提交相关资料	每年提交年度报告

续表

阶段	申请评估	协商签署	监控执行
税务机关	开展分析评估，进行功能和风险实地访谈；收到企业申请之日起90日内向企业送达《税务事项通知书》，告知其是否受理，不予受理的，说明理由。	与企业就其关联交易是否符合独立交易原则进行协商；向企业送达受理申请的《税务事项通知书》之日起6个月内协商完毕。	监控执行
时限	90日	6个月+补充提交相关资料（不计入6个月内）	预约定价期间

公告第9条还对于一般程序和简易程序的衔接作出了具体规定，第9条规定，"简易程序公告中未作具体规定的其他单边预约定价事项，按照64号公告的规定执行"。质言之，《关于完善预约定价安排管理有关事项的公告》是关于预约定价管理的一般性规定，《关于单边预约定价安排适用简易程序有关事项的公告》是对符合一定条件的纳税人申请单边预约定价程序的具体规定，不但简化了申请单边预约定价的程序，而且明确了期限，同时保留预约定价的实质内容。因此，符合条件的纳税人可以根据自身情况选择简易程序或一般程序，经由两种程序签订的预约定价协议具有相同的法律效力。

二、单边预约定价的域外经验

随着国际经济活动的加速发展，转让定价已成为跨国企业与各国税务机关关注的重要议题之一。发达国家越来越关注转让定价税制的制定与执行，以避免持续修正相关规定，加强国家税收管辖权、促进税收公平，以及避免国际贸易被重复征税的负面影响，许多发展中国家也陆续建立转让定价审查机制推进国际资本流动。但是，传统转让定价税制手续繁琐、工作量大、取证困难，容易引起争议和征纳双方的矛盾、调查处理时间过长等问题，不但增加了税务机关负担，也使纳税人的税收缴纳不方便，于是预约定价法律制度应运而生。预约定价以征纳互动的协商代替审查，不仅可以节约税务机关的审查成本，还能有效防范纳税人逃避税的风险，也降低了审查后跨国企业被重复征税的风险。

(一) 美国单边预约定价

美国是第一个发现利用转让定价进行国际避税的国家，也是第一个实施转让定价税制和预约定价的国家，相关法律制度为各国竞先效仿。为了维护税收公平和国家税收利益，降低税收管理成本，消除税收不确定性对正常经营活动的影响，美国单边预约定价具有以下特点：

首先，重视关键性假设。美国税法要求纳税人应提出并说明任何相关的关键性假设，同时要求纳税人和税务机关就每个单边预约定价附件中的关键性假设达成合意。设定关键性假设的目的是将单边预约定价所依据的实质条件限定在可控制的范围内。在单边预约定价有效期内，如果关键性假设条件发生改变，美国国内收入局需要修改或终止单边预约定价。因此，预约定价小组成员在协商过程中高度重视关键性假设，并且当纳税人对转让定价方法不满意时，关键性假设不应当成为允许自动退出单边预约定价的理由。

其次，允许追溯适用和续签。单边预约定价达成共识的转让定价方法可能会影响到两个期间，即未来预期年度和目前正在或可能受到国内收入局审查小组审查的以往年度。其中，单边预约定价达成共识的转让定价方法被适用于转让定价审查的以往年度即追溯适用（Rollback Issues）。追溯适用适用于以往年度，对于受转让定价审查以往年度困扰的纳税人，会有较为强烈的单边预约定价申请意愿，为了防止纳税人利用单边预约定价来逃避转让定价检查，追溯适用须得到国内收入局实施转让定价审查的审查机构同意。国内收入局一般要求预约定价小组成员预先了解纳税人的审查历史，这对于是否将单边预约定价中转让定价方法适用于以往年度影响较大。此外，纳税人可以使用与原申请程序相同的程序申请办理单边预约定价的续签。为加快更新及审核经修订的单边预约定价申请书，国内收入局鼓励纳税人与预约定价小组事先举行预备会谈，商讨精简申请书的内容，纳税人应当于单边预约定价适用期届满前9个月内提交经修订的申请。预约定价小组会在下列情形中考虑继续适用现行单边预约定价协议的可行性：(1) 与现行所适用的法律和政策基本相同；(2) 建议的转让定价方法与现行预约定价下的转让定价方法无重大差异；(3) 纳税人的事实和情况自双方签署单边预约定价以来没有重大变化；(4) 双边预约定价的追溯或年度考核均不会影响现行单边预约定价下的转让定价方法等。与之相反，预约定价小组可能采取适当的、更新的可比较交易，从更新的单边预约定价开始审查。

再次，收取使用者的费用。为防止纳税人滥用单边预约定价，考虑到在实际上能给纳税人带来的利益，具有向纳税人提供某种税收优惠的特征，国内收入局要求纳税人申请预约定价应先行支付申请费（表4-2）。每个预约定价案件的申请均需要个别支付费用，费用应向美国财政部进行缴纳，只有纳税人缴纳预约定价申请费用且提交完整的申请文件后，税务机关才会指派一位预约定价的团队负责人负责此案。

表4-2 预约定价申请费用整理

适用情形	申请费用
大型及中型企业纳税人申请预约定价	$113 500
大型及中型企业纳税人续期预约定价	$62 000
小规模纳税人申请预约定价及续期	$54 000
纳税人申请修改预约定价	$23 000

复次，小规模企业纳税人的特别适用条款。为了便利小规模企业纳税人申请单边预约定价，美国税法对其适用较为精简的程序，从而降低单边预约定价对小规模企业纳税人门槛限制和申请难度。国内收入局制定了特别的预约定价处理程序（SBT Procedure）来吸引小规模企业纳税人申请，根据每个预约定价案件的小规模企业纳税人及其事实的不同，适用不同的协商程序。特别程序重视简化小规模企业纳税人申请单边预约定价的处理程序，当纳税人申请单边预约定价的内容不复杂，税务机关对于预约定价中的关联交易类型具有处理经验且转让定价方法为法律中所列出的，则予以程序简化。为了降低小规模企业纳税人的成本，国内收入局也适用特别程序降低了申请费用，放宽了对提供资料的要求，缩短了预约定价的协商时间。[1]

最后，单边预约定价具有法律约束力。若纳税人在相关年度内按照协

---

〔1〕 Notice 98-65，Small Business Taxpayer Advance Pricing Agreement（1998）.

议约定的转让定价方法填写纳税申报表，国内收入局就不会对单边预约定价涉及的交易再按《国内收入法典》第 482 条规定进行转让定价调查和调整。除非有书面协议或其他法律规定，税务机关和纳税人都不能将预约定价或者申请中的有关非事实性的口头或书面意见作为证据，用于不包括在本单边预约定价中的纳税年度、交易、人员等的司法或管理程序之中。

（二）日本单边预约定价

1987 年，日本公告实行与预约定价相同的制度，即事先确认协议（Pre-Confirmation System，PCS），是指纳税人若就关联企业的转让定价原则、计算方法与税务机关达成一致，将不会再受到调查。日本税法针对转让定价规定的单边预约定价程序，即纳税人要求国税厅（National Tax Agency，NTA）确认其申请的转让定价方法适当性的自愿性程序，核心目标是为纳税人提供转让定价的可预测性，并且加强税务机关的专业能力。若纳税人违反预约定价协议，预约定价审查小组有权不确认纳税人的申请；已经确认的，可以撤销或者驳回并改正申请。国税厅将预约定价协议定义为税捐处或区域税务局对纳税人的确认书，纳税人在确认书中详细说明从事受控交易之前认为最合理的转让定价方法。纳税义务人可以自愿申请单边预约定价，但为了确保不会重复申请，并且增强可预测性，国税厅特别鼓励纳税人申请双边或多边预约定价。如果纳税人向税务机关申请双边或多边预约定价，相互协商程序局在必要时会参与审核，即地区税务局通过国际厅的国际办事处向相互协商程序局提出申请。日本实施预约定价对纳税人的吸引力较小，在最初的 12 年，平均每年申请量仅为 10 件。1999 年，日本重新修订预约定价制度，发布了《确认公平价格的计算方法（行政指南）》，对预约定价做法以正式程序方式加以固定，使得预约定价的申请数量大幅增加。此后日本又陆续发布预约定价的细化规定及申请程序规定。[1]

日本预约定价制度主要是参考了美国的相关规定。纳税人可以通过实名或匿名方式向地区税务局申请预约定价的预备会谈，通过非正式方式探讨预约定价的适当性，国际咨询组与国税厅的相互协议局原则上应当参与

---

〔1〕 参见 https://www.nta.go.jp/law/jimu-unei/hojin/010601/00.htm，最后访问日期：2022 年 4 月 10 日。

预备会谈。纳税人以实名方式申请，国税厅审查部门和地区税务局负责纳税人申请书的审查，并且参与预备会谈。纳税人申请单边预约定价，除了对拟转让定价方法进行分析说明外，还需要对转让定价方法为何是最合理的方法进行详细地说明和分析，例如对转让方法适用于以往3个会计年度所获得的结果等分析和说明。单边预约定价申请书必须附有支持申请的详细资料，包括申请企业的详细资料、申请所涉及的企业间交易、拟议转让定价方法及其理由、交易流程、申请企业的组织架构以及关于控制方的资料。此外，申请书须附有书面凭证，详细说明参与进行所涉交易的相关个体的职能。申请书必须以拟议的转让定价方法为基础，并且适用于以往3个会计年度，因此申请时还须附上以往3个会计年度的财务资料和国外关联企业的信息，以便确定经济分析的结果。此外，税务机关审查交易的获利程度，会考虑在可比较交易的利润率范围内履行的职能和承担的风险。如果纳税人申请双边预约定价，国税厅相互协商程序局的代表也会参与预备会谈，期间一般为6至12个月，当地区税务局与纳税人达成协议之后，国税厅将迅速作出预约定价的决定。

　　日本单边预约定价协议适用期限以申请年度起3至5年为限，并且不允许单边预约定价追溯适用，仅允许申请双边预约定价的纳税人在预约定价申请书中写明希望能解决预约定价期间之前的转让定价问题。如果方案是可行的，预约定价所包含的之前纳税年度也可以适用其所建议的转让定价方法。日本单边预约定价不收取费用，也未设定申请门槛，一个单边预约定价协商平均耗时约2年。单边预约定价由协商到达成共识，规定申请过程中获得的信息，除事实性信息外，不得为未来调查案件所用。此外，纳税人可以撤回申请或是改变申请的相关内容，而其申请时所提交的相关文件资料，仅用于是否作出决定。如果申请遭到否决或申请人主动撤回申请，相关资料应当归还申请人，以保障纳税人信息安全和商业秘密不被泄露。

　　日本单边预约定价同样重视关键性假设，纳税人申请单边预约定价需要对关键性假设进行说明，主要是对关键的商业或经济条件假设，例如企业的性质或组织是否发生重大变化，法律和法规是否发生重大变化，企业的经济条件是否发生重大变化等。

日本税法较为详细地规定单边预约定价的续签条款，纳税人通过最初申请程序申请续签，申请时所适用的条件同样适用于续签，并且提供给审核小组使用，但申请人需要在原单边预约定价适用期间到期前提出申请。

日本税法还注重对单边预约定价执行过程的监管，纳税人必须在每个纳税年度的指定时间内提交年度报告。年度报告必须包括已执行的预约定价条件及条款的详细说明，包含纳税人及其关联企业受控交易的双方财务资料、对于关键性假设相关问题的说明以及其他必须提供的信息。在适用纳税年度中，若纳税人确定交易的实际所得不符合约定的条件，则应当办理更正申报。若情形发生变化，导致约定的关键性假设等内容与实际交易发生显著变化，必须修改关键性假设才可继续适用。依据日本税法的规定，在执行过程中发生下列情形可以终止单边预约定价的执行：（1）纳税人对预约定价中确定的关键性假设所受影响问题未提出报告；（2）纳税人的纳税申报未遵守预约定价的条件及条款；（3）纳税人未提交年度报告；（4）纳税人提交的年度报告所包含信息不正确；（5）预约定价中的有关事实被隐瞒或者是虚假的。当纳税人存在以上行为时，国税厅有权撤销单边预约定价。

（三）OECD 单边预约定价

OECD 转让定价税制度和相互协商程序中的预约定价准则，为成员国和非成员国制定转让定价税制提供了蓝本。为了确保跨国企业税基的公平、合理分配，集团内部转让定价应当接近独立企业之间的转让定价结果。为了形成较为一致的转让定价解决方案，在 OECD 财政事务委员会领导下专家工作队经持续多年对转让定价问题的研究，于 1979 年正式出版的《转让定价与跨国企业报告》为发达国家和发展中国家之间的转让定价提供普遍适用的指导原则，以防止由于不同的转让定价税制造成的重复征税的后果发生。英国、德国和日本等转让定价税制均参考了此项报告，其中许多方法、规则后来成为国际公认的做法。OECD 不断根据转让定价的实践，修订和更新转让定价的一般指导原则，对于解决发达国家和发展中国家之间的相互协商程序和仲裁等问题具有重要和深远的意义。经过 20 多年的发展，OECD 在 2017 年发布了最新版本的转让定价指南，其中将预约定价作为预防及解决转让定价争议的重要措施之一，明确预约定价的相关概念，并更新预约定价程序，为各国适用预约定价提供指导性建议。

OECD 转让定价指南经过多次修订，能够适应国际经济形势发展的现实需要。1977 年 OECD 税收协定范本第 9 条首次明确规定了转让定价原则及其相应的调整，其中第 1 款规定，关联企业之间的交易应当与独立企业之间的交易一样，符合独立交易原则，否则成员国税务机关有权对转让定价作出纳税调整，此项规定已纳入各国所缔结的双边税收协定之中；第 2 款则是相应的纳税调整，如果一个成员国对关联企业的转让定价交易进行了纳税调整，根据独立交易原则，交易的利润确实在该国产生，那么参与关联企业间交易的另一个成员国应当对交易的利润进行相应的纳税调整。这种调整应参照协定范本的其他条款来确定，成员国在必要时应当进行协商并达成协议，以避免重复征税。OECD 税收协定范本所确认的独立交易和相应调整的两项转让定价原则得到发达国家和发展中国家的普遍支持，并且适用于 OECD 成员国之间以及 OECD 成员国和非成员国之间缔结的避免重复征税的双边协定。

OECD 转让定价指南旨在保证预约定价适用对象的平等和统一。鉴于预约定价程序的特点，其范围仅适用于大型企业，但中小企业在相同情形下不应被区别对待，采取灵活的资源分配措施会减少此类问题的产生。因此，指南建议税务机关为规模较小的纳税人提供简易程序，并且在评估时将调查范围与关联交易的规模相适应。

OECD 转让定价指南重视关键性假设内容的规定，要求纳税人对其所选择的转让定价方法进行解释说明，并且明确转让定价方法应当如何应对关键性假设的变化。为了确保预约定价的可靠性，纳税人和税务机关应当基于可靠的信息尽可能地确定关键性假设，同时为了避免对预约定价确定性的影响，关键性假设范围不应过窄，并且关键性假设应当与所选定的转让定价方法、特定的商业环境和纳税人的情况相适应。OECD 认为，关键性假设应当包括如下内容：(1) 进口限制、相关国内税法和协定条款、政府规定、关税；(2) 管理或财务会计和收入成本分类；(3) 汇率、利率、信誉等级评价和资本结构；(4) 交易所涉及企业的功能和风险的性质；(5) 各管辖国经营的企业及其经营方式等。

OECD 转让定价指南还注重监督和控制的作用，包括在相互协商程序中，监测一国转让定价税制的适用是否符合指导原则、预约定价制度的适用情况以及税务机关使用各种转让定价方法的频率等。

OECD转让定价指南还要求加强对纳税人信息的保护，当税务机关拒绝纳税人的预约定价申请或纳税人撤回申请时，为了避免税务机关对纳税人信息的滥用，税务机关被要求不得在后续检查中使用纳税人提交的非事实性信息，也不得根据未达成预约定价这一事实对纳税人开展检查。

目前，OECD转让定价指南的指导原则仍在不断修订，修订主要考虑以下因素：(1) 如何将指导原则适用于复杂情况，指导在复杂环境中如何适用一般原则。例如根据独立交易原则将利润分配给常设机构，以及金融服务、全球贸易转让定价和资本弱化等问题。(2) 监督指导方针的执行情况，修订和审查现有的监测并更新有关法律和做法的指导原则。OECD工商顾问委员会建立和汇总众多的事实及监督案例，丰富适用独立交易原则的案件，使之更好地理解独立交易原则的适用。(3) 改进管理的程序，鼓励非成员国采纳指导原则，经常性地在区域合作者之间举行国际研讨会，讨论转让定价问题，并且向非成员国税务官员说明指导原则。(4) 寻求更多解决争端的方法。在预约定价、相互协商程序和仲裁等基础上，寻求多种解决争端的方法。

三、单边预约定价协议的内容和效力

国家税务总局发布的《关于完善预约定价安排管理有关事项的公告》是我国单边预约定价的主要指导依据，但随着实践发展，具体规定仍须进一步完善。

（一）关键性假设条款

《关于完善预约定价安排管理有关事项的公告》规定："七、企业提交谈签意向后，税务机关应当分析预约定价安排申请草案内容，评估其是否符合独立交易原则。根据分析评估的具体情况可以要求企业补充提供有关资料。税务机关可以从以下方面进行分析评估：（一）功能和风险状况。分析评估企业与其关联方之间在供货、生产、运输、销售等各环节以及在研究、开发无形资产等方面各自作出的贡献、执行的功能以及在存货、信贷、外汇、市场等方面承担的风险。（二）可比交易信息。分析评估企业

提供的可比交易信息，对存在的实质性差异进行调整。（三）关联交易数据。分析评估预约定价安排涉及的关联交易的收入、成本、费用和利润是否单独核算或者按照合理比例划分。（四）定价原则和计算方法。分析评估企业在预约定价安排中采用的定价原则和计算方法。如申请追溯适用以前年度，应当作出说明。（五）价值链分析和贡献分析。评估企业对价值链或者供应链的分析是否完整、清晰，是否充分考虑成本节约、市场溢价等地域特殊优势，是否充分考虑本地企业对价值创造的贡献等。（六）交易价格或者利润水平。根据上述分析评估结果，确定符合独立交易原则的价格或者利润水平。（七）假设条件。分析评估影响行业利润水平和企业生产经营的因素及程度，合理确定预约定价安排适用的假设条件。"此条虽然未直接使用关键性假设的概念，但与其内涵基本一致。关键性假设是转让定价方法的重大变化以致一方或多方不可接受时如何达成共识的关键，适用于未来所有的高度不确定性事项。若违反关键性假设可能导致预约定价被撤回、重新协商或终止。

在单边预约定价运行的过程中，关键性假设发挥着重要的作用，我国税法还应当进一步完善关键性假设的规定：（1）设立弹性的关键性假设。关键性假设的范围不能太宽泛，也不能太狭窄，否则会影响单边预约定价的执行效果，应当在纳税人和税务机关都可以接受的范围内设定。跨国企业的正常经营活动一般不会影响单边预约定价的执行，如果关键性假设的设定范围过窄，跨国企业可以人为地改变生产经营状况使其不在关键性假设范围内，关键性假设将会失去意义，导致单边预约定价的失败。（2）明确关键性假设的内容。我国税法应当要求纳税人制定并说明所有相关的关键性假设，包括与纳税人、第三方、行业或者商业以及与经济条件相关的重要且持续的所有事实。（3）明晰关键性假设原则。我国税法应当注意将单边预约定价的范围与纳税人的义务、设定的关键性假设相区分，避免混淆。[1]

（二）费用条款

目前，我国税法未规定申请单边预约定价需要缴纳费用，主要目的是鼓励纳税人申请单边预约定价。但是，不收取申请预约定价的费用是否会

---

[1] 参见叶姗：《税法之预约定价制度研究》，人民出版社2009年版，第162页。

提高对纳税人的吸引力难以预知，而在实践中只有小部分纳税人使用单边预约定价，公共资源使小部分的纳税人受益，却用税收弥补成本，对于大部分不太可能使用单边预约定价的纳税人并不公平。一般而言，跨国企业申请单边预约定价，会在成本和效益之间进行权衡，收取一定费用作为纳税人使用单边预约定价的对价，纳税人会根据具体情况在必要时才会申请，从而节约了较为紧缺的税收征管资源。

在我国单边预约定价的发展初期，不收取费用吸引纳税人申请的做法或许可以理解，但随着单边预约定价的普及，越来越多的纳税人选择单边预约定价，税务机关需要花费更多的人力、时间、成本组织协商和执行，若再不规定申请费用，单边预约定价将会维持成本高昂而难以赓续。况且，收取使用费也是多数国家的做法。例如，美国规定纳税人必须缴纳申请费后，国内收入局才会对预约定价的资料进行审核，并且随着越来越多纳税人提出申请，美国也在不断提高申请费用，收取的费用用于增加预约定价人员、提升部门的效能等用途。由此可见，收取申请费用不仅弥补了协商、执行的成本，而且有利于提升单边预约定价的运行效率。

鉴于向申请人收取申请费，既能弥补税务机关的管理成本，又能让纳税人审慎地使用单边预约定价，所以我国税法应当对单边预约定价使用费的具体标准、优惠期限等加以规定，可以包括仅收取较低的基本费用，续签单边预约定价给予优惠，对于中小企业初期采取不收费政策等内容。

（三）效力期限

单边预约定价对纳税人和税务机关产生的效力具有期限性。《关于完善预约定价安排管理有关事项的公告》规定，"预约定价安排适用于主管税务机关向企业送达接收其谈签意向的《税务事项通知书》之日所属纳税年度起3至5个年度的关联交易"，《关于单边预约定价安排适用简易程序有关事项的公告》与之在适用期限规定上保持一致。单边预约定价的谈判往往要耗费大量的时间和精力，一般需要2年以上时间才能完成并最终达成协议，而单边预约定价本身的使用时间为3年至5年。如果使用时间过短会变相增加税务机关和纳税人双方的缔约成本，对税务机关的法律约束力较差，对纳税人的保护性更弱。在国际上，单边预约定价立法已经呈现延长适用期限的趋势。

《关于完善预约定价安排管理有关事项的公告》将税务机关接收纳税人提交《税务事项通知书》之日所属年度规定为适用期限的起算点，不符合法理。预约定价协议作为双方协商一致的产物，应当自税务机关和纳税人双方就单边预约定价内容达成协议并正式签订之日起生效。单边预约定价协议的使用期限为3年至5年，若包括分析、评估、谈判、签署等过程阶段，势必缩短了协议的实际使用期限。因此，我国税法应当将使用期限的起算点修改为协议签订的当年。

四、单边预约定价的程序规则

（一）预备会谈

预备会谈作为整个单边预约定价的开端，具有举足轻重的作用。预约定价申请程序要求纳税人向税务机关提出预备会谈申请，预备会谈旨在保证税务机关和纳税人在进入预约定价程序之前能够就预约定价进行初步磋商并达成共识。在预备会谈阶段后，纳税人才可以向税务机关提出正式申请，所以预备会谈是缔结单边预约定价的必经阶段。

在预备会谈期间，纳税人需要对预约定价的适用年度、企业及其附属企业的管理和组织结构、关联方及关联交易情况、市场溢价等地域特殊优势、同期资料、涉及各关联方的功能和风险、市场情况、企业生产经营情况、是否追溯适用、是否存在成本节约等作出简要说明。纳税人在预备会谈中提供的资料中不乏其敏感信息，而距离协议的正式签订尚有一段距离，大量敏感信息的暴露无遗会增加纳税人的负担，降低对纳税人的吸引力。我国应当采取以下方式优化单边预约定价的预备会谈以减少纳税人的负担、提高对纳税人的吸引力：（1）纳税人可以匿名或实名方式申请预备会谈。采用匿名方式申请预备会谈，当税务机关和纳税人双方未就预约定价内容达成一致时，可以降低敏感信息暴露给税务机关对其造成的风险。如果纳税人以匿名方法进行预备会谈，会议进行过程中又想变换为实名方式，纳税人必须重新以真实名称提交申请，以便税务机关重新安排参加人员。（2）降低纳税人提供信息资料的要求，纳税人不必在预备会谈阶段就提供大量的敏感信息，从而消除纳税人的顾虑。

（二）中小企业特别程序

《关于完善预约定价安排管理有关事项的公告》规定，纳税人向税务机关提交《税务事项通知书》之日前3个年度,每年度发生的关联交易金额4000万元人民币以上的企业,申请门槛的限制变相将中小企业排除在单边预约定价的适用范围之外,违反平等原则。申请预约定价的纳税人往往需要投入大量的时间和成本,并负有相当的协助义务和提供大量的资料,还需要进行充分的分析与论证,由于纳税人需要花费较高成本,往往只有大中型的跨国企业愿意采用预约定价。

OECD转让定价指南本身未具体限制单边预约定价的适用主体,而是由各国根据本国国情作出具体规定。例如,美国税法规定特别程序,简化中小企业适用单预约定价的有关程序要求。我国中小企业数量众多,但我国单边预约定价适用门槛过高,存在诸多限制,不利于中小企业申请单边预约定价。中小企业参与单边预约定价有利于提高税务机关的征收效率,因此我国单边预约定价实施到一定程度后,应当扩大范围适用于中小企业,使其能够享受单边预约定价带来的好处。中小企业毕竟与大型企业不同,所以我国应当制定针对中小企业的单边预约定价的特别程序:(1)降低使用门槛,对于年度关联交易金额4000万元人民币以下的企业亦可适用单边预约定价;(2)虽然我国目前对于申请单边预约定价不收取费用,但逐步收取申请费是必然趋势,对于中小企业可以采取初期不收费和后期低收费的模式;(3)减少对中小企业的资料要求且简化申请程序,并在协商程序中给予中小企业必要的技术支持。

(三)争议解决程序

《关于完善预约定价安排管理有关事项的公告》规定,只要企业提交资料申请单边预约定价,税务机关就有协商义务,但若税务机关予以拒绝,拒绝行为可以被认为是属于观念通知的事实行为,[1]申请人有权提起一般给付诉讼,要求税务机关与申请人协商。

预备会谈阶段的协商合意属于行政指导,尽管存在信赖保护原则、诚实信用原则和行政自我约束原则等法理依据,但不具备法律上的约束力。税务机关若与纳税人达成合意后,又拒绝纳税人提交的正式申请,纳税人没有履行请求权,也无权要求税务机关承担不履行的损害赔偿请求权。

此外,我国还应当完善单边预约定价争议的初步解决途径,即协商程

---

[1] 参见陈敏:《行政法总论》,新学林出版有限公司2011年版,第624页。

序。《关于完善预约定价安排管理有关事项的公告》规定,"预约定价安排执行期间,主管税务机关与企业发生分歧的,双方应当进行协商。协商不能解决的,可以报上一级税务机关协调;……对上一级税务机关或者国家税务总局的决定,下一级税务机关应当予以执行。企业仍不能接受的,可以终止预约定价安排的执行"。但是,税务机关和纳税人在协商过程中处于不平等地位,税务机关若利用优势地位修订或者终止执行,将会损害纳税人的合法利益。我国可以通过赋予纳税人听证的权利,并且通过回避、调解、说明理由等方式完善协商沟通程序,来限制税务机关的裁量权,保护纳税人的合法权益。

第二节 税收筹划强制披露

一、税收筹划强制披露概述

(一)税收筹划强制披露的相关概念

1. 税收筹划

减轻税收负担是"经济人"追求个人利益最大化的理性行为。随着纳税人权利保护意识的兴起,税收筹划作为一种特殊涉税行为逐渐获得认可。荷兰国际财政文献局指出,税收筹划是纳税人通过经营活动或个人事务活动的安排,以实现缴纳最低的税收。[1]刘剑文指出,税收筹划是纳税人在法律许可的范围内,根据政府的税收政策导向,通过经营活动的事先筹划或安排进行纳税方案的优化选择,以尽可能地减轻税收负担,税收筹划因此又被称为"节税"。[2]葛克昌认为,"租税规划系纳税人或者企业为追求租税利益,就未来事务所进行的一种事先安排或者设计"。[3]上述定义表述虽各有不同,但均涵盖税收筹划的基本内容:(1)税收筹划的主体是承担纳税义务的单位和个人,不包括税务机关;(2)税收筹划具有非违法性,即税收筹划活动以不违反税收法律法规为最低限度要求,在法律允

---

[1] See Kuiper Willem Gustaaf, *International Tax Glossary*. Vol. 1., International Bureau of Fiscal Documentation, 1988, p. 46.

[2] 参见刘剑文:"税收筹划:实现低税负的专业活动",载《中国税务》2004年第1期。

[3] 参见葛克昌:《税法基本问题(财政宪法篇)》,北京大学出版社2004年版,第134页。

许的范围内进行；（3）税收筹划具有目的性，是纳税人为实现自身税收利益最大化而实施的具有明确目的的行为，包括应纳税额的绝对减少和递延缴纳税收获得资金的时间价值；（4）税收筹划具有事先筹划性，即税收筹划行为发生在纳税义务发生之前，对经营投资行为进行系统性计划和事先安排，利用税法规范中有关起征点、扣除费用、优惠措施等影响应税所得因素进行预先控制。

从法律视角分析，法律后果评价对税收筹划的内涵和外延提出了更高的要求，尤其是在各国立法实践和理论研究中，税收筹划行为和避税行为因形式外观上的诸多相似性，界定相当模糊，观点不一。应飞虎认为："与偷税的违法性、避税的非法性不同，税收筹划具有完全的合法性。这种合法性来源于法律的规定或认可，来源于企业行为的合法性。"[1]张中秀认为："纳税筹划应包括一切采用合法和非违法手段进行的纳税方面的策划和有利于纳税人的财务安排，主要包括节税筹划、避税筹划、转退税筹划和实现涉税零风险。"[2]由此可见，税收筹划在外延上可作狭义和广义之分：狭义的税收筹划，又可称为合法或可接受的税收筹划（Legal/Acceptable Tax Planning），仅指合法且合理的节税，不仅符合税收的形式规定，还遵循国家的立法精神，符合法律的立法意图与实质内容，其中囊括纳税人享有选择税收最优惠待遇的权利；广义的税收筹划既包括符合立法意图的节税，也包括形式合法但实质有违立法意图、利用税法漏洞的筹划行为，即恶意或激进的税收筹划（Aggressive Tax Planning）。

2. 恶意税收筹划

2008年，OECD发布的《对税务中介作用的研究》对恶意税收筹划予以具体解释，概括恶意税收筹划的两大基本特征：（1）税收筹划方案可能导致税法的滥用，并且出现立法者无法预见的法律后果。立法活动不可避免地存在滞后性，税务机关需要采取措施控制自筹划方案实施到税务机关发现并弥补立法漏洞的时间间隔中可能面临的风险恶化。（2）纳税人有意不公开披露有利于纳税人的税收筹划方案，且方案中与纳税申报有关的重大事项是否合法存在不确定性，税务机关无从了解纳税人对法律灰色地带

---

[1] 参见应飞虎、赵东济："税收筹划的法律认定"，载《法学》2005年第8期。
[2] 参见张秀中主编：《纳税筹划宝典》，机械工业出版社2022年版，第98页。

的看法和态度。[1]这一解释表明OECD的关注点是实现立法者无法预见的结果或依赖税收状况不确定性实施的计划或安排。欧盟委员会将恶意税收筹划定义为:"利用税收制度的技术性或两个或多个税收制度之间的不匹配,以减轻纳税义务。其产生的后果包括双重扣除(例如,在来源地和居住地都扣除相同的损失)或双重不征税(例如,收入在来源地不被征税,但在居住地被免税)。"[2]立法者既没有为纳税人提供清晰的立法意图以供指导,也没有明确说明税收状况的不确定性程度,因此,有关恶意税收筹划的解释含糊不清,定义的含义和范围并不明确,难以在实践中应用。[3]此外,还有观点认为,恶意税收筹划不是一个新的法律概念,更像是一个有关税收政策的指导原则,旨在修补国际税收制度中的缺陷和漏洞。[4]

为帮助政府追赶恶意税收筹划的步伐,提高恶意税收筹划定义的确定性是OECD需要完成的一项重要任务。在实践中,纳税人通常在使用恶意税收筹划方案完成相关交易后的1年至2年内向税务机关进行报送,待税务机关识别出恶意税收筹划方案并采取相应措施,新一轮恶意税收筹划方案已经形成。在恶意税收筹划方案发展的过程中,税务机关的滞后性导致难以有效制止其快速的发展趋势,因此税务机关必须明确恶意税收筹划的内容,以便在税收筹划方案实施之前能够准确识别并采取措施。

3. 税收筹划强制披露

目前,我国企业的信息披露包括两种类型:一是面向税务机关的强制披露,披露范围限于企业纳税申报表等相关信息;二是基于财务报告体系的企业信息披露,主要目的是为投资者的经营决策提供有效的参考依据,披露信息的受众群体具有广泛性且信息公开透明。税收筹划强制披露是国家借助法定手段强制性要求有关纳税人或其他信息披露人在进行税收筹划

---

[1] See OECD, *Study into the Role of Tax Intermediaries*, OECD Publishing, 2008, p.20.

[2] See Wanyana Oguttu Annet, Ann Kayis-Kumar, "Curtailing aggressive tax planning: the case for introducing mandatory disclosure rules in Australia (part 1)", *eJTR*, 17 (2019), pp. 83~104.

[3] See Philip Baker, "BEPSP Project: Disclosure of Aggressive Tax Planning Schemes", *Intertax*, 43 (2015), p.85.

[4] See Jose Manuel Calderón Carrero, Alberto Quintas Seara, "The concept of 'aggressive tax planning' launched by the OECD and the EU commission in the BEPS era: redefining the border between legitimate and illegitimate tax planning", *Intertax*, 44 (2016), pp. 206~226.

安排前后的若干时间内，向税务机关及时地披露其所开展的筹划安排相关信息。[1]这与上述两类信息披露存在明显不同，一方面强制披露的对象是税收筹划安排信息，相对于纳税申报表而言，反映的税务信息更加详细具体，能够帮助税务机关全面了解纳税人的涉税行为；另一方面强制披露的首要目的是帮助税务机关提高反避税效率，因而披露信息的受众群体仅限于税务机关，并且披露的信息内容往往具有较强的税收专业性和保密性，税务机关负有对税收筹划信息保密的义务。

税收筹划强制披露在实施中应当明确以下基本要素：（1）披露人，即承担披露义务的纳税人或税收筹划方案设计者；（2）披露时间，即披露人应当向税务机关披露信息的时间点；（3）应披露安排，即披露的交易应当符合相应的描述或特征；（4）披露内容，即交易细节、筹划方和纳税人的相关信息；（5）不遵从的后果，即对不遵从行为进行相应的货币处罚或非货币处罚。

在国际协同反避税的发展背景下，"实质重于形式"的避税识别原则依赖于更高的税收透明度，税收筹划强制披露能够帮助税务机关充分获取税收安排相关信息，解决税务机关规制恶意税收筹划方案的滞后性问题，也降低了恶意税收筹划方案的推广和使用。

（二）税收筹划强制披露与其他制度的协调

1. 税收筹划强制披露与不自证其罪原则的协调

不自证其罪特免权（The Privilege Against Self-incrimination）起源于欧洲大陆的宗教法典，"没有人可以被强迫控告自己"，后经不断发展成为一种普世的权利原则。联合国《公民权利和政治权利国际公约》第 14 条规定，"被指控人不被强迫作不利于他自己的证言或被迫承认犯罪"。[2]我国作为该公约的签署国，应当遵守有关人权保障的国际司法准则，2012 年修正的《刑事诉讼法》第 50 条增加"不得强迫任何人证实自己有罪"规定，标志着不自证其罪原则在我国刑事诉讼中的正式确立。

---

〔1〕参见毛翠英、[澳] Nolan Sharkey："关于构建税收安排信息披露制度的思考——以英国的税收安排信息披露制度为借鉴"，载《税务研究》2015 年第 7 期。

〔2〕参见赵建文："《公民权利和政治权利国际公约》第 14 条关于公正审判权的规定"，载《法学研究》2005 年第 5 期。

BEPS 第 12 项行动计划在草案公开征求意见阶段，有的观点认为，将披露义务转移给他人以此规避法律特权的要求，在实践中难以区分普通案件和涉及自证其罪风险的案件，受国际人权宪章保护的每个人不自证其罪的基本权利可能被税收筹划强制披露所侵犯。[1]事实上，税收筹划强制披露与不自证其罪原则之间是可以兼容的，原因如下：

首先，美国税法规定了税务传唤制度，纳税人的不自证其罪特权限于不被强迫作证，"作证"仅指口头上的陈述，即有权拒绝向国内收入局口头陈述其所知道的有关事实，至于账本、记账凭证等书证，除特殊情形外，一般不纳入特权保护范围。[2]我国税法尚未对纳税人的不自证其罪原则作出具体规定，但依据《宪法》第 33 条和《刑事诉讼法》第 52 条规定，不自证其罪原则应当适用于所有接受官方调查或参与诉讼活动的自然人。在刑事诉讼中，自证其罪的表现主要采用"狭义理解论"，陈瑞华认为自证其罪仅指犯罪嫌疑人、被告人向侦查机关或法庭作出的不利于自己的有罪供述或自白，不包括提交的实物证据、鉴定检材等。[3]因此，在我国税务稽查中，纳税人所享有的不自证其罪特权也应当仅限于陈述拒绝权，不能因此推卸提供相关资料的责任。税收筹划强制披露仅涉及有关税收筹划方案信息的提供，不应当属于不自证其罪原则的保护范围。

其次，相对于税务机关针对纳税申报表所采取的税务稽查措施，税收筹划强制披露要求纳税人提供的信息范围未进一步扩大，不会引起更大的自证其罪风险。

最后，税收筹划的行为方式与被追究刑事责任的逃税行为具有本质上的差异。《税收征收管理法》第 63 条第 1 款规定："纳税人伪造、变造、隐匿、擅自销毁账簿、记账凭证，或者在帐簿上多列支出或者不列、少列收入，或者经税务机关通知申报而拒不申报或者进行虚假的纳税申报，不缴或者少缴应纳税款的，是偷税。对纳税人偷税的，由税务机关追缴其不

---

[1] See OECD, *Comments received on public discussion draft BEPS ACTION* 12: *mandatory disclosure rules*, OECD Publishing, 2015, p. 115.

[2] 参见熊伟："从美国联邦税务传唤程序看我国税收管理之完善"，载《法治论坛》2008 年第 3 期。

[3] 参见陈瑞华："我国刑事证据法的基本原则"，载《兰州大学学报（社会科学版）》2012 年第 4 期。

缴或者少缴的税款、滞纳金,并处不缴或者少缴的税款百分之五十以上五倍以下的罚款;构成犯罪的,依法追究刑事责任。"在纳税义务确实产生的前提下,纳税人采用欺骗手段隐瞒真实情况达到不缴或少缴税款的目的,具有明显的欺诈性和违法性,侵犯国家税权和市场主体的公平秩序,应当受到法律的否定性评价,承担相应的违法责任乃至刑事责任。税收筹划行为因其具有非违法性,在法律许可的范围内,通常利用税收优惠政策或延缓纳税期限,优化经营模式获取税收利益。即便利用法律漏洞、违反立法意图的恶意税收筹划,也仅是利用法律空白,在形式上、法律条文上没有违反税法规定,无法将其认定为违法行为。此外,在行为发生时间方面,逃税行为发生在应税经济行为之后,具有"事后性",而税收筹划是在经济活动实施之前的筹划安排,具有"事前性",进一步证明了税收筹划强制披露的实施不会使纳税人面临刑事责任的追究。

2. 税收筹划强制披露与纳税人信息保护的协调

随着国际协同反避税进程的不断推进,以构建金融机构涉税信息报告制度为中心,我国先后签署《多边税收征管互助公约》《金融账户涉税信息自动交换多边主管当局间协议》等国际法规范,不断扩张税务机关对纳税人的信息管理权,导致税务机关与纳税人信息保护之间的冲突日益尖锐,税收筹划强制披露以税务机关获取纳税人的税收筹划方案信息为基本目的,这无疑会进一步加剧两者关系的紧张,协调冲突成为税收筹划强制披露的重要前提。

税务机关的税务信息管理权与纳税人信息权冲突的实质是公权与私权在价值追求和实现机制上的天然矛盾,税务信息管理权是以纳税人公平承担税负、维护国家税收利益为目标,以获取纳税人税务信息、调查应税事实为权利实现手段。纳税人信息权是纳税人以获得其涉税信息的控制与保护为目标,税务机关作为义务主体,纳税人信息不受税务机关的侵犯是纳税人权利保护的基本内容。纳税人信息权虽然是对个人信息权、企业数据权益保护的承继与发展,但在权利的保护机制上存在差异。涉税信息作为纳税人信息权的保护客体,相较于普通的个人信息和企业数据具有更突出的公益性和法定性,在税收征管活动中扮演重要角色,因此相较于一般私权利,纳税人信息权需要向公共利益做出更多的让步，承受必要的限制。[1]纳税人信息保护的让步与限制以税务信息管理权和纳税人信息权在根本利益上的一致性和统一的利益基础，亦即权利限制的正当性基础为保障税收收入和实现税收公平。[2]

无论是对公民权利的保护需求，还是对公共产品和服务的消费需求，均须通过税收提供物质基础。一方面，"无救济无权利"意味着当权利遭遇权利或权力的不法侵害时，需要政府为其提供保护和救济。但是，"权利依赖于政府，这必然带来一个逻辑上的后果：权利需要钱，没有公共资助和公共支持，权利就不能获得保护和实施……所有的权利都需要国库的支持"。[3]税收在此意义上是公民为其权利受到有效保护所付出的必要成本。另一方面，由社会契约论发展形成的财政公共理论指出，市场经济无法提供的公共产品和服务应当由政府作为社会管理者承担供给责任。公民作为公共产品和服务的消费者、享用者，应当补偿政府为此付出的费用，补偿的手段即为税款的缴纳。因此，税务信息管理权的行使能够有效解决税务机关与纳税人之间的信息不对称问题，帮助税务机关实现"应收尽收"的目标，税收收入的保障是税务信息管理权所追求的公共利益与纳税人信息权追求的个人利益获得统一的基础。

公平是人类社会得以持续稳定存在的重要因素，分配正义是公众对于社会公平追求的核心，即财产、资源应当在全社会分配，使得每个人均可得到一定程度的物质手段。[4]为防止出现贫富两极分化，一国税制，尤其是以个人所得税为代表的"良税"，就有调节生活水平和占有资源上的悬殊差距、促进公平的作用。但是，税收的公平功能实现必须以税收征收公平为前提，亦即"税法面前人人平等"。由于"租税之无对待给付性与强制性特征，反映在纳税人的缴税心态上，对租税的缴纳多认为属'不乐之

---

[1] 参见朱大旗、曹阳："大数据背景下我国纳税人信息权的法律保护研究"，载《中国人民大学学报》2020年第6期。

[2] 参见闫海："论纳税人信息权、税务信息管理权及其平衡术"，载《中国政法大学学报》2019年第6期。

[3] [美] 史蒂芬·霍尔姆斯、凯斯·R.桑斯坦：《权利的成本——为什么自由仰赖于税》，毕竞悦译，北京大学出版社2004年版，第3页。

[4] 参见 [美] 塞缪尔·弗莱施哈克尔：《分配正义简史》，吴万伟译，译林出版社2010年版，第5页。

捐',主观上多有尽量少缴税或逃漏税的心态,客观上则从事合法租税规划,或违法之租税规避或逃漏税行为",[1]为确保税收遵从与不遵从的纳税人能够平等地依照税法承担相应税负,税务机关需要借助税收信息管理权等公权力及时纠正不遵从纳税人的税收负担,防止实际税负与法定税负的偏离,进而影响税制公平。因此,税收信息管理权的良性行使对于满足纳税人对社会公平的要求起到重要作用。

(三)我国引入税收筹划强制披露的必要性

1. 弥补信息获取的局限性

在税收征管中,税务机关作为"委托—代理"关系中的委托人,授权纳税人自行纳税申报。税务机关获取纳税人的涉税信息主要依靠纳税人的税务登记、财会备案和纳税申报。逐利是市场主体的"天性",虚假申报使得税务机关难以掌握并核实纳税人的真实信息,纳税人不申报或少申报的情况屡见不鲜。因此,税务机关还须采取税务检查等主动方式获取真实涉税信息,包括但不限于账簿检查、实地检查、资金查询和当面询问等方式。但是,这种"警察巡逻式"的检查方式存在成本高、效率低的弊端,税务机关在花费大量成本后可能发现纳税人并无违法或不当行为,而且税务检查整个过程对纳税人的协力义务要求甚高,当纳税人不愿履行协力义务时,税务机关的调查将陷入僵局,转而采用税收核定等方式,也使纳税人面临极大的不确定性,相关权益无法得到有效保障。近年来,避税活动更加专业复杂且极具隐蔽性,传统意义上的纳税人主动申报和税务机关自行调查的信息获取方式难以满足反避税需求,纳税人主动披露的经营基本信息、财务会计信息和纳税申报信息与税务机关需要的涉税信息相关性不强,这也成为制约税收征管能力的重要因素。

我国逐渐意识到税收透明度在反避税中发挥重要作用,开始了相关披露制度的有益探索。国家税务总局发布的《关于进一步加强大企业个性化纳税服务工作的意见》(税总发〔2013〕145号)规定,"试行大企业涉税事项事先裁定制度","建立大企业重大事项报告制度"。事先裁定制度是指根据纳税人的诉求,税务机关就纳税人未来可预期的复杂涉税事项如何适用税法予以裁定。大企业重大事项报告制度是建立在税务机关与纳税人

---

[1] 黄士洲:《税务诉讼的举证责任》,北京大学出版社2004年版,第11页。

之间的税收遵从协议基础上，要求大企业按照协议的约定，及时、详细地向税务机关报告与纳税义务有关的重大事项。事先裁定制度和大企业重大事项报告制度均旨在帮助企业化解税收风险、获得稳定预期，转变了传统意义上不平等的征纳关系，提高了税务机关的服务意识。事先裁定制度和大企业重大事项报告制度的有效实施依赖于纳税人的自觉遵从，由企业自主选择是否启动，税务机关无法主动针对涉及恶意税收筹划方案的交易进行裁决。较于强制性的义务履行，缺乏遵从的稳定性，也无法发挥对纳税人避税行为的威慑和打击作用。此外，我国事先裁定制度和大企业重大事项报告制度的适用对象均限制为大企业的重大涉税事项，无法顾及市场经济中众多的中小企业。

税收筹划强制披露相较于上述信息获取制度具有较为明显的优势：（1）税务机关能够直接获取纳税人的税收筹划信息，有助于其全面掌握纳税人的涉税信息，审查纳税人的交易活动是否符合税收法律的规定以及是否存在避税活动，弥补了自行纳税申报中涉税信息不充分的问题；（2）强制披露对应披露安排的识别能够关注到特定的高风险领域，相较于"警察巡逻式"的税务检查能够提高税务机关的反避税效率；（3）强制披露义务的设置和相应的惩罚机制对纳税人起到了威慑效果，税务机关掌握了主动权且可适用于全体纳税人，范围更广。

2. 降低税收筹划法律风险

随着纳税人税收筹划意识的不断增强，以及税务机关征管水平的不断提升，税务机关反避税和纳税人税收筹划的冲突呈现出日益激烈化的态势，一些"灰色地带"的税收筹划活动中的征纳双方的矛盾尤为突出。相关研究表明，税收筹划与反避税案件数量逐年上升，税务机关和纳税人之间的争议较大且纳税人在诉讼中败诉的比重较大。[1]严重影响了国家税务机关的公信力和反避税的工作效率，也没有对纳税人的税收筹划权予以合法有效的保护。

税收筹划产生的法律风险主要包括以下三个方面：（1）政策选择和变化风险。政策性法规具有明显的时空性和时效性，一个国家和地区内合法

---

〔1〕 参见闫晴："纳税人税收筹划与税务机关反避税的冲突与平衡——基于231份判决书的实证研究"，载《科学决策》2018年第11期。

的税收筹划方案并不意味着在其他国家和地区也具有合法性,随着经济社会发展的变化,税收政策也应当作出适应性调整。(2)税收筹划实施者的自身专业水平和中介机构的道德素质影响。基于成本控制考量,纳税人可以自己设计筹划方案,但需要具有较高的综合素质、敏锐的政策感知和理性恰当的主观判断。一旦纳税人不具备相关条件,触发法律风险的概率将大大增加。纳税人若聘请专业的中介机构,可能面临中介机构为获取高额的咨询费用而极力推销激进的税收筹划方案,激进税收筹划方案的失败可能被中介机构归结于政策的不确定性。(3)征纳双方认定存在差异。在我国反避税的税务争议中,税务机关享有一定自由裁量权,以弥补在避税活动不断变生时税法的滞后性,但也导致了征纳双方认定的差异,对经济实质的认定不仅受双方主观价值取向的差异影响,也因税收执法人员的素质而产生偏差。

税收筹划是纳税人的权利与自由,也是纳税人在市场经济中的必然选择,但税收筹划带来的法律风险将直接影响生产经营的预期判断,造成经济损失,甚至会受到行政处罚或刑事处罚。税收筹划强制披露不仅使税务机关能够获取更多的涉税信息,也指引纳税人规范合法行使税收筹划权,能够及时了解税务机关对不恰当税收筹划方案的处理意见,帮助纳税人规避因实施不恰当的税收筹划方案而带来的消极法律后果,降低企业的税收风险。

3. 配合一般反避税条款的实施

一般反避税条款是与特别反避税条款相对的概念,一般反避税条款是指能够普遍地适用于规制避税活动的一般防范性规定。具言之,对不具有合理商业目的并获取税收利益的安排,税务机关有权按照合理方法进行调整。自《企业所得税法》(2007年第二次修正)第47条首次确立一般反避税条款后,我国又先后颁布《特别纳税调整实施办法(试行)》和《一般反避税管理办法(试行)》,并且2018年修正的《个人所得税法》也补充了个人所得税一般反避税条款,我国已经初步形成一套较为完备的一般反避税法律体系。

一般反避税条款和税收筹划强制披露都是针对避税而设置的措施,在具体实践中,两者紧密联系且互为补充的。一般反避税管理大致经由调查分析—筛选案源—确定对象—启动调查—深入审核—重新定性—实施调整等步骤。[1]在正式启动一般反避税调查之前，需要对调查对象有一个基本的初步判断，分析是否存在避税嫌疑，尤其在"不具有合理商业目的安排"这一兜底性条款的把握上，税收筹划强制披露能够帮助税务机关降低启动调查的前期成本。一般反避税条款是一种针对避税活动的事后调整措施，税收筹划强制披露是事前披露的早期预警系统，这不仅能有效阻止不当避税活动的实施，而且能够帮助立法者关注到创新型避税安排并及时修改反避税规则。税收筹划强制披露的设计，尤其是应披露安排，可以根据一般反避税条款和相关税收政策加以调整，以降低纳税人的遵从负担。

税收筹划强制披露与一般反避税条款的紧密联系，决定了税收筹划强制披露的引入须以一般反避税条款为前提。日本在2015年10月举办税制调查会，开展对税收筹划强制披露的研究，但至今未能完成税收筹划强制披露的引入，主要原因之一是日本税法未规定一般反避税条款。日本学界的反避税主流观点认为，除非有明确且个别性的法律依据存在，否则应当尊重当事人所选择的法律形式，而税收筹划强制披露需要以一般反避税条款为配套，因此2017年税制修改仍未引入税收筹划强制披露。[2]在《一般反避税管理办法（试行）》出台后，国家税务总局相关人员接受采访，表示已经开始对一些国家税收筹划强制披露展开研究，这将成为我国反避税管理的未来工作重点之一。[3]

4. 顺应国际协同反避税的发展趋势

当下信息技术、运输技术的快速发展，为人流、物流和资金流的跨境移动提供了诸多便利，全球贸易日趋活跃，企业国际化亦成普遍趋势。纳税成本始终是影响企业生产经营活动的重要因素，利用各国税制差异的税收筹划已成为跨国企业降低税负的常用手段之一。在2008年次贷危机后，跨国企业利用国际性税收筹划降低税收负担的做法引起各国广泛关注，但

---

[1] 参见杨春梅："构建我国一般反避税法规的国际借鉴研究"，载《税收经济研究》2015年第2期。

[2] 参见黄茂荣、葛克昌、陈清秀主编：《BEPS行动计划与国际税法》，元照出版社2021年版，第405~410页。

[3] 参见高阳、贾兰霞："深入解读《一般反避税管理办法（试行）》——访国家税务总局国际税务司副司长王晓悦"，载《国际税收》2015年第1期。

对于国际避税行为，仅凭一国之力以国内法并不能有效解决。世界各国越来越依靠国家之间的联合行动以及国际组织的共同行动打击国际避税行为，BEPS 行动计划是国际社会在国际协同反避税工作中取得的重要成果，国际避税与反避税之间将是一场旷日持久的战争，我国政府也多次在国际会议上明确表态，"加强全球税收合作，打击国际逃避税"。

税收筹划强制披露作为 BEPS 行动计划之一，在国际协同反避税工作中发挥重要作用。一方面，针对税收筹划方案的强制性披露要求，以及不同国家间的有效沟通，能够防止恶意税收筹划在国际上的肆意蔓延。实践表明，当恶意税收筹划在一个国家遭到抵制后，会在其他国家找到新的突破口并得以存续。作为 BEPS 行动计划之一的税收筹划强制披露制度，就是充分发挥其在国际税收领域的反避税作用。OECD 扮演着信息交换所的角色，通过建立信息共享机制，促进各国之间的税务信息交流，通知可能成为恶意税收筹划目标的其他国家及时采取预防措施。另一方面，税收筹划方案多依赖于不同国家之间税收处理差异和税法上的漏洞，筹划方案的强制披露能够暴露这些问题，各国税务机关和 OECD 能够及早采取行动弥补漏洞，并且与 BEPS 第 15 项行动计划的完美结合，有利于促进双边税收协定的修改。[1]

目前，我国已拥有数量庞大的跨国企业，"一带一路"的建设推进贸易畅通使得我国与他国的联系愈加紧密，参与国际协同反避税工作将对保护我国税收利益发挥重要作用。

（四）我国引入税收筹划强制披露的可行性

1. 丰富成熟的国际经验可供借鉴

1984 年美国率先制定税收筹划强制披露后，该规则在全球范围内呈现出"遍地开花"的发展趋势，加拿大借鉴了美国立法经验，于 1989 年制定针对资产并购、赠与安排等几类特定税收筹划强制披露制度，并且在 2013 年完成了对强制披露规则的修订。南非、英国、葡萄牙、爱尔兰、以色列和韩国均已引入税收筹划强制披露且进行过大幅度的修订。BEPS 第 12 项行动计划再次将税收筹划强制披露推向高潮，欧盟在 2018 年发布

―――――――
〔1〕 See Philip Baker, "BEPSP Project: Disclosure of Aggressive Tax Planning Schemes", *Intertax*, 43 (2015), pp. 85~90.

《欧盟税务管理合作指引（第六版）》（EU Directive for Administrative Cooperation in Taxation, 6th version, DAC6）要求各成员国通过国内立法制定税收筹划强制披露规则，此外波兰、墨西哥也分别在2019年和2020年对税收筹划强制披露加以规定。

各国学者以及OECD对税收筹划强制披露进行了多年研究，在强制披露的合宪性及其规则的具体设计、可能存在的问题等方面均已形成系统化的研究成果。例如，澳大利亚引入税收筹划强制披露之前较为全面地讨论了其是否与现有披露规则造成不必要的重叠，以及对纳税人带来合规负担的问题，并且寻求解决问题的平衡之道，这些为我国提供了经验借鉴。[1]关于税收筹划强制披露的具体设计，业已形成了以美国和英国为代表的两大基本模式，各国还根据本国的特定需求开展有益探索，对部分细节予以调整，灵活应对避税风险。此外，诸如过度披露、侵犯纳税人和中介机构权利等问题也受到各国广泛关注，并且提供了解决方案。

2. 纳税人的遵从意识不断增强

一项税收筹划强制披露的调查问卷显示，纳税人和中介机构对税收筹划强制披露较为欢迎：60.94%的受访者希望我国在OECD公布强制披露报告最终版的当年或第二年引入强制披露规则；17.19%的受访者选择在《税收征收管理法》及实施细则修订完成并公布的当年实施强制披露规则；15.63%的受访者希望强制披露规则延后至2020年以后。[2]换言之，多数纳税人和中介机构对税收筹划强制披露已有所了解，遵从意识也较为理想。

事实上，随着我国反避税工作的不断推进，我国税收服务理念、管理模式以及税收环境等方面规定较为完善，对纳税人遵从意识的提高起到重要作用。一方面，纳税人电子申报软件开发、税收便利化改革举措等向纳税人展现着高品质的纳税服务，使纳税人在被关怀与尊重中树立强烈的纳税责任感，提升对税法的认知水平；另一方面，税收信用体系建设使得失信纳税人遭受严厉的惩戒措施，将税款缴纳行为纳入税收道德规范，促进

---

[1] See Wanyana Oguttu Annet, Ann Kayis-Kumar, "Curtailing aggressive tax planning: the case for introducing mandatory disclosure rules in Australia (part 1)", *eJTR*, 17 (2019), pp. 83~104.

[2] 参见梁若莲等：“国际税收领军人才系列文章（一）：对我国引入税收筹划强制披露机制的思考与建议”，载《国际税收》2015年第9期。

征纳双方长久的合作关系，为纳税人营造更优质的税收环境。

我国的税收筹划强制披露应当注重对纳税人的服务工作，坚持以人为本的理念，定期面向纳税人和税收中介机构开展培训，为纳税人和筹划方义务的履行提供确定性指引，并且借助大数据平台突破时空限制，为各方提供便利。此外，税收筹划强制披露本身的遵从成本和激励机制也是影响纳税人遵从意识的重要因素，强制披露具体设计应以平衡纳税人额外的遵从成本和税务机关的获取效应为基础，对于不履行强制披露要求的披露人也应规定相应的惩罚措施，从根本上保障纳税人的权益。

3. 税务机关的征管水平显著提升

税收筹划强制披露发挥的反避税效果，不仅依赖于科学完善的规则体系，也需要一国税务机关具备相应的征管水平。通过税收筹划强制披露收集涉税信息仅是反避税工作开展的前提和基础，最大限度地利用披露信息并进行高效审计才是核心任务，这也是对恶意税收筹划的识别和对避税行为规制的关键环节。若涉税信息得不到有效利用，将影响到对纳税人避税行为的震慑效果，使得恶意税收筹划更加肆意蔓延。税收筹划强制披露对税务机关的征管能力提出更高的要求，英美等发达国家实施多年且取得高效的反避税成果，得益于其强大的税收征管能力。

近年来，我国着力提升税务征管水平，逐步形成"以申报纳税和优化服务为基础，以计算机网络为依托，集中征收，重点稽查，强化管理"的税收征管新模式。在"互联网+"、大数据和区块链等技术的支持下，以金税工程一期建设为开端，信息化技术在税收征管领域得到广泛应用，目前金税四期已经完成主要流程的升级。依托高水平的税收征管信息化程度，我国实现了税收征管方式和征管流程的优化升级，实行税收征管的电子化发展，突破税务业务办理中的时空限制，大大降低税收征管成本。在税务人才培养方面，国家税务总局2013年出台的《全国税务领军人才培养规划（2013—2022年）》（税总发〔2013〕97号）要求，全面规范税务专业人才的选拔、培养、锻炼、考核、使用的工作机制，各省税务局制定了国际反避税专业人才队伍建设的长期规划，不断强化专业力量使得我国税务人才更具战斗力，我国税务人员外派工作已经实现对美国、加拿大、德国、印度等世界主要经济体的全覆盖。

二、税收筹划强制披露的 BEPS 行动计划与各国经验

(一) BEPS 第 12 项行动计划有关规定

2011 年,OECD 发布《关于税收透明度和披露举措的报告》,通过对已引入税收筹划强制披露举措的 OECD 国家相关情况的概述以及有益经验的讨论,鼓励成员国根据国情引入适合本国特定需求的强制性披露机制,但 OECD 此项建议并未得到成员国的有效推行。2015 年,税收筹划强制披露被列入 BEPS 第 12 项行动计划,在借鉴相关国家经验基础上,为尚未引入强制披露的国家提供模块化的设计建议,由各国自主决定是否引入强制披露规则。

1. 税收筹划强制披露的设计原则

BEPS 第 12 项行动计划指出,税收筹划强制披露应当遵循四项核心原则。[1]

(1) 清晰易懂。税收筹划强制披露规则的具体内容应当尽可能清晰明确,避免复杂化。规则的清晰明确,一方面有助于纳税人正确理解规则的适用,防止因为疏忽或认知偏差而未及时履行披露义务,进而受到法律的处罚;另一方面能够保证纳税人的税收确定性,降低纳税人进行经济决策的风险和难度。清晰易懂的规则更容易提高纳税人对规则适用的遵从程度,也避免了因规则不清导致纳税人向税务机关披露大量质量不高或不相关的信息。

(2) 有效平衡纳税人额外遵从成本和税务机关获取效应。税收筹划强制披露为纳税人和方案筹划方增设强制信息披露义务,要求按照规定的形式披露相关税收筹划信息,增加了纳税人的遵从成本。税务机关则因纳税人的披露行为而获益,有关税收筹划信息的直接获取节约税务机关的审查成本,提高审查效率。但是,纳税人披露的信息量与税务机关的所获效应不是简单的正相关关系,过于繁杂的信息量要求不仅使纳税人承担沉重的遵从成本,也削弱了税务机关高效处理信息的能力。披露安排的涵盖范围因此成为制度功能实现和实施成本之间平衡的关键,涵盖范围应当包括涵

---

[1] See OECD, *Base Erosion and Profit Shifting Project*, *Mandatory Disclosure Rules*, *ACTION* 12-2015 *Final Report*, OECD publishing, 2008, pp. 19~20.

盖的主体和交易类型。

（3）准确识别披露方案并实现既定目标。税收筹划强制披露的目标是通过获取恶意税收筹划方案的早期信息以达到对纳税人和方案筹划方的震慑效果，进而削弱方案的推广和使用。受制于税务机关的资源局限，识别出的披露方案应当是税务机关真正关心的、能够反映国家特定需求和风险的方案，企图识别出所有存在避税嫌疑的交易并进行打击是不现实的。税收筹划强制披露应当通过税收筹划方案特征和条件筛选出税务机关所关注的方案和必要信息，进而控制披露范围。此外，由于税收筹划方案的灵活和多变，税务机关可以调整应披露方案的特征和条件，对出现的新风险作出及时反应。

（4）收集的相关信息应被有效利用。对于强制披露而获取的税收筹划信息，税务机关应当进行充分审阅和利用，判断其对国家税收和政策的潜在影响。除了需要建立一套合理高效的程序来运行之外，也要求税务机关配备相关专业技能的工作人员，确保发现的问题能够及时通过内部沟通予以解决。税务机关由此付出的额外成本将在识别出问题交易可能造成的损失中相互抵销。

2. 税收筹划强制披露的选项建议

OECD建议税收筹划强制披露的选项设计应当与各国的需求和风险相匹配，BEPS第12项行动计划在借鉴相关国家经验的基础上，提出选项的模块化设计，以供相关国家灵活选择。现有税收筹划强制披露分为两大模式：一是以美国为代表的基于交易的方法，即从可能产生税收或政策风险的交易类型入手，确定应披露安排，要求纳税人和对应披露安排提供实质性协助的人承担披露义务；二是以英国为代表的基于方案筹划方的方法，在关注应披露安排类型的同时更注重方案筹划方在税收筹划中的角色定位。两种税收筹划强制披露模式的原则、目标、特点和效果具有一致性，一国的税收筹划强制披露也不是纯粹地使用其中一种模式，BEPS第12项行动计划总结了不同模式，并结合共同核心特点，提出有关具体选项的建议。

（1）披露人。对披露人的选择存在两种方案：一种是方案筹划方和纳税人分别承担披露义务；另一种是由方案筹划方或纳税人一方承担披露义务，通常由方案筹划方承担主要披露义务，个别情形下由纳税人承担。比较这两种方案，第一种方案要求的披露义务更为广泛，降低未充分披露的风险，但会带来更高的成本，既包括纳税人的遵从成本，也包括税务机关的管理成本。因此，BEPS行动计划建议各国在考虑成本与收益的基础上，自由选择披露人的方案。

此外，关于"筹划方"和"顾问"的界定，各国的定义表述各不相同，但包含共同的原则：筹划方是指在提供税务服务时，对应披露安排的税收利益进行设计、组织、市场营销或税务管理的人，也包括为上述活动提供重要帮助、协助或建议的人，但不了解交易信息和方案、未提供重要服务的人不应当视为筹划方。这为各国界定"筹划方"的范围提供了有效指引。

（2）应披露安排。关于应披露安排的识别方法有两种：一种是单步法，采用特征测试；另一种是多步法或门槛法，在特征测试的基础上增加门槛测试。

门槛测试（Threshold Approach）是指最低豁免，即应披露安排应达到的门槛要求或前提条件。常见的门槛测试类型包括主要利益测试和最低交易金额豁免。主要利益测试是将交易中的预期税收利益与其他可能获取的利益进行对比，来判断一项交易是否具有避税特征或是否以获取税收利益为主要动机，进而关注对税收收入或税收政策具有较大风险的交易。但是，主要利益测试在跨境税收方案中难以发挥有效作用，因而适用范围被限制为国内方案。最低交易金额豁免是免除交易金额低于一定数额的披露要求，可以适用于所有潜在应披露范围内的交易并且根据个别领域调整金额门槛，最低交易金额豁免的适用更加清晰直接，同时也表明少量避税是可以接受的，但其问题在于交易的金额与税务机关对交易的关注程度的关联性，对于一个尚未推广的小规模创新型避税交易，最低交易金额豁免可能会延缓税务机关采取行动的时间。

特征测试（Hallmarks）是税务机关关注方案的交易特征是否符合应披露安排的特征要求，特征分为通用特征和具体特征两类。通用特征是税收筹划所具有的共同特征，主要用来应对具有创新型税务筹划，其特征设计可采用主观性特征或客观性特征：主观性特征能够扩大通用特征的适用范围，获得更好的披露，但也带来了更多的税收征管负担；客观性特征有利于增强税收征管的确定性和可操作性。具体特征是专门针对具有高风险的特定领域，利用税收制度和技术上已知弱点进行税收筹划的方案特征，具体特征在设计上应当反映税收面临的特定风险，但还应注意定义的灵活性，过于技术化或严苛的特征表述会给纳税人和筹划方制造逃避披露义务的空间。

在单步法与多步法的选择上，单步法可能会产生大量披露信息，因此BEPS行动计划在使用中以更窄或更特定的特征、金额标准等控制方法来限制披露交易数量。但是，在多步法中的门槛测试亦存在适用上的局限性，需要考虑纳税人利用门槛条件逃避披露义务的风险问题，对特殊交易类型作出除外规定。

（3）应披露内容。各国应披露信息的内容略有差异，其中必须披露的内容主要包括：有关筹划方和筹划方案使用人的身份信息；阐明筹划安排符合应披露安排的所有特征或主要特征；解释预期税收利益的产生；介绍筹划安排引用的法律规定并证明预期税收利益的合法性；交易各方的详细信息。

（4）披露时间。披露时间的确定存在两种方案，即筹划安排可供使用时和筹划安排实施时，在披露时间的选择上，应当考虑承担披露义务的主体：若由筹划方承担披露义务，可以选择在筹划安排可供使用时披露，以保证税务机关能够第一时间获取信息；若由纳税人承担披露义务，可以选择在筹划安排可供实施时披露，虽然可能发生税收流失问题，但尽可能地保证时间点的客观性，既有利于监管，也有利于提高纳税人的确定性。

（5）其他义务。为方便税务机关对税收筹划方案进一步审查询问，需要通过制度设计保证税务机关能够从方案中识别方案的使用者，主要有筹划安排识别代码和客户名单两种方法。在提供的时间上，客户名单通常先于筹划安排识别代码，税务机关也可以提早介入。根据披露义务的主体不同，若筹划方承担主要披露义务，应当同时使用筹划安排识别代码和客户名单，两者结合更能保证方案的充分披露，也便于税务机关了解方案的使用程度。税务机关还可以从个别纳税人出发，就其参与的方案判断纳税人在交易类型上的喜好，进而评估风险。若方案筹划方和纳税人均负有披露义务，则可以不要求其同时提供筹划安排识别代码和客户名单。

（6）遵从的意义与不遵从的后果。当一项交易被判定为应披露交易时，不必然意味着该交易涉及避税，纳税人履行披露义务也不意味着税务机关对交易合法性的承认或认同交易中的税收利益。但是，对于遵从的意义，纳税人普遍存在对"合法预期"的误区，应当在各国立法或指引中进一步明确披露义务的产生与履行、交易的效力无关。

不遵从的后果是对未履行披露义务或其他义务的纳税人及筹划方的处罚措施，包括货币处罚和非货币处罚两种。处罚措施的设计应当按照比例原则，即处罚负担与过错程度相当，兼顾威慑力和遵从激励的要求。罚款可采用按日罚款的形式以督促披露人及时履行披露义务，也可根据税收筹划金额或筹划方的服务费按比例确定罚款金额。

（二）美国税收筹划强制披露

美国面对避税盛行的情况，采取了一系列税制改革措施企图消除诱导避税产生的税收制度性因素，但实践表明，个人和企业仍会根据新的税收制度进行税收筹划。在此背景下，美国国会决定通过避税信息的强制披露来遏制避税蔓延，1984年美国率先出台税收筹划强制披露，在经历了冗长设计、反复修改最终于2004年完成税法修订，形成纳税人披露、筹划者清单保留和处罚激励机制等系统化的制度体系。[1]

1. 披露人

纳税人和重要咨询顾问分别负有信息披露的义务，所谓重要咨询顾问是指在组织、管理、宣传、销售、实施、保障或执行任何应披露安排方面提供任何重要帮助协助或建议的人。纳税人应当提供交易的详细信息和从交易中获得税收利益的声明，并且方案使用人对披露义务的履行不免除筹划方的披露义务。

2. 应披露安排

美国采用严苛的特征测试并辅以金额过滤法完成对应披露安排的筛选。应披露安排的通用特征包括：（1）保密性，即交易是在保密条件下向纳税人提供服务。保密条件是指纳税人被限制向任何人披露交易的税务结构，包括筹划方的同业竞争者和税务机关，以确保筹划方案的价值和机密

―――――――――
〔1〕参见俞敏：《税收规避法律规制研究》，复旦大学出版社2012年版，第136页。

性。(2) 合约保护，即纳税人有权根据从交易中获得的税收利益，决定向筹划方支付的费用，若未能达到预期的税收利益，纳税人可要求筹划方退回部分或全部的费用。

应披露安排的具体特征亦即具体类型包括：(1) 涉及亏损的筹划安排(Loss Transactions)，该筹划安排通过制造亏损减少所得税或资本利得税，从而获得亏损抵扣，并且纳税人弥补损失的数额应当达到或超过门槛金额。根据纳税人和交易类型的不同，门槛金额的范围在5万美元到1000万美元之间，由税务机关确定。(2) 已公开的交易(Listed Transactions)，该交易是国内收入局以通知、指南或其他公开形式确认的交易，任何与"已公开的交易"相同或本质上相似的交易均应披露。

3. 披露时间

在咨询顾问成为"重要咨询顾问"的那个季度结束后的次月月末，应当向美国国内收入局避税分析处提交交易的申报文件，而咨询顾问向"重要咨询顾问"完成转变的具体情形包括为应披露安排提供关键协助、获取超过限额费用等。纳税人需要按照规定的表格填写纳税申报信息，并将对应披露安排的披露陈述作为纳税申报的一部分，在首次申报的同时向避税分析处报告。

4. 其他义务

重要咨询顾问应当将税务机关发放的税收筹划安排代码提供给纳税人，纳税人也需要在向税务机关提交的表格中披露税收筹划安排代码，使其形成完整的循环。此外，重要咨询顾问需要保留客户名单以备审查，确保在税务机关要求提交之日起20个工作日能够完成提交，但该义务也可因行使法律特权而得到豁免。纳税人需要提交8886表[1]、应披露安排的披露声明以及其参与应披露安排的所得税申报表。

---

[1] 8886表(Form 8886)用于纳税人申报参与应披露安排的信息，每笔应披露安排须提交单独的8886表但安排相同或基本相似的，也可以在一份表上报告多笔安排。8886表披露的信息反映应披露安排预期的税收待遇及所有潜在税收优惠等与安排有关的税务处理，要求足够详细地识别和描述安排，以便税务机关能够理解应披露安排的税务结构并确定安排中涉及的所有各方主体。8886表2003年发布后，历经多次修订，最新为2019年版，载 https://www.irs.gov/forms-pubs/about-form-8886，最后访问日期：2023年2月13日。

5. 不遵从的后果

重要咨询顾问对应披露交易而未予披露且交易不属于"已公开的交易"的,或填报的交易信息错误不完整的,将被处以5万美元罚款。若未披露的交易属于"已公开的交易",则罚款数额按照20万美元和因提供筹划服务取得的总收入50%之间的较高者确定。若重要咨询顾问不披露或填报信息错误、不完整的行为系属故意,则罚款数额按照20万美元和因提供筹划服务取得的总收入75%之间的较高者确定。

纳税人未履行披露义务,按照交易减少的应纳税额75%处以罚款,但罚款金额范围应当在5000美元到20万美元之间,由税务机关按照纳税人和应披露交易的类型决定。此外,税务机关有权延长对"已公开交易"的法定追溯时限,亦即对纳税人的筹划方案提出异议的时限。若纳税人是上市公司,则在其向美国证券交易委员会提交的报告中需要列明其被处以罚款的事项。如果撤销对未履行披露义务的处罚能够促进合规性,国内收入局局长拥有撤销处罚的权力。

(三)英国税收筹划强制披露

2004年英国在《财政法案(2004)》中引入税收筹划强制披露,其最初的适用范围仅限于金融产品和就业收入,由于从起草到颁布的时间极短,制度不仅粗略且具有高度主观性,而后根据现实情况的发展,通过《财政法案》提出修改意见对税收筹划强制披露不断进行完善,适用范围也扩展到直接税,同时增加税务机关的调查权,改进对已披露计划用户的识别。目前,英国已经形成分别针对直接税和间接税的两套强制披露制度。[1]

1. 披露人

英国税收筹划强制披露由筹划方承担主要披露义务,并且在筹划方履行披露义务后,纳税人不再需要向税务机关披露信息。所谓筹划方是指在相关业务中负责设计、市场营销、组织、管理筹划安排的人或者使用此项筹划安排的人。由纳税人承担披露义务的特殊情形具体包括:筹划方在海外、没有筹划方以及筹划方因主张法律特权而拒绝履行披露义务。

---

〔1〕 See Sarah Falk, Joanne Walker, "Introduction to the UK Tax Avoidance Disclosure Regime", Tax'n Fin. Products, 7 (2008), p.5.

2. 应披露安排

英国采用多步法，将特征测试和门槛测试相结合，应披露安排既要满足以获取税收利益为交易主要动机的门槛测试，还应具备应披露安排的评判特征中的一项或多项。

应披露安排的通用特征包括：（1）保密性，与美国不同的是，英国不仅要求筹划方和纳税人约定保密条款，即筹划方希望确保筹划方案对其他筹划方和税务机关保密，还要求税务机关认可筹划方案的保密性，倘若税务机关认为是税务界所熟知的方案，则方案仍不具有保密性。（2）额外费，指因产生了预期税收利益而引起的费用，同美国的"合约保护"类似。（3）标准化税收筹划产品，是指一种标准化文档，在被提供给众多客户时，无须根据客户的不同情况做大量改动即可使用，具有易复制性。此外，英国评判方案保密性和额外费特征采用的是假设性测试方法，"是否可以合理预期筹划方希望筹划方案对其他筹划方保密"，"是否可以合理预期筹划方能够从纳税人处获得额外费"，而不是以保密条款和额外费安排的客观存在加以评判。

应披露安排的具体特征包括：（1）涉及亏损的筹划安排，与美国的亏损交易描述基本一致，是以产生亏损为交易获取的主要利益，希望以亏损来减少税负。但英国未规定亏损交易的门槛金额。（2）租赁安排，用于识别涉及高额厂房和机器设备的租赁交易中获得的税收利益，租赁安排在满足有关租赁期限、资产价值以及其他法定附加条件的要求时，应当披露交易安排信息。

3. 披露时间

英国以筹划方为披露义务的主要承担者，筹划方应当在筹划方案可供实施后的5个工作日内披露方案。筹划方案可供实施是指已经具备实施筹划方案的必要因素并已经完成与客户的沟通后，建议客户可以进行交易，客户经过对方案预期税收利益的充分了解能够作出是否适用该方案的决定。

纳税人在特别情形下承担披露义务，披露时限相较筹划方更长，纳税人仅须在提交纳税申报表时披露交易信息即可。

4. 其他义务

英国识别使用者的流程与美国相似，筹划方和纳税人均有提供筹划安排代码的义务，但英国还要求筹划方按季度向税务机关提交客户名单。

5. 不遵从的后果

为起到及时履行披露义务的督促效果，英国采用按日计罚，首次处罚由裁判作出决定并按日征收，每日处罚金额不超过 600 英镑。在个别情形下，也可根据筹划方获取的费用或纳税人获取的税收利益决定处以更高金额的罚款，上限为 100 万英镑。首次处罚结束后仍不履行义务的，税务机关可以进行二次处罚，处罚金额按照首次处罚数额的比例征收。

（四）欧盟税收筹划强制披露

2018 年 6 月，欧盟发布《欧盟税务管理合作指引（第六版）》，要求成员国按照 BEPS 第 12 项行动计划的建议，在 2019 年 12 月 31 日前采用必要的法律法规或行政决定对税收筹划强制披露予以规定，并且从 2020 年 1 月 1 日起成员国之间自动交换这些信息。《欧盟税务管理合作指引（第六版）》发布以后，法国、奥地利于 2019 年 10 月颁布有关法律，德国、爱尔兰、比利时也于 2019 年 12 月着手设计实施。[1]

1. 披露人

欧盟对披露人的选择与英国相似，由筹划方或纳税人承担披露义务，并且承认筹划方的法律特权，即可以申请豁免披露义务。承担披露义务的筹划方需要满足以下附加条件之一：（1）属于成员国的纳税居民；（2）在成员国设立常设机构，并通过常设机构提供与应披露交易有关的税务服务；（3）受成员国法律管辖或在成员国中与法律、税务、咨询服务相关的专业协会进行注册。

2. 应披露安排

欧盟对于应披露安排的识别采用多步法，要求应披露安排既符合主要利益测试要求，亦须具备特征测试中通用特征或一个或多个具体特征。欧盟的主要利益测试关注的交易特征包括转移损失到其他司法管辖区、加速使用损失、将收入转换为税率低的其他类别收入等。通用特征基本沿用英

---

[1] Jessica Silbering-Meyer, "Are You Ready for DAC6? Mandatory Reporting and Exchange of Cross-Border Tax Arrangements Are Fast Approaching", *Tax Executive*, 72 (2020), p. 68.

国的规定，包括保密性、额外费和标准化税收筹划产品。《欧盟税务管理合作指引（第六版）》对具体特征附全部标志清单，主要包括：（1）涉及规避欧盟关于税收裁决的信息交换要求；（2）中介机构收取的费用与纳税人在避税中节省的费用之间存在直接关联；（3）确保同一资产在多个国家的折旧规则中受益；（4）使相同的收入能够在多个税法管辖区的税收减免中受益等。[1]

此外，欧盟规定应披露安排须是跨境安排，纯粹国内的情况或与欧盟成员国在没有任何联系的情况不属于《欧盟税务管理合作指引（第六版）》的范围，即交易需要涉及一个以上欧盟成员国或一个欧盟成员国和一个非欧盟成员国。

3. 披露时间

《欧盟税务管理合作指引（第六版）》规定在 2018 年 6 月 25 日至 2020 年 7 月 1 日期间实施的应披露跨境安排，应当在 2020 年 8 月 31 日前予以披露。2020 年 7 月 1 日以后实施的应披露跨境安排，应当自应披露跨境安排达到可实施的状态或已经完成实施的第一步之日起 30 日内披露。披露时间按照先发生的时间点确定。

4. 不遵从的后果

《欧盟税务管理合作指引（第六版）》要求，对于筹划方和纳税人的处罚应当有效、相称且具有劝阻性，由每个成员国决定本国的制裁措施，具体包括罚款、行政制裁以及声誉风险等。

三、税收筹划强制披露的基本规则

（一）适用范围

2018 年修正的《个人所得税法》第 8 条第 1 款规定，"有下列情形之一的，税务机关有权按照合理方法进行纳税调整：（一）个人与其关联方之间的业务往来不符合独立交易原则而减少本人或者其关联方应纳税额，且无正当理由；（二）居民个人控制的，或者居民个人和居民企业共同控制的设立在实际税负明显偏低的国家（地区）的企业，无合理经营需要，

---

[1] See Franklin Cachia, "Tax Transparency for Intermediaries: The Mandatory Disclosure Rules and Its EU Impact", *EC Tax Review*, 27 (2018), pp. 206~217.

对应当归属于居民个人的利润不作分配或者减少分配；（三）个人实施其他不具有合理商业目的的安排而获取不当税收利益"，我国一般反避税条款的适用范围得以进一步扩大。鉴于税收筹划强制披露与一般反避税之间的紧密联系，两者的适用范围应当同步。我国税收筹划强制披露的适用范围可以包括企业所得税和个人所得税，但考虑到制度实施的渐进性以及我国个人所得税一般反避税条款具体实施细则的不完善，可以选择企业所得税作为强制披露适用的先行试点，再根据实施效果和一般反避税条款的发展情况进行下一步的扩充调整。

英国税收筹划强制披露的适用范围不仅包括直接税、还包括间接税，并且形成了分别针对直接税和间接税的两套信息强制披露规则。在BEPS第12项行动计划草案的公开征求意见时，有的观点认为，税收筹划强制披露的适用范围须满足不同管辖区之间的统一性要求，应当仅限于所得税，[1]而各国间接税税制差异较大，有关间接税的税收筹划强制披露难以在不同管辖区域之间实现统一。就目前反避税的征管实践而言，恶意税收筹划活动多集中于所得税领域，因此我国税收筹划强制披露的实施范围应当以直接税为主，以企业所得税为试点先行展开。

（二）披露人

筹划方对于税收筹划信息的掌握具有天然的专业优势，因而在各国反避税实践都试图充分发挥税收中介机构的积极作用，《一般反避税管理办法（试行）》规定了筹划方在一般反避税调查中的披露义务。我国对于强制披露义务人的选择应考虑由筹划方承担主要披露义务，但鉴于专业的税收筹划活动是自加入WTO以来才逐渐发展起来的，税收筹划的有关理论和实践相较于西方国家起步较晚，由纳税人自行设计并实施税收筹划方案不占少数。因此，我国应当规定税收筹划方案若由纳税人自行设计并实施，没有筹划方的或筹划方不在境内，应当由纳税人承担披露义务。由于税务机关在税收筹划强制披露引入初期，难以承担大量披露信息的审计工作，而不宜采取筹划方和纳税人双重披露的模式，筹划方承担披露义务后，纳税人无须再进行披露。

---

[1] 参见杭州市国家税务总局课题组、李海燕、朱自强："税收筹划强制披露规则的国际借鉴研究"，载《国际税收》2018年第6期。

纳税人的税收筹划业务往往由律师或税务师负责,《刑事诉讼法》第48条[1]、《律师法》第38条[2]、《注册税务师职业道德规范(试行)》第33条[3]分别规定了律师、税务师应当保守在执业活动中获取的国家秘密和商业秘密,不得泄露委托人的隐私和信息。但是,条文内容过于概括,未对有关特权行使予以详细的规定,使得特权享有者难以真正有效行使特权。为促进税收中介机构在税收征管中的积极作用,避免纳税人和筹划方之间发生信任危机,我国应当在税收筹划强制披露中承认筹划方的法律职业特权,但应当以我国法律职业特权制度的建立和健全为前提。

(三)应披露安排

关于应披露安排的筛选和识别,我国可以参考英国多步法模式,以门槛测试与特征测试相结合的方式直接控制应披露安排的数量,避免出现披露信息过度的问题。门槛测试宜采用主要利益测试,即判断交易是否以获取税收利益为主要目的,这一判断应当具有相当的客观性,也可以在交易可能获得的税收利益与交易其他可能实现的目的之间进行价值比较。有关税收利益具体数额的确定,可以"个人税收利益30万元和企业税收利益3000万元"为参考标准,再结合纳税人的遵从负担和意愿以及税务机关的征管水平进行充分的调研和论证,确定合理的标准。[4]

我国应披露安排的特征测试设计,可以借鉴域外经验,尤其是有关通用特征的选择。各国经过多年实践已形成较为一致的做法,包括保密性、额外费用和标准化税收筹划产品等。我国应披露安排应当具有以下通用特征:(1)保密性特征,既包括方案使用人向筹划方的同业竞争者保密,也

---

[1]《刑事诉讼法》第48条规定:"辩护律师对在执业活动中知悉的委托人的有关情况和信息,有权予以保密。但是,辩护律师在执业活动中知悉委托人或者其他人,准备或者正在实施危害国家安全、公共安全以及严重危害他人人身安全的犯罪的,应当及时告知司法机关。"

[2]《律师法》第38条规定:"律师应当保守在执业活动中知悉的国家秘密、商业秘密,不得泄露当事人的隐私。律师对在执业活动中知悉的委托人和其他人不愿泄露的有关情况和信息,应当予以保密。但是,委托人或者其他人准备或者正在实施危害国家安全、公共安全以及严重危害他人人身安全的犯罪事实和信息除外。"

[3]《注册税务师职业道德规范(试行)》第33条规定:"注册税务师未经委托人允许,不得向税务师事务所以外的第三方泄露其所获取的个人隐私和商业秘密。国家法律法规另有规定的除外。"

[4] 参见梁若莲等:"国际税收领军人才系列文章(一):对我国引入税收筹划强制披露机制的思考与建议",载《国际税收》2015年第9期。

包括向税务机关等第三方保密。保密性特征虽然以筹划方是否与使用人签订有关筹划方案的保密协议为主要判断标准，但这不是决定性标准，特定行业有关实施促销活动的税收筹划方案亦存在与客户签订保密协议的传统，对于此类合理、有名的税收筹划方案即使签订保密协议，也可视为不符合保密性特征。[1]在向税务机关的保密性要求中，筹划方通常要求使用人删除有关数据以及专业化的书面意见。（2）额外费用的判断标准应当与交易的税收利益挂钩，区别于因筹划方的高度专业性、相关职能人员的稀缺、咨询工作的紧迫性、复杂性等因素导致的服务费用增加的问题。（3）标准化税收筹划产品的本质是一个已经完成的产品，通过一个标准化的文档帮助使用人实施以获取税收利益为主要目的的交易，特征判断标准是易于复制，使用人仅须小幅度地修订即可与自己实际情况相契合，无须另外接受专业咨询意见。

关于应披露安排的具体特征选择，我国应当结合重点防范的避税交易，根据交易的类型和特点，有针对性地制定相应的具体特征。我国特征测试的设计应当注意以下两个方面问题：（1）避免特征描述的主观性，确保给予筹划方和纳税人清晰明确的指引，增加实施的确定性，同时还要注意客观性标准的广泛性问题，尽可能涵盖所有创新型税收筹划方案；（2）关注对新的典型特征开发，在BEPS的合作框架下，我国对于OECD更新的已被其他国家识别出的、可能带来较高税收收入风险的新税收筹划方案，应当及时关注并跟进。特征标准的范围也应当随着我国经济社会发展和反避税措施的更新而改变。

（四）披露内容

披露人应当按照税收筹划强制披露的要求全面履行披露义务。为降低遵从成本，可以将披露信息分为必要信息和非必要信息两类：必要信息应当包括筹划方和使用人的身份相关信息、提交有关税收筹划方案的详细信息、解释税收筹划方案符合应披露安排的原因等；非必要信息包括预期税收利益的金额、与产生税收利益的交易要素有关的法律法规、交易具有合法性的意见等。税务机关在收到披露信息后，可以根据提供的信息情况和实际需求要求披露人提供额外信息。

---

〔1〕 参见熊伟主编：《财税改革的法律逻辑》，湖北人民出版社2015年版，第107页。

（五）披露时间

税收筹划信息披露的时间关乎税务机关的税收风险评估、税务审计和立法机关相关法律法规修订的及时性问题，直接影响税收筹划强制披露的功能发挥。我国应当考虑专业性能力的差异，对筹划方和纳税人分别设置不同的披露时间。若是筹划方承担披露义务，可以要求其在税收筹划方案可供使用时履行披露义务，但应当明确"税收筹划方案可供使用时"的判断标准，以增加披露时间的确定性。一般而言，一项税收筹划方案达到可供使用状态时应当具有以下特征：（1）筹划方案实施所必需的基本要素均已到位，能够付诸实施；（2）与客户就筹划方案的完整计划进行充分沟通，建议客户开展该方案，客户在此基础上能够作出是否实施的决定。若由纳税人履行强制披露义务，则可以在筹划安排实施时披露，从而降低纳税人的遵从负担。

（六）其他披露义务

我国可以依托于大数据信息技术引入税收筹划安排识别代码，以实现税收筹划方案与方案使用人的有效对应。在筹划方向税务机关报告披露信息时，税务机关向筹划方发放筹划安排识别代码，筹划方应当及时将识别代码提供给方案使用者，以供方案使用者在纳税申报时填入纳税申报表。此外，筹划方还应当根据税务机关的要求提供客户名单。

（七）法律后果

我国税收筹划强制披露应当强调筹划方和纳税人的强制披露义务履行对应披露安排法律效力的影响。一方面，当一项交易被识别为应披露安排并要求履行披露义务，并不意味着交易一定涉及避税活动；另一方面，当筹划方和纳税人履行披露义务后，也不代表交易的合法性获得了税务机关的认可，避免披露义务人对履行披露义务产生合法性预期。

为保障对税收筹划强制披露的遵从，我国还应当设置违反披露义务的处罚条款。我国设置处罚条款应当坚持比例原则，结合纳税人和筹划方的主观态度和客观行为，按照过错程度给予相应的处罚负担。处罚的方式可以包括货币处罚和非货币处罚。《税收征收管理法》第60条第1款规定，"纳税人有下列行为之一的，由税务机关责令限期改正，可以处二千元以下的罚款；情节严重的，处二千元以上一万元以下的罚款：（一）未按照规定的期限申报办理税务登记、变更或者注销登记的；（二）未按照规定设置、保管帐簿或者保管记帐凭证和有关资料的；（三）未按照规定将财务、会计制度或者财务、会计处理办法和会计核算软件报送税务机关备查的；（四）未按照规定将其全部银行帐号向税务机关报告的；（五）未按照规定安装、使用税控装置，或者损毁或者擅自改动税控装置的"。就税收筹划可能获取的税收利益而言，这项处罚力度偏弱。美国和英国分别采用按照获取税收利益的比例和按日计罚的方式处罚。考虑实际操作成本，我国宜采用按照纳税人获取税收利益或筹划方获取酬劳的比例确定处罚金额。此外，我国还可以将违反强制披露义务的行为与纳税信用体系建设相结合，对相关披露义务人予以信用处罚。

四、税收筹划强制披露的配套安排

（一）专职管理机构

税收筹划强制披露会增加税务机关的审查工作，对税务机关的工作效率提出了更高的要求。为确保税务机关能够高效审查强制披露信息，我国可参考美国和英国的有益经验，建立处理强制披露信息的专职管理机构，组建一支高水平反避税专业人才队伍，负责对应披露安排进行风险评估，判断税收筹划方案对税收收入的风险，同时协调强制披露与其他披露举措之间的关系，避免出现重复披露，减少遵从负担，为纳税人做好服务工作。

专职管理机构应当发挥好沟通协调的作用：（1）专职管理机构应当将通过税收筹划方案发现的税法漏洞，及时报告给相关立法部门，进行有效的漏洞填补，还应当将发现的避税高风险领域报告税收征管和稽查部门，提醒相关部门重点关注。（2）专职管理机构可以收集整理税收筹划的典型案例，定期为纳税人和税收中介机构进行培训，释明税收筹划安排的特点以及税务机关可能作出的处理方法，引导纳税人和税收中介机构进行合法规范的税收筹划活动。

（二）信息工作平台

目前，我国可借助金税三期的反避税信息系统搭建强制披露信息工作平台，在平台中发布强制披露中相关信息的报送要求和格式，还可利用大数据平台分析税收筹划方案对税收政策和收入的经济影响，并评估强制披露在我国反避税工作中产生的效果。税收筹划安排识别代码的实施也需要信息工作平台的支持，实现纳税人、税收筹划方案、纳税申报和同期资料之间的关联性，并且重点关注频繁使用税收筹划方案的纳税人，为一般反避税调查工作提供预警提示和早期信息。

（三）信息共享机制

在 OECD 的极力推动下，各国税务机关的税务合作和情报交换不断加深。自 2006 年国家税务总局发布《国际税收情报交换工作规程》（国税发〔2006〕70 号）后，我国在国际层面上陆续签署相关公约和协议，在国内法层面出台管理办法完成国内法转化。税收筹划强制披露作为 BEPS 的行动计划之一，需要进一步扩建国际联合反避税信息中心网络（Joint International Tax Shelter Information Centre，JITSIC），鼓励各国税务机关积极主动与其他成员交换通过强制披露获得的信息，并且当预见可能与其他成员国相关的税收风险时，及时交换有关风险的早期信息。我国已于 2010 年 12 月加入 JITSIC，并且派驻相关代表全面参与各项工作。在引入税收筹划强制披露后，我国应当持续跟进 OECD 针对 BEPS 行动计划实施的信息共享工作，为维护中国利益及时反映相关诉求，同时做好与国内法的对接工作。

（四）跨境协调

在国际协同反避税的发展趋势下，税收筹划强制披露不仅适用于一国境内税收筹划方案，还应当加强对跨境税收筹划安排的应用。但是，境内税收筹划安排与跨境税收筹划安排存在明显区别，税收筹划强制披露适用于跨境税收筹划安排应当有所调整。由于跨境税收筹划往往涉及多个国家不同交易方产生的多方面税收利益，单从安排的一国境内税收利益无法发现其在全球的相关利益，跨境税收筹划安排的税收利益由于具有模糊性，以致门槛测试难以适用并识别出应披露安排，我国可以取消门槛测试在跨境税收筹划安排中的应用。

关于应披露安排识别的特征，跨境税收筹划安排因其涉及业务的广泛性而无法与境内税收筹划安排一样得到广泛推广，因而不具有标准化税收筹划产品的特征。美国、南非等国家为识别国际交易而专门制定了相关具体特征，其中在特征选择上重点关注跨境税收结果以及跨境税收筹划安排可能引起的 BEPS 风险。因此，跨境税收筹划安排应当作出更为宽泛的定义。

参考文献

【专著】

1. Kuiper Willem Gustaaf，*International Tax Glossary. Vol. 1.*，Amsterdam：International Bureau of Fiscal Documentation，1988.
2. Lynette Olivier，*International Tax：A South African Perspective*，Cape Town：Siber Ink，2008.
3. [奥]迈克尔·朗：《避免双重征税协定法导论》（第2版），朱炎生译，法律出版社2017年版。
4. [荷兰]Ola Ostaszewska、[英]Belema Obuoforibo主编：《罗伊·罗哈吉论国际税收（第一卷：基本原则）》，陈新、彭启蕾译，中国税务出版社2020年版。
5. [罗马尼亚]玛德莉娜·珂特鲁特：《BEPS时代的国际税务架构：反滥用措施分析》，姜跃生、陈新译，中国税务出版社2020年版。
6. [美]克里斯·爱德华兹、丹尼尔·米切尔：《全球税收革命：税收竞争的兴起及其反对者》，黄凯平、李得源译，中国发展出版社2015年版。
7. [美]罗哈吉：《国际税收基础》，林海宁、范文祥译，北京大学出版社2006年版。
8. [美]塞缪尔·弗莱施哈克尔：《分配正义简史》，吴万伟译，译林出版社2010年版。
9. [美]史蒂芬·霍尔姆斯、凯斯·R. 桑斯坦：《权利的成本——为什么自由仰赖于税》，毕竞悦译，北京大学出版社2004年版。
10. [新西兰]凯文·霍姆斯：《国际税收政策与避免双重征税协定：对相关原则与应用的介绍》（第2版），姜跃生、陈新译，中国税务出版社2017年版。
11. [英]罗内·帕兰、理查德·墨菲、[法]克里斯蒂安·肖瓦尼奥：《钱是如何被藏起来的》，李芳龄译，译林出版社2014年版。
12. 曹明星、林珏、李娜：《跨境所得的国际税收筹划与管理——以中国现行税法体系为基础》，中国税务出版社2014年版。
13. 陈虎：《国际逃避税的法律控制》，上海人民出版社2020年版。

14. 陈敏：《行政法总论》，新学林出版有限公司 2011 年版。
15. 陈清秀：《国际税法》，法律出版社 2017 年版。
16. 陈清秀：《税法总论》，元照出版公司 2010 年版。
17. 陈少英主编：《税法基本理论专题研究》，北京大学出版社 2009 年版。
18. 崔晓静：《国际税收行政合作的新发展及其法律问题研究》，中国社会科学出版社 2014 年版。
19. 崔晓静：《欧盟税收协调法律制度研究》，人民出版社 2011 年版。
20. 崔晓静：《中国参与全球税收治理法律问题研究》，中国社会科学出版社 2020 年版。
21. 高金平：《国内税法与税收协定的衔接》，中国财政经济出版社 2020 年版。
22. 葛克昌：《税法基本问题》，北京大学出版社 2004 年版。
23. 国家外汇管理局资本流动脆弱性分析和预警体系课题组编：《跨境资本流动与或有负债关系分析》，中国商务出版社 2007 年版。
24. 荷兰国际财税文献局：《IBFD 国际税收辞汇》（第 7 版），中国税务出版社 2016 年版。
25. 黄茂荣、葛克昌、陈清秀主编：《BEPS 行动方案与国际税法》，元照出版公司 2021 年版。
26. 黄士洲：《税务诉讼的举证责任》，北京大学出版社 2004 年版。
27. 梁淑红：《资本弱化研究》，经济管理出版社 2011 年版。
28. 刘剑文、熊伟：《财政税收法》（第 8 版），法律出版社 2019 年版。
29. 刘剑文：《国际所得税法研究》，中国政法大学出版社 2000 年版。
30. 刘剑文主编：《国际税法学》（第 4 版），北京大学出版社 2020 年版。
31. 刘天道：《国际租税规划》，宏典文化出版社 2008 年版。
32. 邱冬梅：《资本弱化税制研究》，科学出版社 2013 年版。
33. 苏扬：《利润转移视角下的国际避税与反避税研究》，经济科学出版社 2016 年版。
34. 王宗涛：《一般反避税条款研究》，法律出版社 2016 年版。
35. 向明华、梁若链：《税收信息交换国际合作法律制度比较研究》，法律出版社 2021 年版。
36. 熊伟主编：《财税改革的法律逻辑》，湖北人民出版社 2015 年版。
37. 徐晓华主编：《G20/OECD 税基侵蚀和利润转移行动计划基础与实务》，中国市场出版社 2019 年版。
38. 闫海主编：《税收征收管理的法理与制度》，法律出版社 2011 年版。
39. 杨春娇：《金融衍生工具交易所得课税问题研究》，法律出版社 2016 年版。
40. 叶姗：《税法之预约定价制度研究》，人民出版社 2009 年版。

41. 易奉菊:《国际税收:理论、实务与案例》,立信会计出版社 2017 年版。
42. 俞敏:《税收规避法律规制研究》,复旦大学出版社 2012 年版。
43. 中国国际税收研究会编:《中国开放型经济税收发展研究报告(2017 年度)——全球合作应对 BEPS 背景下中国企业"走出去"税收问题研究》,中国税务出版社 2018 年版。

【论文】

44. Bernard Knight, Goud Maragani, "It Is Time for the United States to Implement a Patent Box Tax Regime to Encourage Domestic Manufacturing", *Stanford Journal of Law*, 19 (2013).
45. Cohen Philip G., "Testing for Thin Capitalization under Section 163 (j): A Flawed Safe Harbor", *Tax Lawyer*, 67 (2013).
46. Đukić Tatjana, "Thin capitalization rules in EU member states", *Central European Public Administration Review*, 9 (2011).
47. Eugen Hegenshutz, "Germany Restricts CFC Regime", *International Tax Review*, 6 (1995).
48. Facts C., "Cadbury Schweppes PLC and Cadbury Schweppes Overseas Limited v. Commissioners of Inland Revenue", *Eur. L. Rep.*, 8 (2004).
49. Franklin Cachia, "Tax Transparency for Intermediaries: The Mandatory Disclosure Rules and Its EU Impact", *EC Tax Review*, 27 (2018).
50. Jessica Silbering-Meyer, "Are You Ready for DAC6? Mandatory Reporting and Exchange of Cross-Border Tax Arrangements Are Fast Approaching", *Tax Executive*, 72 (2020).
51. Jose Manuel Calderón Carrero, Alberto Quintas Seara, "The concept of 'aggressive tax planning' launched by the OECD and the EU commission in the BEPS era: redefining the border between legitimate and illegitimate tax planning", *Intertax*, 44 (2016).
52. Luc De Broe, Joris Luts, "BEPS Action 6: Tax Treat Abuse", *Intertax*, 43 (2015).
53. Marcus Livio Gomes, "The DNA of the Principal Purpose Test in the Multilateral Instrument", *Intertax*, 47 (2019).
54. Maria Mikhaylova, Yulia Akhonina, "Thin Capitalization in Russia: Rules, Trends and Changes", *Intertax*, 44 (2016).
55. Menger J., Woywode U., "Germany: Second Wave of Changes Enacted in 2003 Rocks the Boad", *Journal of International Taxation*, 15 (2014).
56. Michael Keen, "Preferential Regimes Can Make Tax Competition Less Harmful", *National Tax Journal*, 54 (2001).

57. Palmer M.，"Indofood International Finance Ltd V JP Morgan Chase Bank NA."，*Journal of International Trust and Corporate Planning*，13（2006）.
58. Philip Baker，"BEPSP Project：Disclosure of Aggressive Tax Planning Schemes"，*Intertax*，43（2015）.
59. SarahFalk，Joanne Walker，"Introduction to the UK Tax Avoidance Disclosure Regime"，*Tax'n Fin. Products*，7（2008）.
60. Wanyana Oguttu Annet，Ann Kayis-Kumar，"Curtailing aggressive tax planning：the case for introducing mandatory disclosure rules in Australia（part 1）"，*eJTR*，17（2019）.
61. Webber Stuart，"Thin capitalization and interest deduction rules：a worldwide survey"，*Tax notes international*，60（2010）.
62. 包健："中国专利税收优惠政策分析"，载《科学管理研究》2018年第4期。
63. 蔡伟年、邓依雯："避税天堂修法：英属维尔京群岛和开曼群岛的经济实质探析"，载《国际税收》2019年第6期。
64. 曹禹："结合国际经典案例探讨"受益所有人"认定问题"，载《国际税收》2014年第9期。
65. 曹越、赵书博、王琼琼："专利盒制度对企业创新的激励效应研究"，载《财政研究》2019年第4期。
66. 陈镜先、孙奕："受控外国公司税制的最新发展与经验借鉴"，载《国际税收》2021年第5期。
67. 陈瑞华："我国刑事证据法的基本原则"，载《兰州大学学报（社会科学版）》2012年第4期。
68. 陈潇婷："BEPS环境下'专利盒子'SWOT分析及应用"，载《湖北社会科学》2017年第12期。
69. 陈宇、郭海英："利益限制条款及其在我国税收协定中的应用"，载《国际税收》2021年第7期。
70. 陈远燕、张鑫媛、薛峰："知识产权税收激励的国际借鉴与启示——基于符合BEPS行动计划的新专利盒制度"，载《国际税收》2018年第10期。
71. 陈孜佳："法人和法律安排的受益所有权透明度问题初探"，载《国际税收》2018年第2期。
72. 程瑶、潘旭文："专利税收优惠设计的国际比较与借鉴"，载《财政研究》2018年第2期。
73. 崔晓静、刘渊："OECD支柱二方案：挑战与应对"，载《国际税收》2021年第9期。

74. 崔晓静、潘敏："俄罗斯资本弱化规则新发展及对中国的启示"，载《国际法研究》2019 年第 5 期。

75. 丁佳佳等："国际税收领军人才系列文章（四）：利息扣除计划对我国应对恶意税收筹划的借鉴"，载《国际税收》2015 年第 11 期。

76. 杜莉、姚瑶："后 BEPS 时代知识产权所得税收优惠政策国际比较与借鉴"，载《国际税收》2020 年第 6 期。

77. 傅宏宇、张秀："'受益所有人'概念的引入及适用"，载《财务与会计》2016 年第 7 期。

78. 高健敏："完善我国税收政策体系以消除混合错配安排的影响"，载《国际税收》2020 年第 12 期。

79. 高阳、贾兰霞："深入解读《一般反避税管理办法（试行）》——访国家税务总局国际税务司副司长王晓悦"，载《国际税收》2015 年第 1 期。

80. 高阳："中国税收情报交换工作的发展、成绩与挑战"，载《国际税收》2014 年第 2 期。

81. 葛夕良："构建我国系统完整的受控外国企业反避税规则体系研究"，载《经济社会体制比较》2009 年第 2 期。

82. 管永昊、董佩云、张雁："国际避税的新模式及应对思考"，载《兰州财经大学学报》2015 年第 6 期。

83. 郭月梅、肖月丽："我国完善避税地监管的路径选择"，载《税务研究》2016 年第 10 期。

84. 国家税务总局科研所课题组："BEPS 行动计划：世界主要国家采取的措施和中国立场"，载《税务研究》2016 年第 12 期。

85. 韩霖、邓汝宇："多重博弈下的百年国际税改——专访植信投资首席经济学家兼研究院院长连平"，载《国际税收》2021 年第 12 期。

86. 韩霖、高阳："国际视野下税收协定的最新发展与展望——专访国家税务总局国际税务司副司长蒙玉英"，载《国际税收》2017 年第 6 期。

87. 何杨、孟晓雨、刘曦琳："BEPS 多边公约与我国双边税收协定"，载《国际税收》2018 年第 1 期。

88. 洪菡珑："国际税收规则制定的合法性探究——以 BEPS 包容性框架为视角"，载《财政科学》2021 年第 10 期。

89. 黄素华、高阳："国际税收情报交换制度进入快速发展期"，载《国际税收》2014 年第 2 期。

90. 黄素梅："试论我国合伙企业税收法律规定的不足与完善"，载《税务与经济》

2019 年第 2 期。

91. 黄晓里："BEPS 行动计划 2、成果 2 消除混合错配安排的影响"，载《国际税收》2014 年第 10 期。

92. [比] 霍华德·M. 利伯曼、维尔纳·希维特、伏勒瑞·沃杨："打击有害税收实践 BEPS 行动计划 5 和欧盟的工作——进展、现状及展望"，陈新译，载《国际税收》2016 年第 6 期。

93. 霍军："BEPS 的中国治理方略"，载《经济研究参考》2018 年第 47 期。

94. 杰弗里·欧文斯、何振华、易明翔："BEPS 行动计划前前后后"，载《国际税收》2016 年第 4 期。

95. [美] 康拉德·特雷、池澄："应对有害税收竞争议程的发展 BEPS 第 5 项行动计划的回顾与展望"，载《国际税收》2021 年第 4 期。

96. 孔志强："完善我国反避税规则的几点思考"，载《税务研究》2010 年第 12 期。

97. 雷根强、刘建红："金融衍生工具所得税纳税人的确定"，载《税务研究》2007 年第 7 期。

98. 杭州市国家税务总局课题组、李海燕、朱自强："税收筹划强制披露规则的国际借鉴研究"，载《国际税收》2018 年第 6 期。

99. 李皓兰："我国防止税收协定滥用的规则梳理和立法反思"，载《税务研究》2018 年第 8 期。

100. 李金艳、胡尚华："一般反避税规则的趋同与差异：基于加拿大、澳大利亚和新西兰司法实践的分析"，载《国际税收》2021 年第 2 期。

101. 李娜："《多边公约》的挑战：如何进行主要目的测试"，载《国际税收》2019 年第 10 期。

102. 李乔彧："BEPS 背景下'专利盒'税制的跨国协调 国际标准与中国应对"，载《税务与经济》2017 年第 4 期。

103. 梁若莲、黄素华："防范税收协定滥用的全球进展：对 BEPS 第 6 项行动计划落实情况的评述"，载《国际税收》2021 年第 4 期。

104. 梁若莲等："对我国引入税收筹划强制披露机制的思考与建议"，载《国际税收》2015 年第 9 期。

105. 梁若莲等："国际税收领军人才系列文章（一）：对我国引入税收筹划强制披露机制的思考与建议"，载《国际税收》2015 年第 9 期。

106. 廖益新、邱冬梅："利息或是股息——资本弱化规则适用引发的定性识别冲突问题"，载《暨南学报（哲学社会科学版）》2009 年第 4 期。

107. 刘剑文："《中德税收协定》的现状与发展趋势"，载《现代法学》2012 年第 2 期。

108. 刘剑文:"税收筹划:实现低税负的专业活动",载《中国税务》2004 年第 1 期。

109. 刘磊:"论企业所得税的课税原则",载《税务研究》2006 年第 4 期。

110. 毛程连、马新月:"资本弱化税制:缺陷与完善",载《税务研究》2016 年第 10 期。

111. 毛翠英、[澳] Nolan Sharkey:"关于构建税收安排信息披露制度的思考——以英国的税收安排信息披露制度为借鉴",载《税务研究》2015 年第 7 期。

112. 欧阳天健:"比较法视阈下的一般反避税规则再造",载《法律科学》2018 年第 1 期。

113. 钱莹等:"国际税收领军人才系列文章(二):BEPS 背景下完善我国受控外国公司税制的几点思考",载《国际税收》2015 年第 9 期。

114. 邱辉、钱敏:"OECD《解决税基侵蚀和利润转移》报告解析",载《国际税收》2013 年第 10 期。

115. 任超:"我国合伙企业所得税制的完善",载《法学》2008 年第 9 期。

116. 孙建平等:"欧洲国家专利盒政策介绍及对我国的启示",载《国际税收》2020 年第 6 期。

117. 汤洁茵:"反避税调查程序的举证责任:现行法的厘清与建构",载《税务与经济》2018 年第 5 期。

118. 田娟、牛珊珊:"受益所有人身份识别的国际经验",载《中国金融》2020 年第 9 期。

119. 王鸿貌、杨丽薇:"欧洲十二国专利盒制度的比较与借鉴",载《知识产权》2016 年第 4 期。

120. 王建伟:"我国关于避税港的税收立法探讨",载《税务研究》2015 年第 7 期。

121. 王思琪、齐楚:"BEPS 背景下我国受控外国企业规则探究",载《税务研究》2019 年第 4 期。

122. 王文静、韩子宇:"完善我国受控外国企业法规的研究——基于国内典型案例的视角",载《国际税收》2018 年第 6 期。

123. 王影航:"专利盒税制的法治原则与现实构造",载《科技与法律》2019 年第 4 期。

124. 魏俊:"疏议我国受控外国企业反避税规则——以山东省某受控外国公司(CFC)特别纳税调整案为例",载《税务研究》2018 年第 8 期。

125. 翁晓建:"中美税收协定反滥用条款述评",载《国际税收》1996 年第 7 期。

126. 吴仪:"《BEPS 多边公约》的适用机制及对中外双边税收协定的影响",载《国际经济法学刊》2021 年第 4 期。

127. 肖冰、何丽敏、许可："'创新之策'或'避税之道'——英国'专利盒'政策实践与启示"，载《科研管理》2021 年第 1 期。
128. 熊伟："从美国联邦税务传唤程序看我国税收管理之完善"，载《法治论坛》2008 年第 3 期。
129. 熊艳、刘小萌："《公约》主要条款解读"，载《国际税收》2017 年第 6 期。
130. 徐劲："美国国际税收改革及其借鉴"，载《税收经济研究》2011 年第 2 期。
131. 薛皓天："OECD 最低税方案的政策目标与我国的实施路径"，载《税务与经济》2021 年第 4 期。
132. 闫海："论纳税人信息权、税务信息管理权及其平衡术"，载《中国政法大学学报》2019 年第 6 期。
133. 闫海、冯硕："纳税人信息保护和涉税信息管理的冲突与协调——以《个人信息保护法》为视角"，载《税务研究》2022 年第 4 期。
134. 闫海、韩旭："反恐怖融资法制发展：立法框架、情报体制与重点领域"，载《政法学刊》2018 年第 4 期。
135. 闫海："绳结与利剑：实质课税原则的事实解释功能论"，载《法学家》2013 年第 3 期。
136. 闫海："反资本弱化避税的安全港规则探究"，载《税务研究》2012 年第 3 期。
137. 闫海、于骁骁："纳税申报的法理基础与制度构建"，载《西部财会》2012 年第 1 期。
138. 闫海："税收事实认定的困境及出路"，载《税务研究》2010 年第 3 期。
139. 闫晴："纳税人税收筹划与税务机关反避税的冲突与平衡——基于 231 份判决书的实证研究"，载《科学决策》2018 年第 11 期。
140. 杨春梅："构建我国一般反避税法规的国际借鉴研究"，载《税收经济研究》2015 第 2 期。
141. 杨小强、程佩："税收协定下的受益所有人概念之运用——评析纽约广东金融公司案"，载《税务研究》2012 年第 5 期。
142. 叶莉娜："美国资本弱化税制改革研究"，载刘剑文主编：《财税法论丛》（第 14 卷），法律出版社 2014 年版。
143. 应飞虎、赵东济："税收筹划的法律认定"，载《法学》2005 年第 8 期。
144. 喻如慧、黄紫韵："BEPS 第 6 项行动计划主要目的测试规则研究"，载《国际法研究》2018 年第 6 期。
145. 岳树梅、许俊："OECD 下数字税收法律治理的框架与路径：美国范式及中国借鉴"，载《法学评论》2021 年第 6 期。

146. 张嘉怡："有效创新激励还是有害税收竞争？——BEPS 背景下'专利盒'政策的困境"，载《中央财经大学学报》2015 年第 5 期。

147. 张卫彬："国际税收协定与国内税法关系探讨——以受控外国公司税制为视角"，载《西南政法大学学报》2009 年第 3 期。

148. 张卫彬："美国和德国受控外国公司税制及比较"，载《山西财政税务专科学校学报》2009 年第 3 期。

149. 张泽平："BEPS 行动计划对我国国内税收立法的影响及应对——以打击有害税收实践行动方案为视角"，载《国际税收》2015 年第 6 期。

150. 张哲玮："跨国关系企业常规交易价格预先订价法制之研析"，载《世新法学》2012 年第 6 期。

151. 赵建文："《公民权利和政治权利国际公约》第 14 条关于公正审判权的规定"，载《法学研究》2005 年第 5 期。

152. 赵书博："中国与欧洲各国'专利盒（Patent Box）'制度比较研究"，载《会计之友》2015 年第 6 期。

153. 周金荣："关于新《企业所得税法》受控外国公司规制的探讨"，载《税务研究》2008 年第 1 期。

154. 周萍、吴惠君："'解决税基侵蚀和利润转移的行动计划'评述及我国的应对"，载《国际税收》2013 年第 10 期。

155. 周秀梅："英国反资本弱化税收实践中对独立交易原则的运用"，载《涉外税务》2011 年第 11 期。

156. 朱大旗、曹阳："大数据背景下我国纳税人信息权的法律保护研究"，载《中国人民大学学报》2020 年第 6 期。

157. 朱为群、李佳坤："激励科技创新的'专利盒'优惠税制的发展特征及启示"，载《税务研究》2019 第 11 期。

158. 朱晓丹："'魔方协定'：瑞士在国际税收信息交换领域的又一个里程碑"，载《涉外税收》2013 年第 2 期。

159. 朱炎生："实质性标准下科技型优惠税制的发展趋势与启示"，载《国际税收》2020 年第 11 期。

160. 祝佳瑶："我国'专利盒'优惠税制的构建"，载《湖南税务高等专科学校学报》2020 年第 4 期。